Couvertures supérieure et inférieure
manquantes

LE
DAUPHINÉ EN 1698

SUIVANT

LE MÉMOIRE DE L'INTENDANT BOUCHU

SUR

LA GÉNÉRALITÉ DE GRENOBLE

NOTES, DISSERTATIONS & COMMENTAIRES

PAR

J. BRUN-DURAND

Membre de la Société d'archéologie et de statistique de la Drôme, correspondant
de l'Académie delphinale, de la Société d'histoire de la Suisse romande,
de la Société littéraire, historique et archéologique de Lyon,
de la Société de statistique et des arts industriels
de l'Isère et autres Sociétés savantes.

LYON	GRENOBLE
Aug.te BRUN, libraire	Xavier DREVET, libraire
Rue du Plat.	Rue Lafayette.

1874.

VALENCE, IMP. DE CHENEVIER ET CHAVET.

AVERTISSEMENT.

Voilà bien sept longues années que j'ai commencé la publication de ce livre dans le *Bulletin de la Société d'archéologie et de statistique de la Drôme*. Alors, je me proposais tout simplement de mettre au jour un document instructif, accompagné d'une préface et de quelques notes ; mais, à peine était imprimée celle-là, qu'il me fallut reconnaître, après Boulainvilliers, que, plein d'intérêt au fond, ce document était assez défectueux dans sa forme pour ne pouvoir guère être publié sans modifications sensibles ; et c'est ainsi qu'analysé, complété ou corrigé, suivant les besoins, remanié dans son ensemble et divisé en chapitres, le *Mémoire de Bouchu* est devenu l'*État du Dauphiné en* 1698, suivant ce mémoire. Quant aux notes, l'espoir d'élucider certaines questions obscures, le désir de rappeler certains faits aussi intéressants que peu connus, le souci d'exhumer certains noms de l'oubli m'ont fait leur donner une très-grande étendue ; tellement que, par une interversion et un renversement que je me reprocherais, si d'autres auteurs, Bayle entre autres, n'en avaient déjà donné l'exemple, l'accessoire dépasse et de beaucoup en importance le principal, c'est-à-dire le texte, qui semble n'être là que pour motiver une longue suite de dissertations et de commentaires sur tout ce qui touche à notre ancien Dauphiné. Car de tout ce qui constituait autrefois cette province il est fait mention dans le *Mémoire de Bouchu*, de sa topographie, de son histoire, de son état commercial, industriel et financier, de ses institutions religieuses, judiciaires et civiles, de son organisation militaire et féodale, de sa population, de tout ce qu'elle renfermait, en un mot ; et les notes le suivent pour ainsi dire ligne à ligne, creusant la mine en continuant le récit. De telle sorte qu'elles forment une espèce de petite encyclopédie dauphinoise, dans laquelle une table alphabétique permet de trouver facilement les renseignements les plus curieux, les plus utiles et les plus variés sur notre province.

Resterait à dire ce que cela nous a coûté de travail assidu et de patientes recherches; mais c'est affaire aux lecteurs, ou plutôt à ceux qui s'occupent d'études historiques. Il y aurait, d'ailleurs, mauvaise grâce à en parler nous-même, alors qu'il s'agit d'un travail qui a eu la bonne fortune d'être consulté et cité, qui mieux est, d'être loué par la *Revue des Sociétés savantes* avant de paraître en volume.

Crest, 15 janvier 1874.

ÉTAT DU DAUPHINÉ EN 1698.

MÉMOIRE
SUR LA GÉNÉRALITÉ DE GRENOBLE
Par L'INTENDANT BOUCHU.

PRÉFACE.

Le mémoire manuscrit dont j'entreprends la publication (1) n'est certainement pas un de ces documents, aussi précieux qu'ignorés, dont la connaissance illumine de clartés inconnues un évènement historique; nombre d'auteurs dauphinois (2) l'ayant déjà consulté avec fruit. Un résumé, souvent fautif, inséré par Boulainvilliers dans un recueil peu répandu, (3) le

---

Le manuscrit original de ce mémoire fait partie de la volumineuse collection existant à la bibliothèque impériale, mais on en trouve quelques copies dans les dépôts publics des départements dauphinois, entr'autres une à la bibliothèque de la ville de Valence. OEuvre d'un copiste inintelligent et vraisemblablement étranger au pays, cet exemplaire, dont je dois la connaissance à mon honorable et savant ami M. l'archiviste Lacroix, réclame une foule de rectifications et corrections, surtout en ce qui regarde les noms propres, pour la plupart étrangement défigurés.

(2) Entr'autres CHAIX, *Préoccupations statistiques pour le département des Hautes-Alpes*; Grenoble, 1845, in-8°; et M. ROCHAS, pour sa *Biographie du Dauphiné*; Paris, 1860, 2 vol. in-8°.

(3) Henri de Boulainvilliers, comte de Saint-Saire (1658-1722), savant historien, dont les ouvrages, spécialement écrits pour l'instruction de ses enfants, manifestent un esprit original et des opinions très-hardies pour son époque. Sous le titre d'*État de la France* (Londres, 1738, 6 vol. in-12), cet auteur a résumé les mémoires de tous les intendants du royaume, dont il s'était déjà servi pour son *Histoire de l'ancien gouvernement de la France* (Amsterdam et La Haye, 1727, 4 vol. in-12); mais ce résumé est loin d'être exact, soit quant aux dates, soit quant aux noms.

prive même du titre d'œuvre inédite, et cependant je ne doute pas de l'utilité de cette publication pour notre histoire locale, parce qu'elle répond à l'une de ses pages les moins étudiées, partant les moins connues : je veux dire à la période comprise entre la suppression et le rétablissement des États (1628-1788).

Chroniqueurs et historiens, en effet, nous racontent : les uns, le temps des Voconces et des Allobroges; d'autres, l'ère romaine; ceux-ci, l'établissement de la souveraineté des comtes et des évêques sur les ruines du royaume burgondien, formé lui-même d'un débris de l'empire de Charlemagne; ceux-là, l'absorption successive de ces petites souverainetés par les Dauphins et les Poitiers, dont l'héritage grossit plus tard la monarchie de Philippe VI et de Charles VII; plusieurs, les sanglantes péripéties des guerres civiles et religieuses dont nos pays furent, hélas! trop souvent le théâtre; mais aucun, si ce n'est Guy Allard (1), dont les nombreux ouvrages renferment çà et là quelques détails; aucun ne prolonge son récit au-delà des premières années du XVIIe siècle.

Cette époque marque, il est vrai, le terme de l'autonomie dauphinoise, et l'édit qui remplace les États généraux de la province, libres représentants du pays, gardiens et protecteurs de ses libertés, par un administrateur sans contrôle, tout-puissant mandataire du pouvoir royal (2), clôt incontestablement l'histoire politique du Dauphiné, désormais partie intégrante

---

(1) GUY ALLARD (1635-1716), président en l'élection de Grenoble, le plus fécond de nos généalogistes et de nos historiens dauphinois. Ses ouvrages, imprimés ou manuscrits, ne forment pas moins de LXIV numéros à la bibliothèque de Grenoble. (Voy. *Biographie du Dauphiné*, tome I, p. 14 et suiv.)

(2) L'édit de mars 1628, qui inaugura le régime des intendants en Dauphiné, ne donnait à ces fonctionnaires que des attributions relativement restreintes. Leurs ordonnances sur le fait des tailles, aides, gabelles et autres impositions, ressortissaient par appel au parlement de Grenoble en sa qualité de cour des aides. Mais ayant été supprimés par la déclaration royale du 7 août 1648, ils furent presqu'aussitôt rétablis avec une autorité à peu près illimitée. Voy. GUY ALLARD, *Dictionnaire du Dauphiné*, publié par M. GARIEL; Grenoble, 1864, 2 vol. in 8°, tome I, pages 684-85. — *Recueils des édits et déclarations concernant le Dauphiné*; Grenoble, 1720-1783, 26 vol. in-4°, tome I, p. 203 et suiv.)

du royaume. Mais il lui reste son histoire civile, la plus importante, la plus instructive et la plus intéressante de toutes les histoires d'un pays, parce qu'elle touche aux sources vives de son existence : la justice, l'agriculture, le commerce, l'industrie, en un mot tout ce que nos pères appelaient du nom de bien public; histoire plus importante, plus instructive et plus intéressante que jamais pendant cette longue période qui sert en quelque sorte d'introduction à la Révolution française et qu'on nomme l'*ancien régime* : l'ancien régime, pour les uns, charmante époque, temps de l'esprit français, des bouquets à Chloris et des petits soupers; pour d'autres, ère lamentable, temps des lettres de cachet et des dragonnades, de la dîme, de la corvée et de l'oppression du peuple; pour moi, simplement le temps qui n'est plus; temps dont je ne veux me faire ni l'apologiste, ni le détracteur, mais dont je me plais cependant à divulguer aujourd'hui une épave, avec toute la minutieuse attention et la sollicitude empressée avec laquelle j'étalerais sous le regard d'un amateur un pastel de Delatour, une pendule de Boule, un service de vieux Sèvres et même l'éventail d'ivoire ou la robe de carancas de quelqu'une de nos grand'mères.

Or, plus que tout autre, ce mémoire est à même de nous renseigner sur l'état de notre province à cette époque déjà trop éloignée de nous pour être bien comprise, trop rapprochée encore pour être jugée sans passion; car, dans cette réponse au questionnaire que le duc de Bourgogne (1), anticipant sur les soucis de la royauté, avait fait adresser l'année précédente à tous les intendants du royaume, Bouchu ne voulant rien omettre de ce qui peut intéresser son royal interlocuteur, l'entretient tour à tour de la valeur des bénéfices ecclésiastiques et de la quotité des impôts; de la qualité des familles nobles et de l'importance du commerce; de l'autorité des diverses cours judiciaires et des doléances du peuple, même des conséquences désastreuses de la révocation de l'édit de Nantes pour notre province, et encore de ce que disent les mauvaises langues sur les prélats, les gentilshommes et les magistrats de son temps;

---

(1) Ce *questionnaire* sert de préface à l'*État de la France* de Boulainvilliers.

mais tout cela dans un style diffus et tellement ennuyeux qu'il ne m'a pas semblé possible de publier ce *factum* administratif sans lui faire subir quelques modifications de forme qui, tout en respectant religieusement les dires, les opinions, les jugements et même les erreurs historiques de l'écrivain, doivent en rendre la lecture moins pénible et moins fatigante. Plaise à Dieu que j'aie réussi!

Maintenant, causons un peu de l'auteur de ce mémoire. « Etienne-Jean Bouchu est d'une famille considérable et illustre » en Bourgogne », dit Guy Allard (1), et je n'y trouve rien à redire. La notice que lui consacre le généalogiste La Chesnaye ne parle pas même de son père. Il est vrai, ses armoiries *d'azur au chevron d'or, accompagné en chef de deux croissants et en pointé d'un lion du même* (2), sentent bien un peu la fraîche date, mais qu'importe! Pour un président en l'élection de Grenoble, le premier magistrat de la généralité (3) ne pouvait et ne devait pas avoir une moindre origine. A Colbert, fils d'un drapier de Rheims, on trouva des ancêtres parmi les rois d'Écosse, lorsqu'il fut devenu ministre. « Du reste, c'était un » homme qui avait une figure fort aimable et dont l'esprit, » qui le fut toujours, l'était encore plus.........., et facile au » travail, et fertile en expédients........ » — « D'ailleurs, fort » galant homme et de très-bonne compagnie », ajoute Saint-Simon (4), dont les mémoires anecdotiques contiennent quelques renseignements sur Bouchu. Doué de pareils avantages et de plus beau-frère par sa femme de la duchesse de Richelieu

---

(1) Guy Allard, *Dict. du Dauphiné*, édit. Gariel, tome I, 685.

(2) La Chesnaye des Bois, *Dictionnaire de la Noblesse*, 1770-86, 15 vol. in-4°, article *Bouchu*.

(3) Ressort de la juridiction d'un intendant, mais cette appellation s'appliquait particulièrement à la division du royaume pour la perception des finances. La France comprenait trente-trois généralités, divisées elles-mêmes en élections.

(4) *Mémoires complets et authentiques du duc de Saint-Simon sur le siècle de Louis XIV et la régence*; Paris, Garnier, 1853, 40 vol. in-12, t. VIII, p. 132.

et de M.me de Bullion (1), il n'est pas étonnant qu'à première rencontre nous le trouvions maître des requêtes, chargé, en 1686, de l'intendance de Dauphiné, où son administration fut assez heureuse (2); en outre, quatre ans après, de celle de l'armée d'Italie, « où il s'enrichit cruellement………, ce qui fut reconu trop tard, non du peuple, mais du ministère; puis conseiller d'état (3), et marquis, et baron; enfin, de rechef intendant de l'armée d'Italie, qui, pour lors, fut l'innocente cause et le témoin d'une mésaventure assez singulière pour que je laisse au spirituel et caustique historien du grand siècle le soin de la raconter. « Quoique âgé et fort goutteux, notre
» homme n'avoit pas perdu le goût de la galanterie; il se trouva
» que le principal commis des munitionnaires, chargé de tout
» le détail et de tout faire passer à l'armée, étoit galant aussi,
» et qu'il eut la hardiesse de s'adresser à celle que M. l'inten-
» dant aimoit et qu'il lui coupa l'herbe sous le pied, parce qu'il

---

(1) Marie-Anne Rouillé, née en 1659, femme en décembre 1677, de Charles-Denis de Bullion, marquis de Gallardon et prévôt de la ville et vicomté de Paris, gouverneur de la province du Maine; Marguerite-Thérèse R., née le 17 juin 1661, veuve en 1696 de Jean-François marquis de Noailles, remariée, le 20 juin 1702, avec Armand-Jean Du Plessis duc de Richelieu; et Élisabeth R., née en 1664, femme de notre intendant, étaient toutes trois filles de Jean Rouillé, comte de Meslay, conseiller d'état ordinaire, et de Marie de Comans d'Astric. (Voy. ANSELME, *Histoire des grands officiers de la Couronne*, articles *Noailles*, *Du Plessis* et *Bullion*.

(2) Cardin Le Bret, Bouchu, Fontanieu, Pajot de Marcheval et quelques autres intendants ont laissé un bon souvenir de leur passage en Dauphiné, tandis que, dans la plupart des autres provinces, l'administration de ces fonctionnaires a été déplorable; tellement que Fénélon avait en quelque sorte fait le *delenda est Carthago* de tous ses projets de réforme, de : *surtout plus d'intendants*. (Voy. *Congrès scientifique de France*, XXIVe session; Grenoble, 1856, 2 vol. in-8°, tome II, 418-252, et *Préoccupations statistiques, etc.*, par CHAIX, p. 547-51.)

(3) Parmi les conseillers d'État à cette époque se trouvait le frère de notre intendant, Claude-Bernard-Anne Bouchu, marquis de Sansergues, dont la fille unique Jacqueline, morte sans alliance, laissa le marquisat de Sansergues et autres terres à sa cousine, fille de l'intendant du Dauphiné. (Voy. LA CHESNAYE DES BOIS.)

» étoit plus jeune et plus aimable. Bouchu résolut de se venger,
» et, pour cela, retarda tant et si bien le départ de toutes choses
» par toutes les remises et difficultés qu'il fit naître, quoi que
» pût dire et faire ce commis pour le presser, que le duc de
» Vendôme ne trouva rien en arrivant à l'armée ou plutôt
» dès qu'il la voulut mouvoir. Le commis, qui se vit perdu et
» qui ne douta point de la cause, courut le long des Alpes
» chercher quelque moyen de faire passer ce qu'il pourroit, en
» attendant le reste. Heureusement pour lui et pour l'armée, il
» passa à un cabaret esseulé de la montagne et s'informa là
» comme il faisoit partout. L'hôtelier lui parut de l'esprit, et lui
» fit espérer qu'au retour de ses fils, qui étoient aux champs,
» ils lui pourroient trouver quelque passage. Vers la fin du
» jour, ils revinrent à la maison. Conseil tenu, le commis leur
» trouva de l'intelligence et des ressources, tellement qu'il se
» livra à eux, et eux se chargèrent du transport qu'il désiroit.
» Il manda son convoi au plus vite, et il passa avec eux, conduit
» par les frères Pâris, qui prirent des chemins qu'eux seuls et
» leurs voisins connoissoient, à la vérité fort difficiles, mais
» courts, en sorte que, sans perdre une seule charge, le convoi
» joignit M. de Vendôme, arrêté tout court, faute de pain, et
» qui juroit et pestoit étrangement contre les munitionnaires,
» sur qui Bouchu avoit rejeté toute la faute. Après les premiers
» emportements, le duc de Vendôme, ravi d'avoir des vivres et
» de pouvoir marcher et exécuter ce qu'il avoit projeté, se
» trouva plus traitable. Il voulut bien écouter le commis, qui
» lui fit valoir sa diligence à traverser des lieux inconnus et
» affreux, et qui lui prouva par plusieurs réponses de M. Bouchu
» qu'il avoit gardées et portées, combien il l'avoit pressé de faire
» passer les vivres et farines; que c'étoit la faute de l'intendant
» à cet égard qui avoit mis l'armée dans la détresse où elle
» s'étoit trouvée, et fit en même temps confidence au général
» de la haine de Bouchu jusqu'à hasarder l'armée pour le
» perdre, et la cause ridicule de cette haine........... Le duc de
» Vendôme alors tourna sa colère contre Bouchu, l'envoya
» chercher, lui reprocha devant tout le monde ce qu'il venoit
» d'apprendre, conclut par lui dire qu'il ne savoit à quoi il tenoit

» qu'il ne le fît pendre pour avoir joué à perdre l'armée du
» roi » (1).

Disgracié, notre homme ne se soutint dès lors que très-difficilement au poste d'intendant du Dauphiné, dont il se démit deux ans après (1705), prévenant ainsi un rappel imminent. Mais, comme il ne se pouvait résoudre à aller à des bureaux et au conseil, après avoir mené une brillante et plantureuse existence et tenu en quelque sorte cour plénière dix-neuf ans durant dans la capitale de notre province, « il s'achemina donc aux
» plus petites journées qu'il pût. Passant à Pavé, terre des abbés
» de Cluny, auprès de cette abbaye, il y séjourna. Pour abréger,
» il demeura deux mois à l'hôtellerie. Je ne sais quel démon l'y
» fixa, mais il y acheta une place, et, sans sortir du lieu, il s'y
» bâtit une maison, s'y accommoda un jardin, s'y établit et
» n'en sortit jamais depuis, quoi qu'aient pu faire sa famille et
» ses amis. Il vécut ainsi longtemps encore, faisant bonne chère
» avec les gens du lieu et du pays........., comme un simple
» bourgeois de Pavé » (2). Après quoi il mourut par un jour de décembre 1715.

Neuf ans auparavant, sa fille Élisabeth avait épousé un grand d'Espagne, un lieutenant général des armées navales, le comte de Tessé (3), enfin un grand seigneur « obligé de fumer ses

---

(1) SAINT-SIMON, XXXIV, 19-21. — Notre intendant devint ainsi la cause indirecte de l'incroyable fortune des frères Pâris, qui, d'un cabaret de Moirans (Isère), arrivèrent aux plus importants emplois du royaume et virent, à la cour, la ville et les provinces à leurs pieds. (Voy. *Biograph. du Dauphiné*, tome II, 213-23.)

(2) SAINT-SIMON, VIII, 133. — Paray-le-Monial, appelé aussi quelquefois Pavay ou Pavé, est une petite ville du Charollais (Saône-et-Loire), avec un prieuré de Bénédictins établi l'an 1100, à la place d'une abbaye fondée en 965 par Lambert, comte de Chalons, réuni quelques années après à celle de Cluny. De ce prieuré, détruit en 1793, il reste une fort belle église romane. (Voy. PIGANIOL DE LA FORCE, *Description de la France*; Paris, 1783, 15 vol. in-12, tome IV, 144, et le *Dict. géogr.* de BRUNZEN DE L.ᵃ MARTINIÈRE.)

(3) René-Mans de Froullay, IVᵉ du nom, comte de Tessé, fils de René III, maréchal et général des galères de France, et de Françoise Aubert d'Aulnay. (Voy. ANSELME.)

» terres », suivant l'impertinente expression de Mme de Grignan (1); car elle n'avait « ni esprit, ni art, ni beauté, ni
» naissance, mais des écus sans nombre, et c'est ce qu'il falloit
» à Tessé » (2).

Quant à sa veuve, qui, rageant de n'avoir épousé qu'un robin, ne l'avait pas voulu suivre dans son intendance, « se passant
» tous deux fort bien l'un de l'autre » (3), elle finit par convoler à de nouvelles noces avec un cul-de-jatte moribond, mais duc (4), et qui lui donna tabouret à la cour, ce dont elle jouit tant et si bien qu'allant à Versailles par un grand froid, elle prit une fluxion de poitrine qui la tua fort âgée (5).

Ainsi finit l'histoire et généalogie de messire Étienne-Jean Bouchu (6), chevalier, marquis de Lessart, baron de Loisy et

---

(1) Le comte de Grignan, gendre de Mme de Sévigné, criblé de dettes, ayant marié son fils Louis-Provence (2 janvier 1695) avec une demoiselle Arnaud de Saint-Amand, fille d'un fermier général, dont la dot de 400,000 livres servit en partie à désintéresser ses créanciers, la fille de la spirituelle marquise disait, en présentant sa bru dans le monde *qu'il fallait bien mettre de temps en temps du fumier sur les meilleures terres.* (Voy. *Revue des deux Mondes,* 1er septembre 1854 : *Le comte de Grignan,* par M. P. CLÉMENT.)

(2) SAINT-SIMON, VIII, 221.

(3) SAINT-SIMON, VIII, 132.

(4) Élisabeth Rouillé, veuve de Jean-Étienne Bouchu, épousa, le 20 février 1781, Paul-Sigismond de Montmorency-Luxembourg, duc de Châtillon, qui mourut le 28 octobre suivant. (Voy. les historiens de la maison de Montmorency.)

(5) SAINT-SIMON, XIX, 59.

(6) Voici la liste des intendants du Dauphiné depuis leur création jusqu'en 1790 : 1628, François Fortia. — 1635, Jacques-Talon, conseiller d'État, ancien avocat général au parlement de Paris. — 1638, Henri de Laisné. — 1640, Michel Letellier, seigneur de Chaville, secrétaire d'État en 1643, chancelier de France en 1677. — 1640, Alexandre de Sève. — 1641, Le même, concurremment avec Henri de Laguette, seigneur de Chazay. — 1642, Henri de Laguette seul. — 1644, Nicolas Fouquet, surintendant des finances en 1653. — 1645, Pierre-Yvon de Lozières. — 1648, Henri de Hère. — 1650, Jean-Antoine Hervart, fils du contrôleur général des finances. — 1655, Antoine Le Fèvre, seigneur de La Barre, ensuite gouverneur du Canada et

de Pont-de-Veyle, conseiller du roi en son conseil d'État, ancien intendant de justice, police et finances en Dauphiné.

J. BRUN-DURAND.

---

lieutenant général des armées. — 1656, Claude Pellot, seigneur de Sandras, échevin de Lyon en 1662. — 1660, François Bochart de Champigny, seigneur de Saron, conseiller d'État, ami des gens de lettres, célébré par Gassendi. — 1666, François Dugué de Bagnols, intendant de Lyon. — 1680, Henri Lambert d'Herbigny, marquis de Thibouville, intendant à Lyon en 1694. — 1683, Pierre Cardin Le Bret, à Lyon en 1686, puis premier président du parlement d'Aix. — 1686, Étienne-Jean Bouchu. — 1705, N. Prosper Baüyn, seigneur d'Angervilliers, secrétaire d'État le 23 mai 1728. — 1716, Charles Boucher d'Orsay, conseiller d'État. — 1724, Gaspard-Moïse de Fontanieu, conseiller d'État en 1740. — 1740, L. J. Berthier de Sauvigny, intendant à Paris en 1744, conseiller d'État en 1757, premier président du parlement de Paris en 1771. — 1744, P. J. Fr. de La Porte. — 1761, Christophe de Pajot de Marcheval. — 1784, G. H. de Caze de La Bove. — Ces magistrats ajoutèrent dans la suite à leurs titres ceux d'*intendants des troupes, fortifications et frontières du Dauphiné*. (Voy. *Almanach général du Dauphiné*, 1789.)

LE DAUPHINÉ EN 1698.

MÉMOIRE SUR LA GÉNÉRALITÉ DE GRENOBLE

annoté

Par J. BRUN-DURAND.

I. HISTOIRE ET GÉOGRAPHIE.

Le Dauphiné, qui faisoit premièrement partie du royaume de Bourgogne, appartint ensuite aux rois d'Arles (1), puis aux

---

(1) Pays des Allobroges, des Ségalauniens, des Voconces, des Tricastins, etc., etc., le sol dauphinois, que les Romains comprirent dans la Narbonnaise, lors de leur établissement dans la Gaule, puis dans la Viennoise, sous Honorius, fut en quelque sorte le champ de bataille des peuples barbares qui se ruèrent sur l'empire à son déclin. Tour à tour conquis par les Vandales (260), les Visigoths (411), les Alains (430), les Huns (453) et les Bourguignons (460), il resta à ces derniers jusqu'à la mort de Théodoric, leur dernier roi, en 613.

Réunie alors à la monarchie française, notre province en fut distraite en 855, pour former, avec les autres pays compris entre le Rhône, les Alpes et la mer, l'apanage du troisième fils de l'empereur Lothaire, Charles, dont l'héritage échut peu de temps après à Boson, duc de Lombardie, proclamé roi dans une assemblée d'évêques tenue à Mantaille (Drôme), le 13 fév. 879.

Usurpé sur le petit-fils de Boson, à la mort de Louis-l'Aveugle (923), le nouveau royaume, bientôt annexé à la Bourgogne Transjurane (930), forma le royaume d'Arles, qui finit à son tour en 1032 par la mort de Raoul ou Rodolphe III, justement surnommé *le Fainéant*, à cause de son incurie et de sa faiblesse; car on ne peut considérer que comme purement nominaux les droits légués par ce prince aux empereurs germaniques. Trop éloignés de

comtes d'Albon (1), qui, s'en étant rendus maîtres sous Raoul-le-Fainéant, y régnèrent souverainement depuis sous le nom de *Dauphins de Viennois* (2); Guigues VIII, l'un de ces

---

leur nouveau domaine pour le revendiquer efficacement, ceux-ci n'apparurent dans nos contrées que pour sanctionner les empiétements et les usurpations des comtes et des évêques qui, depuis longtemps habitués à méconnaître le pouvoir royal, s'étaient approprié l'héritage du dernier roi d'Arles. (Voy. GINGINS DE LA SARRAZ, *Mémoires pour servir à l'histoire des royaumes de Provence et de Bourgogne*; Lausanne, 1860, 2 vol. in-8°. — CHORIER, *Histoire générale de Dauphiné*; Grenoble, 2 vol. in-f°. — VALBONNAIS, *histoire de Dauphiné et des princes qui ont porté le nom de Dauphins*; Genève, 1722, 2 vol. in-f°.

(1) Bien que généralement accréditée, l'opinion qui place le berceau des Dauphins au village d'Albon (Drôme) est loin d'être incontestable. Ces princes ne s'attribuèrent, en effet, le titre de comtes de cette terre qu'à partir du XII° siècle; tandis que plusieurs faits et documents nous les montrent, au contraire, possesseurs de droits et de priviléges considérables dans le Briançonnais et le Champsaur bien antérieurement à cette époque. D'ailleurs, il est de toute vraisemblance que la terre d'Albon, de même que celle de Saint-Vallier, était comprise dans ce comté de Vienne qui ne fut pas uni au royaume d'Arles à la mort de Hugues de Provence (24 avril 947), mais recueilli par Charles-Constantin, fils de Louis-l'Aveugle, qui le fit passer dans la maison de Bourgogne. D'où l'on peut raisonnablement inférer que, de même que la terre de Saint-Vallier est advenue aux comtes de Valentinois par une alliance avec cette maison (1270), celle d'Albon a bien pu parvenir aux comtes Dauphins de la même manière, dans le courant du XI° siècle. (Voyez l'*Art de vérifier les dates. — Revue du Dauphiné*, tome VI, art. de M. Pilot : *Notice sur les bustes des anciens Dauphins. — Procès-verbal du congrès scientifique*, XXIV° session : *Notice sur le portail de la chapelle du cimetière de Vizille*, par M. MOUFFLET. — VALBONNAIS, I, 291. — FAUCHÉ-PRUNELLE, *Essai sur les institutions autonomes du Briançonnais et des Alpes Cottiennes*; Grenoble, 1856, 2 vol. in-8°. — CHORIER, *Hist. gén.*, I, 792.)

(2) Les Dauphins ne possédèrent pas aussitôt après la mort du dernier Hugonide tous les pays cédés plus tard à la France. Outre les évêques, qui possédaient en toute souveraineté leurs villes épiscopales, nombre d'autres barons s'étaient approprié, de leur côté, une partie de l'héritage de Rodolphe et le possédaient au même titre qu'eux. Puissants dans les vallées alpestres et possesseurs du titre de comtes dès le X° siècle, ils se fixèrent dans le Graisivaudan au temps de l'évêque Humbert, leur parent, par la connivence de qui leur fortune s'accrut si promptement au détriment de l'église de Grenoble, que, suivant le *Cartulaire de Saint Hugues*, celle-ci

princes (1), vivant en 1130, ayant reçu au baptême ce nom de *Dauphin*, qui, depuis, adopté par ses successeurs, devint un

---

ne posséda bientôt plus un seul mas entier, et que, peu d'années après la mort d'Humbert, Guigues-le-Vieux, son frère, s'intitulait sans conteste *provinciæ Gratianopolitanæ princeps*.

Les principales autres annexions faites à leur profit furent : en 1155, partie du comté de Vienne acquise de Berthold, duc de Zæringhen ; — 1202, les comtés de Gap et d'Embrun, par alliance avec Béatrix de Claustral, héritière de la maison de Forcalquier ; — 1241, le Faucigny, apporté en dot par Béatrix de Savoie ; — 1273, la baronnie de La Tour, par l'élévation de Humbert de la Tour-du-Pin, mari d'Anne de Viennois, sur le trône delphinal ; — 1302, la baronnie de Montauban, acquise de Hugues Adhémar, héritier de Ronsolin de Lunel ; — et en 1317, celle de Mévouillon ou Meuillon, par donation de Reymond, dernier de cette maison. — De plus, diverses transactions soumirent à leur fief plusieurs autres importantes baronnies, et entr'autres celle de Monteil ou pays de Valdaine en 1289, celles de Sassenage et de Roussillon en 1298, et celle de Clermont en 1317. (Voy. CHORIER. — VALBONNAIS. — *Notice sur la chapelle de Vizille*, par M. MOUFFLET. — *Notice sur les bustes des Dauphins*, par M. PILOT. — *Notes pour faciliter la construction d'une carte du Dauphiné au moyen âge*, par M. AUZIAS père, au *Procès-verbal du congrès scientifique*, tome II, etc., etc.)

(1) Les variantes apportées par les divers historiens du Dauphiné dans la généalogie des Dauphins entraînent naturellement une différence dans leur numération. C'est donc pour cela que je crois nécessaire de donner dans un tableau succinct les modifications adoptées par les plus importants d'entre eux :

THOMASSIN.	ANDRÉ DUCHESNE.	CHORIER et GUY ALLARD.	VALBONNAIS et l'*Art de vérifier les dates*.
Guigues-le-Vieil ou le Gras, fondateur du prieuré de St-Robert.	Guigues Ier, 1075.	Guigues Ier, 889.	Guigues Ier le Vieux, 1040-63.
Guigues II, 1140.	Guigues II le Gras, 1125.	Guigues II, 940.	Guigues II le Gras. 1063-80.
Guigues III.	Guigues III, 1142.	Guigues III, 1016.	Guigues III, 1080-98.
Humbert Ier, mort sans postérité.	Dauphin dit Guigues IV, 1163.	Guigues IV, 1050.	Guigues IV Dauphin, 1142.
La sœur d'Humbert, qui régna après son frère.	Béatrix et Hugues.	Guigues V.	Guigues V, 1142-62.
	André, 1237.	Guigues VI, 1075.	Béatrix et Hugues, 1162-1228.
	Guigues V, 1270.	Guigues VII, 1125.	
	Jean Ier, 1282.	Guigues VIII, 1143.	
	Anne et Humbert.	Guigues IX, 1167.	
	Jean II, 1343.	Guigues-Humbert.	
		Hugues et Béatrix.	

nom de dignité équivalant à celui de prince et de plus fut donné à leurs états qu'on appela *Dauphiné* (1).

Cette maison des comtes d'Albon, que l'histoire ne mentionne

THOMASSIN.	ANDRÉ DUCHESNE.	CHORIER et GUY ALLARD.	VALBONNAIS et l'*Art de vérifier les dates.*
Béatrix, fille de celle-ci, femme du duc de Bourgogne	Guigues VI. Humbert II.	Guigues-André XI, 1236.	Guigues-André VI, 1237.
André.		Guigues XII, 1270.	Guigues VII, 1269.
Guigues IV.		Jean Ier, 1282.	Jean Ier, 1281.
Jean Ier.		Humbert et Anne.	Anne, 1296, et Humbert de La Tour-du-Pin, 1307.
Humbert II.		Jean II, 1318.	
Jean II.		Guigues XIII, 1333.	
Guigues V.		Humbert II.	Jean II, 1319.
Humbert III.			Guigues VIII, 1333.
			Humbert II, 1355.

(Voy. *Notice sur les bustes des anciens Dauphins*, par M. PILOT. — *Histoire des comtes d'Albon et Dauphins de Viennois*, par André DUCHESNE; Paris, 1628, in-4°. — CHORIER. — GUY ALLARD, *Dict. du Dauphiné*, édition Gariel. — VALBONNAIS.

(1) C'est l'opinion de Duchesne et de Salvaing de Boissieu. Chorier prétend, au contraire, que les noms de *Dauphin* et *Dauphiné* sont nés de l'emblème héraldique adopté par les comtes de Graisivaudan; mais Valbonnais observe que ceux-ci ne mirent un *dauphin* dans leurs armes que vers la fin du XIIIe siècle, c'est-à-dire plus de cent ans après en avoir pris le nom. D'autre part, Eusèbe Salverte y cherche un dérivatif du mot celtique *dalfa*, qui signifie lieu élevé et entouré de montagnes; tandis que Pierquin de Gembloux y trouve la traduction grecque du nom gaulois *Allobrogie*. Quant à Claude de La Grange, le plus original de tous, il y voit simplement le résultat de la prononciation tudesque du nom de la ville de Vienne : *Quærenti igitur cujus esset eodem idiomate, responderetur* de Vienne, *et sicut solent Germani, quorum imperio tunc suberat, mutata littera* v *in* f *fit Dofiene.* (Voy. DUCHESNE, p. 5. — SALVAING DE BOISSIEU, *De l'usage des fiefs et autres droits seigneuriaux*; Grenoble, 1731, I, 13. — CHORIER, *Hist. gén.*, I, 780 et seq. — VALBONNAIS, I, 2 et seq. — E. SALVERTE, *Essai historique sur les noms d'hommes, de peuples et de lieux*, I, 411 et seq. — PIERQUIN DE GEMBLOUX, *Recherches étymologiques* dans la *Revue du Dauphiné*, VI, 92. — CL. DE LA GRANGE, *Stilum curiæ Sanmarcellinensis*; Lugduni, 1581, in-8°, pag. 6.

pas avant l'an 889 (1), est tombée deux fois en quenouille : la première, en 1184, par la mort de Guigues IX, dont la fille Béatrix, femme de Hugues III, duc de Bourgogne, ayant alors donné naissance à une troisième race de Dauphins (2); la seconde, à la mort de Guigues X, en 1282, Anne, sœur et héritière de ce premier, étant mariée à Humbert, seigneur de la Tour-du-Pin, qui devint ainsi le chef d'une troisième dynastie éteinte avec Humbert II (3).

---

(1) Valbonnais révoque en doute cette assertion, qui rattache les anciens Dauphins à un comte Guigue ou Wigo présent à l'assemblée de Varennes (889). Les conjectures n'ont pas d'ailleurs été épargnées sur l'origine de ces princes, que quelques auteurs font descendre, les uns, de ce patrice Abbon ou Albon à la prière de qui Louis-le-Débonnaire rendit le bourg d'Epaône à l'église de Vienne, l'an 831; les autres, de ce comte Hugues à qui Hugues, roi d'Italie, son oncle, fit donation de nombreuses terres aux environs de Romans, l'an 936; sans omettre les opinions qui leur donnent pour auteurs, soit Humbert, gouverneur de Vienne, neveu de l'empereur Conrad-le-Salique, soit les comtes palatins de Bourgogne, héritiers de Charles-Constantin. Mais ce ne sont là que des suppositions et des hypothèses; car, en définitive, le premier comte de Graisivaudan dont l'existence soit authentiquement avérée est Guigues-le-Vieux, vivant en 1040, moine à Cluny en 1057, mort en 1075. (Voy. PILOT, *Notice sur les bustes, etc.* — MOUFFLET, *Notice sur la chapelle de Vizille.* — CHORIER, I, 781. — VALBONNAIS, I, ?. — MERMET, *Histoire de la ville de Vienne*; Lyon, 1833, p. 167. — GINGINS DE LA SARRAZ, II, 107. — DUCHESNE, *Histoire des Dauphins*, p. 1 et suiv.

(2) Bouchu commet ici une grosse erreur : Guigues V mourut, non en 1184, mais en 1162, laissant ses états à la fille unique qu'il avait eue de son mariage avec Béatrix de Montferrat, laquelle était pour lors mariée à Albéric Taillefer, fils de Raymond V, comte de Toulouse. Celui-ci étant mort en 1180, Béatrix convola à de nouvelles noces avec Hugues III, duc de Bourgogne, qui venait de répudier sa première femme Alix de Lorraine, l'an 1183. De ce mariage elle eut le dauphin Guigues-André et Mahaut, femme (1214) de Jean de Chalons. Veuve de rechef en 1193, cette princesse épousa peu de temps après Hugues de Coligny, seigneur de Revermont, dont elle n'eut qu'une fille, Marguerite, femme d'Amédée III, comte de Savoie. (Voy. *Art de vérifier les dates.* — CHORIER, VALBONNAIS et DUCHESNE.)

(3) Jean Ier, et non Guigues X, étant mort sans enfants de Bonne de Savoie, à la fin de 1281 ou au commencement de 1282, ses états échurent à sa sœur Anne, femme de Humbert de La Tour, fils d'Albert III et de Béatrix de Coligny. Ce prince, qui avait embrassé premièrement l'état ecclésiastique et

Par un premier acte du 23 février 1343, ce prince avait déjà légué ses états, au cas qu'il vînt à mourir sans enfants, à Philippe, fils puîné de Philippe de Valois, ou à l'un des enfants de Jean, duc de Normandie, son frère, à la condition, pour lui et ses successeurs, de porter les nom et armes des Dauphins; quand, par un second acte du 16 juillet 1349, il les transporta simplement, à la condition de nom et d'armes, au fils aîné dudit duc de Normandie, roi de France plus tard sous le nom de Charles V (1). Ensuite de quoi, ayant pris l'habit de Jacobin, il fut fait patriarche d'Alexandrie, administrateur perpétuel de l'archevêché de Rheims (2), puis mourut en 1356 et fut

---

était devenu chanoine de Paris, doyen de Vienne et chantre de Lyon, ayant renoncé à l'église à la mort d'Albert IV, son frère, épousa, le 1er septembre 1273, la dauphine Anne, et mourut le 12 avril 1307, laissant de ce mariage : 1° le dauphin Jean II, 2° Hugues, baron de Faucigny, 3° Guy, baron de Montauban, 4° Henri, évêque élu de Metz, 5° Alix, femme (1296) de Jean Ier, comte de Forez, 6° Marie, femme d'Aimar III, comte de Venlentinois, 7° Béatrix, femme de Hugues de Chalons, ensuite de Frédéric de Saluces, et 8° Catherine, femme de Phillipe de Savoie, prince d'Achaïe. La dauphine Anne était morte en 1296, laissant à son mari le gouvernement de ses états. (Voy. *Art de vérifier les dates* et les historiens dauphinois.

(1) Par le premier, Humbert se réservait le gouvernement de ses états sa vie durant; par le second, il y renonçait aussitôt, en échange de compensations pécuniaires, stipulant en outre : 1° qu'en aucun cas le Dauphiné ne pourrait être incorporé au royaume, à moins que celui-ci ne fût réuni à l'Empire ; 2° l'obligation pour ses successeurs d'observer et de respecter les libertés et franchises qu'il avait accordées à ses sujets par le statut delphinal, le 14 mars précédent. Ce même jour 16 juillet 1349, à Lyon, en présence de la noblesse dauphinoise, il *bailla audit Charles l'espée ancienne du Dalphinal et la bannière de Saint Georges, qui sont ensaignes des Dauphins de Viennois, et un sceptre et un anel.* (Voy. les historiens dauphinois et *Libertates per illustrissimos principes Delphinos Viennenses Delphinalibus subditis concessæ*, etc........; Gratianopoli, in platea Mali Consilii, apud Franciscum Pichatus, et in vico Parlamenti, apud Bartholomeum Bertoletum, in-4° gothique de 87 feuillets, plus 37 et 68 non numérotés.)

(2) Le jour de Noël 1350, à Avignon, le pape Clément VI lui conféra le sous-diaconat, à la messe de minuit; le diaconat, à la messe du matin; la prêtrise, à celle du jour. Le 1er janvier suivant, il le sacra patriarche d'Alexandrie, et l'année suivante il lui donna l'administration perpétuelle de l'archevêché de Rheims vacant par la mort de Hugues d'Arcy. (Voy. VALBONNAIS, CHORIER et les autres historiens dauphinois.)

enterré dans l'église du grand couvent des Jacobins de Paris (1).

Les fils aînés de France ont tous porté depuis le nom et les armes des Dauphins du vivant des rois leurs pères (2). Il y a de plus à la grande chancellerie un sceau particulier au Dauphiné, ayant d'un côté les mêmes armes et de l'autre le roi à cheval, et non assis, comme dans le sceau de France (3). On se sert de

---

(1) Humbert, qui sollicitait l'agrément du pape pour l'évêché de Paris qu'il avait obtenu du roi Jean, lui ayant envoyé des députés, se rendit lui-même à Clermont en Auvergne, pour être mieux à portée de suivre les négociations. Mais, étant tombé malade, il mourut dans cette ville le 22 mai 1355. Son corps, transporté, suivant son désir, dans l'église des Frères Prêcheurs de Paris, y fut inhumé dans le chœur, auprès de la reine Clémence de Hongrie, sa tante. Leurs deux tombeaux s'y voyaient encore au dernier siècle; celui de Humbert était composé de grandes plaques de cuivre moulé, représentant ce prince avec l'habit de dominicain, la mitre, le pallium et la croix patriarchale, dans un encadrement de clochetons, d'anges et de religieux, avec cette inscription : *Hic jacet pr. et dom. amplissimus D. Humbertus primo Viennæ Delphinus. Deinde, relicto principatu, fr. ordinis Pre. in hoc conventu Parisien., ac demum patriarcha Alexandrinus et perpetuus administrator Remensis et precipuus benefactor hujus conventus. Obiit autem anno Domini CIƆcccLC die XXII maij. Orate pro eo. Pr. Nr. Ave.* (Voyez VALBONNAIS, I, 352. — PIGANIOL DE LA FORCE, *Description hist. de la ville de Paris*, 1765, V, 443 et suiv.)

(2) Voici les noms des princes de la maison de France qui ont porté le nom de *Dauphins* : Charles Iᵉʳ (V), 1349; Charles II, 1368; Charles III, 1386; Charles IV, 1392; Louis Iᵉʳ duc de Guyenne, 1415; Jean duc de Touraine et de Berry, 1415; Charles V (VII), 1416; Louis II (XI), 1423; Joachim, 1459; Charles VI (VIII), 1470; Charles VII, 1492; Charles VIII, 1496; deux fils de Louis XII qui ne vécurent que peu de jours; François Iᵉʳ duc de Bretagne, 1517; Henri II, 1536; François II, roi-dauphin, 1543; Louis III (XIII), 1601; Louis IV (XIV), 1638; Louis V, 1661; Louis VI duc de Bourgogne, 1711; Louis VII duc de Bretagne, 1712; Louis VIII (XV), 1712; Louis IX 1729; Louis X (XVI), 1765; Louis XI, 1781; Louis XII duc de Normandie, 1789; Louis-Antoine, duc d'Angoulême, 1824-1830.

(3) C'était pour se conformer sans doute à l'usage des anciens Dauphins, qui se faisaient également représenter à cheval dans leurs sceaux. (Voy. VALBONNAIS, I, 373 et suiv.)

cire rouge pour ce sceau, couleur employée autrefois par les Dauphins de Viennois (1).

Il est bon d'observer ici qu'il y a eu en Auvergne une famille de Dauphins issue de Robert VI, comte en partie de ce pays, qui, ayant épousé Béatrix, fille du Dauphin de Viennois, donna au fils qu'il en eut le nom et les armes des Dauphins, d'où leurs successeurs appelèrent *Dauphiné d'Auvergne* la partie de cette province qu'ils possédoient (2). On doit également remarquer

---

(1) Pour les autres provinces du royaume, on se servait de cire verte pour les édits et de cire jaune pour les lettres patentes, offices et commissions judiciaires.

(2) Robert III, descendant et héritier de ces anciens vicomtes de Clermont, à qui Guillaume Taillefer, comte de Toulouse, avait inféodé l'Auvergne et le Velai en 979, étant mort en 1145, laissant de Marchise ou Béatrix d'Albon, fille de Guigues IV, Dauphin de Viennois, Guillaume VII dit le Jeune, celui-ci eut avec son oncle, Guillaume VIII dit le Vieux, relativement à la succession paternelle qu'il revendiquait également, de longues et sanglantes querelles, terminées en 1155 par une transaction qui adjugea à ce dernier la presque totalité de l'Auvergne, dont une faible partie échut, avec le Velay, à son neveu, qualifié dès lors, jusqu'en 1167, comte du Puy. De nouvelles contestations s'étant alors élevées entre les deux co-partageants, et Guillaume VII ayant invoqué l'autorité du roi d'Angleterre, Louis-le-Jeune, roi de France, appelé par Guillaume VIII, confisqua le Velai au profit de l'église du Puy, ne laissant ainsi au fils de Robert III qu'un petit territoire aux bords de l'Allier, appelé depuis comté de Clermont et Dauphiné d'Auvergne. C'est alors sans doute que, pour se distinguer des comtes d'Auvergne, Guillaume VII abandonna le *gonfanon de gueules frangé de sinople en champ d'or* pour le *Dauphin* de ses aïeux maternels. Quoi qu'il en soit, ses descendants se perpétuèrent dans la possession du Dauphiné d'Auvergne jusqu'en 1428, époque à laquelle Jeanne, unique héritière de sa maison, épousa Louis de Bourbon, comte de Montpensier. Quelques années auparavant, Beraud III, père de celle-ci, avait, sur la demande du Dauphin Louis de France, changé le *Dauphin d'azur, crêté, barbé et oreillé de gueules*, en un *Dauphin pâmé d'azur*, également *en champ d'or*.

En 1543, des lettres patentes réunirent le Dauphiné d'Auvergne au duché de Montpensier, à la condition que les aînés des possesseurs de ce duché porteraient le nom de *Princes Dauphins*. (Voy. *Hist. du Languedoc*, édit. de du Mège, IV, 223-25. — LEQUIEN DE NEUVILLE, *Hist. des Dauphins d'Auvergne*, in-8°. — VALBONNAIS, II, 210, 375, 77, 78, 577. — CHORIER, *Hist.*

que le Valentinois et le Diois, c'est-à-dire Valence, Die, Crest, Saint-Paul-trois-Châteaux et Montélimar, n'appartenoient pas aux Dauphins de Viennois (1), mais à des comtes particuliers

---

du Dauphiné abrégée; Grenoble, 1674, II, 34. — MENESTRIER, *Nouvelle méthode du Blason;* Lyon, 1723, 137-167. — *Art de vérifier les dates,* etc., etc.).

Les comtes de Clermont ne sont, d'ailleurs, pas les seuls qui, se rattachant aux Dauphins de Viennois par leur origine, en aient pris l'emblème héraldique. Raymond ou Guigues Raymond, fils puîné de Guigues-le-Gras, comte de Graisivaudan, ayant épousé, vers 1109, Ide-Raymonde, sœur et héritière de Guillaume IV et d'Eustache, comtes de Lyonnais et de Forez, leurs descendants, presque tous appelés Guigues, adoptèrent, vers le milieu du XIIe siècle, pour armoiries un *Dauphin d'or en champ de gueules.* Par une singulière coïncidence, cette autre branche de la famille des Dauphins s'est éteinte en 1373, dans la même maison de Bourbon. (Voy. LA MURE, *Hist. des comtes de Forez et ducs de Bourbon.* — *L'Art de vérifier les dates.* — GUY ALLARD, *Dict.,* I, 517. — VALBONNAIS, I, 210, 274; II, 577.)

(1) Cette remarque s'applique également aux villes épiscopales, généralement possédées alors en toute souveraineté par leurs évêques, et surtout à la partie du Viennois et du Graisivaudan comprise dans l'ancien domaine des comtes de Savoie, qui y entretenaient un bailli.

Bien que peu important par son étendue, ce territoire n'en avait pas moins une grande valeur, tant à cause de quelques mandements considérables, tels que Voiron, la Côte-Saint-André, Septême, Saint-Georges-d'Esperanche, etc., que par sa position aux portes mêmes de Grenoble et de Vienne. Aussi, l'un des premiers soins du légataire d'Humbert II fut-il de s'en assurer la possession, même à des conditions matériellement désavantageuses. Par un traité du 5 janvier 1354, le Dauphin céda au comte de Savoie, en échange de ce territoire rapportant à peine 1500 florins de revenu, la baronnie du Faucigny et tous les fiefs qu'il possédait en Genevois, Bresse et Bugey, représentant un revenu collectif de plus de 25000 florins; ce qui donna lieu, de la part de la noblesse dauphinoise, à des observations basées sur ce que les terres cédées par le Dauphin pouvaient fournir plus de quarante mille gens de pied et sept cents hommes d'armes, tandis que celles qu'il avait reçues renfermaient au plus douze chevaliers et soixante nobles capables de porter les armes. Nonobstant cela, le comte de Valentinois Aimar VI, gouverneur du Dauphiné, reçut, le 11 février suivant, commission pour mettre le comte de Savoie en possession du Faucigny, dont celui-ci fit hommage au roi de France, le 25 août 1355, dans le château de Rouen. (Voy. VALBONNAIS, II, 593. — GUY ALLARD, *Dict.,* II, 272-74, 605-606. — CHORIER, *Hist., gén.,* I, 848, et *Hist. abrégée,* II, 1213.)

de la maison de Poitiers (1), relevant néanmoins d'eux pour

---

(1) L'origine des comtes de Valentinois a donné lieu à bien des conjectures. Chorier et Guy Allard, qui diffèrent dans la généalogie, admettent également une seule race, issue d'Eble II, comte de Poitiers, tandis que les autres historiens en mentionnent deux : une première, sur laquelle ils ne donnent que de vagues renseignements, et une seconde qu'ils rattachent aux Poitiers d'Aquitaine par un bâtard de Guillaume IX, marié vers le commencement du XII° siècle avec une comtesse de Marsanne ou de Die, héritière de la première race. Ajoutons que M. de Gingins, dans ses *Mémoires pour servir à l'histoire des royaumes de Provence et de Bourgogne* (I, 190), donne pour auteur à Geilon, premier comte héréditaire du Valentinois qui nous soit connu, Louis-l'Aveugle, roi de Provence, fils de Boson.

Somme toute, bien que je ne sois pas en mesure d'élucider les questions relatives soit à l'origine de ces comtes, soit aux rapports existants entre eux, je crois néanmoins utile de donner, en regard des généalogies fournies par Chorier et Guy Allard, une chronologie des possesseurs du Valentinois antérieurement au XII° siècle, avec les preuves à l'appui. (Voir le tableau ci-contre.)

A partir d'Aimar II, les historiens sont d'accord sur la généalogie de ces comtes, qui se continue ainsi :

1230-1277. Aimar III, fils de Guillaume et de Flotte de Royans : 1re femme, Florie de Beaujeu; enfants : 1° Aimar IV, 2° Philippine, femme de Bertrand de Baux comte d'Avellino, 3° Marguerite, femme de Roger, seigneur de Clérieu; — 2e femme, Alix de Mereau; enfant : 4° Guillaume, seigneur de Chanéac.

1277-1329. Aimar IV : 1re femme Polie de Bourgogne; enfants : 1° Aimar V, 2° Humbert, 3° Othon, 4° Guillaume, seigneur de Saint-Vallier, 5° Louis, évêque de Viviers, puis de Langres, 6° Alix, femme d'Artaud de Roussillon, 7° Constance, femme d'Hugues Adhémar; — 2e femme, Marguerite de Genève; enfants : 8° Amé, seigneur de Clérieu, 9° Amédée, seigneur de Saint-Vallier après son frère, 10° Catherine, femme d'Aymeri, vicomte de Narbonne, 11° Anne, femme d'Henri II comte de Rodez, puis de Jean, dauphin d'Auvergne.

1329-1339. Aimar V : femme, Sybille de Baux; enfants : 1° Aimar mort sans postérité, 2° Louis Ier, 3° Guichard mort en 1329, 4° Othon, évêque de Verdun, 5° Aimar, seigneur de Veynes, 6° Guillaume, évêque de Langres, 7° Henri, évêque de Gap, 8° Charles, tige des seigneurs de Saint-Vallier, et cinq filles.

1339-1345. Louis Ier : femme, Marguerite de Vergy; enfants : Aimar VI et Marguerite, femme de Guichard de Beaujeu.

1345-1373. Aimar VI : femme, Elips ou Alix de Roger de Beaufort, sœur du pape Grégoire XI.

1373-1419. Louis II, fils d'Aimar, seigneur de Veynes : 1re femme, Cécile

CHRONOLOGIE DES COMTES DE VALENTINOIS COMPARÉE AUX GÉNÉALOGIES SUIVANT CHORIER ET GUY ALLARD.

CHORIER.	GUY ALLARD.		PREUVES.
		912. Adalelme, comte amovible, et Boson, son fils.	Restitution de la terre de Villeneuve à l'église de Valence par le comte Hugues. (Chorier, Estat politique, II, 142. — Giraud, Cartul. de Saint-Barnard, II, 152.)
	920. Geilon, fils d'Eble II, comte de Poitiers.	937-61. Gillin. 1re femme, Gothelène.	937. Réforme de l'abbaye de Saint-Chaffre, par Gotescald, évêque du Puy. (Hist. gén. du Languedoc, II, 539; III, 24.)
			940. Donation de biens sis à Cornas et à Soyons à la même abbaye. (Ibid., II, 539.)
			956. Confirmation des donations faites à cette abbaye par l'empereur Conrad-le-Pacifique. (Ibid., II, 539. — Dom Bouquet, IX, 697.)
940. Gontard, fils d'Eble II, comte de Poitiers; femme, Ermengarde.	950. Gontard; femme, Ermengarde; enfants, Geilon et Lambert. 979. Geilon; femme, Gothelène; enfant, une fille.	2e femme, Raimotte. 950 environ. Gontard; femme, Ermengarde; enfant, Lambert.	961. Donation de l'église de Macheville à la même abbaye. (Ibid., II, 539.) Donation au monastère de Saint-Marcel de Sauzet faite en 965 pour le repos de leurs âmes. (Art de vérifier les dates. — Anselme. — Statistique de la Drôme, 533.)
985. Lambert; femme, Falcetrude.	985. Lambert; femme Falcetrude.	985. Lambert; femme, Falcetrude; enfants, Aimar et Lambert.	Même charte.
1038. Aimar Ier; femme, Rotilde; enfants, Hugues et Ponce.	1038. Aimar Ier; femme Rotilde; enfants, Gelin, Hugues, Ponce, Lambert, Gontard et Gérard.	1011-1037. Aimar; femme, Rotilde; enfants, Ponce, évêq. de Valence de 1037 à 1050, Hugues, Gontard et Gérard.	1011. Donation à l'abbaye de Saint-Chaffre par Lambert, év. de Valence. (Hist. du Languedoc, III, 93.) 1037. Donation du lieu de Saint-Marcel de Sauzet à l'abbaye de Cluny. (Cartul. de Cluny. — Anselme. — Art de vérifier les dates.)
1050. Hugues; femme, N....; enfants, Guillaume et Gontard, évêq. de Valence.	1048. Gelin; femme, Ave; enfants, Albert, Odon, Rostaing, Conon, Guillaume et Gontard, évêq. de Valence.	1039-1077. Gillin II; femme, Ave; enfants, Odon, évêque, Hugues, Arbert, Rostaing, Conon et Guillaume IX, abbé de Saint-Chaffre de 1087 à 1135.	1039, 18 mars. Donation du lieu de Saint-Barthélemy et de l'église de Marnas à l'abbaye de Saint-Chaffre. (Hist. du Languedoc, III, 134. — Giraud, Cart. de Romans, I, 83.) 1077. Confirmation du don de l'abbaye de Saint-Victor de Valence fait à l'abbaye de Saint-Chaffre par ses prédécesseurs. (Hist. du Languedoc, III, 214, 261. — Gallia Christ., II, 764.)
1080. Guillaume Ier. 1100. Aimar II; femme, Marchise d'Albon.	1080. Albert; enfant, Aimar II. S. d. Aimar II; femme, Marchise de Graisivaudan; enfant, Guillaume Ier.	L'absence de documents ne permet pas de remplir la lacune existant entre Gillin II et la généalogie donnée par l'Art de vérifier les dates, qui encore mérite quelques rectifications. 1125. Aimar Ier, fils naturel de Guillaume IX de Poitiers, duc d'Aquitaine, né en 1115, mort en 1135; femme, la comtesse Véronique; enfants, Guillaume Ier et Eustache, prévôt de l'église de Valence.	Art de vérifier les dates. Donation du mas de Genevez au monastère de Bonlieu par Guillaume et Eustache de Poitiers, pour le repos de l'âme de la comtesse Véronique, leur mère. (Charte communiquée par M. Morin-Pons.) 1071 et 1073. Mêmes donations pour le même objet.
1158. Guillaume II.	1158. Guillaume Ier; femme, Philippine, fille d'Iscard, comte de Die; enfant, Aimar III.	1158. Guillaume Ier; 1re femme, une sœur de Pierre Raymond de Béziers; 2e femme, Béatrix de Viennois; enfants, Aimar Ier et autres.	1178. Concession du péage d'Étoile par l'empereur Frédéric Ier. (Hist. du Languedoc, IV, 272.) 1180. Charte en faveur de l'abbaye de Léoncel. (Anselme.) 1184. Donation au prieuré de Montmeyran. (Idem. — Hist. du Languedoc, IV, 169-212.) Don d'une rente sur la terre d'Étoile aux Chartreux de Silve-Bénite, le 4 mars 1187. (Anselme.) Octroi du ban de vin à la commune de Crest par l'évêque Pierre de Die et Guillaume de Crest et ses fils. (Stat. de la Drôme, 471.)
1189-1239. Aimar III; femme, Philippe.	1189. Aimar III; femme, Philippine, enfants, Guillaume II, Joaserande, femme de Silvion de Clérieu, et Sémorense, femme d'André Dauphin.	1150-1250. Aimar II. Femme, Philippine de Fay, dame de Fay, la Voulte, etc. Enfants, Guillaume II, mort en 1226, laissant, de Flotte de Royans, Aimar III et Joaserande, femme de Pierre Bermond, seigneur d'Andaze.	1188. Libertés de la commune de Crest. 1199. Inféodation du Diois par Raymond, comte de Toulouse. (Hist. du Languedoc, I, 15, 535.) (Hist. du Languedoc, VI, 18.)
1229. Guillaume III; femme, Flotte de Royans.	1226. Guillaume II; femme, Flotte de Royans; enfant, Aimar IV.		

le Valentinois (1) en vertu des mêmes lois qui les rendoient

de Beaufort; enfants : Louise, femme d'Humbert VIII de Villars-Thoire, et Agathe, femme d'Aubert de Tracy; — 2ᵉ femme, Guillemette de Gruères.

Les deux filles de Louis II, Louise et Agathe, étant mortes sans enfants, et n'en ayant pas lui-même de son second mariage, il institua son héritier le Dauphin Charles (VII) de France.

Les armes de la maison de Poitiers-Valentinois étaient *d'azur à six besants d'argent posés 3, 2 et 1 au chef d'or*; cependant on trouve quelques sceaux où il n'y a pas de chef. A ces armes, Aimar II ajoutait un contre-scel représentant *un soleil et un croissant*, et Aimar III *une étoile à douze raies*, qui, suivant Valbonnais, rappellerait la terre d'Étoile, l'une des plus importantes de leurs comtés, ou une alliance avec la maison de Baux, dont les armes étaient aussi une étoile. (Voy. *Art de vérifier les dates*. — CHORIER, *Hist. gén.*, I, 830-833. — GUY ALLARD, *Dict.*, II, 723 et suiv. — ANSELME, *Hist. gén. de la Maison royale de France*, II, 186 et suiv. — ANDRÉ DU CHESNE, *Hist. généalog. des comtes de Valentinois et Diois*. — VALBONNAIS, I, 380. — BESLY, *Hist. des comtes de Poictou et ducs de Guyenne*, 1667, in-fol., 161. — *Hist. du Languedoc*, IV, 165; V, 535.)

(1) Soit à cause de seigneuries dépendantes du fief delphinal qui leur étaient advenues par acquisition, par alliance ou par héritage, comme Royans et Clérieu; soit à cause des terres de leur domaine que des transactions subséquentes avaient soumises à la suzeraineté des Dauphins, comme Étoile, Beaufort, Montclar, Véronne, etc., les comtes de Valentinois étaient feudataires et hommagers de ces derniers; de même que ceux-ci l'étaient d'ailleurs de l'église de Vienne, des comtes de Savoie et des comtes de Provence. Mais, en qualité de comtes de Valentinois, ils ne relevaient que des empereurs d'Allemagne. Du reste, les actes d'hommage que fit en 1377 et 1381 le comte Louis II au Dauphin mentionnent précisément qu'il ne s'agit que de vingt-deux terres déjà hommagées par ses prédécesseurs. Seulement, en 1239, Aimar III, cédant aux menaces, reconnut tenir en fief du comte de Toulouse la partie du Valentinois qui s'étendait au-delà du Rhône, et notamment les châteaux de Baux, Privas, Boulogne, Tournon, Chaylar, etc. Plus tard, le comte Aimar VI, par représailles contre la France qui lui avait imposé une énorme rançon comme punition de son mauvais gouvernement en Dauphiné, soumit au Saint-Siège, alors occupé par Grégoire XI, son beau-frère, ses états dont il avait déjà aliéné un grand nombre de terres, ce qui donna lieu à des contestations tranchées au profit du pape par l'hommage que lui fit, le 27 janvier 1375, le comte Louis II, reconnaissant de ce que, dans les démêlés qu'il avait eus avec son oncle Charles, seigneur de Saint-Vallier, relativement à la succession d'Aimar VI, le pontife s'était prononcé en sa faveur.

Ce fut, sans doute, en prévision du parti qu'il pourrait tirer, le cas

feudataires des comtes de Forcalquier pour le comté de Diois (1).

échéant, des droits que lui donnait cette reconnaissance en fief, que le pape Grégoire acquit en 1372, conjointement avec le comte Aimar VI, son beau-frère, le haut domaine de Montélimar, et qu'en 1383 Clément VII, son successeur, donna la terre de Grillon à Giraud X Adhémar en échange d'une autre partie de la seigneurie de cette ville, où il établit un gouverneur. (Voy. Chorier, *Hist. abrégée*, II, 15, 16. — Guy Allard, *Dict.*, II, 173. — *Hist. du Languedoc*, VI, 16, 416. — Duchesne, 9. — Pithon-Cury, *Hist. de la noblesse du Comtat-Venaissin*, IV, 17, 31. — Anselme, etc.)

(1) Antérieurement à son union avec le Valentinois, le Diois était possédé par une famille de comtes sur laquelle nous ne sommes que très-vaguement renseignés par les historiens.

Suivant Guy Allard, qui ne donne jamais de preuves de ce qu'il avance, le premier d'entre eux serait Geoffroi-Ponce, fils puîné de Guillaume comte de Forcalquier et d'Alayris, comtesse de Die, vivant en 1027, qui hérita du Diois de sa mère. Guillaume, son fils (1055), fut le père d'Isoard Ier (1095), dont le fils Isoard II (1155) n'eut que deux filles, Alix ou Mathilde, la comtesse de Die célébrée par les troubadours, et Philippine, héritière du Diois, qu'elle porta à Guillaume de Poitiers, son mari. A l'appui de cette généalogie, nous possédons une charte de l'an 1028, par laquelle Alaybie ou Alayris, comtesse de Die, donne son consentement à la donation que son fils Bertrand, comte de Forcalquier, avait faite des villages de la Couche et de Prunières au monastère de la Cluse, et une donation faite en 1116 par Isoard, comte de Diois, et Pierre, son frère, à la Chartreuse de Durbon. Mais il existe à l'encontre divers faits qui la rendent invraisemblable. D'abord, on ne trouve pas de Geoffroi-Ponce dans la famille de Forcalquier. On pourrait objecter, il est vrai, qu'il n'est autre que Geoffroi, fils puîné de Guillaume-Bertrand, comte de Provence, qui, dans le partage qui se fit en 1054 de ce dernier comté, eut, conjointement avec son frère Bertrand, toute la haute Provence, c'est-à-dire ce qu'on appela dans la suite comté de Forcalquier. Mais, outre que les domaines de ce Geoffroi s'étendaient du côté de la mer, aux environs de Nice, dont il se qualifiait comte, il n'eut pas de postérité et ses états passèrent à son frère à sa mort, arrivée en 1094.

Ajoutons, comme renseignement, que les auteurs de l'*Art de vérifier les dates*, mentionnant un passage de Mathieu Pâris, qui nous apprend que Hyscard, comte de Die, commandait le onzième corps de l'armée chrétienne, disent que celui-ci, qui est le même que Isoard ou Isarn, mourut en 1116, et fut le dernier des comtes de Diois, issus de Boson II, comte de Provence.

Maintenant, quelle était l'origine de la suzeraineté des comtes de Toulouse, ou plutôt comment le marquisat de Provence était-il entré dans le domaine de ces comtes?

Un traité du 11 août 1404 entre le roi Charles VI et le comte Louis de Poitiers (1), le testament de ce même comte en faveur

---

Les uns veulent qu'il ait été la dot de Berthe, nièce d'Hugues, roi d'Italie, et femme de Boson, comte d'Arles, puis de Raymond II, comte de Rouergue, dont l'héritage advint, par suite de l'extinction de sa race, en 1088, à Raymond de Saint-Gilles. Une donation, faite en 960 à l'abbaye de Montmajour par cette comtesse Berthe, de divers alleux situés dans les comtés de Die, de Gap, de Saint-Paul-trois-Châteaux, etc., dont elle avait hérité, *suivant les lois*, du roi Hugues, son oncle, corroborerait cette opinion.

D'autres prétendent que Emme, fille de Rotbold, comte de Provence, héritière de son frère Guillaume et mariée, l'an 990 environ, à Guillaume Taillefer, comte de Toulouse, le lui apporta.

Enfin, quelques autres historiens pensent qu'il a été la conséquence du mariage de Raymond de Saint-Gilles avec la fille unique de Bertrand, marquis de Provence, son grand-oncle, mort en 1050. Quant à moi, je crois avec Dom Vaissette que jusqu'en 1125 les divers ayant-droits au comté de Provence le possédèrent par indivis, et que c'est alors seulement que, à cause de leurs diverses alliances avec la maison de Provence, les comtes de Toulouse eurent dans le partage avec Raymond Bérenger, comte de Barcelonne, héritier de cette maison, *tout ce que ce dernier et ses vassaux possédaient entre l'Isère et la Durance*.

Quoi qu'il en soit, nous possédons la charte par laquelle Raymond VI, comte de Toulouse et marquis de Provence, inféoda à Aimar de Poitiers, comte de Valentinois, le Diois, dont celui-ci lui fit hommage. Cet acte fut souscrit à Saint-Saturnin (Pont-Saint-Esprit), en juin 1189. (Voy. *Art de vérifier les dates*. — GUY ALLARD, *Dict.*, II, 384-513. — SALVAING DE BOISSIEU, *De l'usage des fiefs et autres droits seigneuriaux*; Grenoble, 1731, in-folio, 1ʳᵉ partie, 194. — *Hist. du Languedoc*, III, 46, 416; V, 15, 535. — BESLY, *Hist. des comtes de Poictou*, 1647, in-folio, 53 et suiv. — DUBAC, *Hist. des ducs de Narbonne*; Paris, 1660, in-4°, 205. — CATEL, *Hist. des comtes de Tolose*; Toulouse, 1613, in-folio, 187 et suiv. — BOUCHE, *Chorographie de Provence*; Aix, 1664, 2 v. in-folio, I, 857. — GAUFRIDI, *Hist. de Provence*; Aix, 1694, 2 vol. in-fol., II, 64. — RUFFI, *Dissertation historique sur l'origine des comtes de Provence*, etc.; Marseille, 1712, in-4°, 13-47. — MILLOT, *Hist. litt. des Troubadours*; Paris, 1774, 3 vol. in-12, I, 161. — ROCHAS, *Biographie du Dauphiné*, I, 355. — CHORIER, *Hist. gén.*, II, 66.)

(1) Perdu de dettes et prévoyant qu'il n'aurait pas d'enfants mâles, Louis II, comte de Valentinois, se proposait depuis longtemps, à l'exemple du Dauphin Humbert, de céder ses états à la France. Déjà, en 1391, à la suite d'une entrevue avec Jacques de La Rivière, mandataire du roi Charles VI, il avait fait la déclaration publique de ses intentions à ce sujet, constatant que son domaine comprenait vingt-sept villes ou châteaux, onze forteresses

du Dauphin Louis, qui fut ensuite Louis XI (1), et une tran-

---

et deux cents fiefs ou arrière-fiefs, et deux ans après avait fait dresser l'état des revenus de ses terres, montant, d'une part, à 11,564 florins, et, de l'autre, à 1,630 livres, quand il consentit à ce traité.

Par cet acte, signé à Paris, le lundi 11 août 1404, par les évêques de Noyon et de Meaux, au nom du roi de France, Pierre de L'Isle et Pierre Chabert, écuyers, pour le comte, et Jean de Poitiers, évêque de Valence et de Die, comme représentant de Charles de Poitiers, évêque de Châlons, Louis et Philippe de Poitiers, chevaliers, ses frères, tous fils de Charles, seigneur de Saint-Vallier, oncle du comte de Valentinois et son compétiteur, à la mort d'Aimar VI, Louis II donnait ou plutôt vendait au Roi-Dauphin les comtés de Valentinois et Diois moyennant la somme une fois payée de cent mille écus d'or, une rente annuelle de six cents florins et la jouissance viagère de la terre d'Upie pour sa femme Cécile de Beaufort. Au sire de Saint-Vallier, son oncle, il réservait tous les châteaux, terres et seigneuries d'au-delà le Rhône, la baronnie de Clérieu et la nu-propriété des terres de Châteauneuf-de-Mazenc, Lène et Savasse, dont l'usufruit appartenait à la comtesse douairière Elips de Beaufort. A quoi le Roi-Dauphin ajoutait pour le prix de son acquiescement à cette transaction vingt mille francs d'or. (Voy. dans DUCHESNE, p. 72 et suiv. des *preuves*, le texte complet de ce traité. — ANSELME, II, 196.)

(1) Charles de Poitiers, seigneur de Saint-Vallier, oncle de Louis II, était mort vers la fin de l'année 1409, satisfait, paraît-il, de la part qui lui avait été faite dans la succession de son neveu; mais il n'en était pas de même de ses fils, qui, loin de se tenir pour liés par le traité de 1404, n'attendaient, au contraire, qu'une occasion favorable pour renouveler leurs prétentions, auxquelles la mort de la comtesse de Valentinois donnait encore plus de prise. Ils attendirent ainsi quelques années, jusqu'à ce que, désespérant d'arriver à leurs fins par d'autres voies, ils résolurent de faire appel à la violence. Pour cela, le 16 août 1416, ils prirent d'assaut le château de Grane qu'habitait le vieux comte avec ses filles naturelles et quelques familiers, contraignirent celui-ci de souscrire un nouveau traité par lequel, à défaut d'hoirs mâles légitimes, il instituait le seigneur de Saint-Vallier son héritier universel, et, pour donner plus d'autorité à cet acte, ils en firent demander la ratification aux notables assemblés à Crest, le 24 du même mois; ce que ces derniers refusèrent.

Délivré de ses cousins, le vieux comte, qui gardait un amer souvenir des violences exercées sur sa personne, chercha par tous les moyens possibles à les frustrer de sa succession, et d'abord il contracta un second mariage avec Guillemette de Gruères. Cette union ayant été stérile, il aliéna bon nombre de terres, et finalement, par un testament du 22 juin 1419, il légua ses états au Dauphin Charles (VII) de France, lui imposant, entre autres

saction de l'an 1423 (1) ont acquis à la France ces deux comtés; donc il ne faut pas confondre le titre de comte avec celui de

---

conditions, celle de verser entre les mains de ses exécuteurs testamentaires la somme de 50,000 écus d'or, pour l'acquit de ses dettes et legs, et surtout de ne jamais traiter avec le seigneur de Saint-Vallier, son cousin, sous peine de forclusion, substituant alors au Dauphin le comte de Savoie. Le 4 juillet suivant, Louis II mourut au château de Bays, et le lendemain il fut enterré dans l'église des Cordeliers de Crest. (Voy. CHORIER, *Hist. gén.*, II, 410. — DU CHESNE, 62. — GUY ALLARD, *Dict.*, II, 725. — ROCHAS, *Biographie du Dauphiné*, II, 263-64. — Archives départementales et communales.)

(1) A peine Louis II reposait-il dans le caveau de ses ancêtres, que le Dauphin Charles, son légataire, incapable, par suite de la pénurie du trésor royal, de satisfaire aux conditions de paiement énoncées dans le testament du comte de Valentinois, s'empressa, malgré la défense qui lui en était faite, de traiter avec Louis de Saint-Vallier, relativement à ses prétentions sur l'héritage de son cousin (26 juillet 1419). Mais aussitôt le duc de Savoie, se prévalant de la clause testamentaire qui le substituait au Dauphin, en cas d'inexécution de certaines conditions, dont les principales étaient le paiement de 50,000 écus d'or et l'engagement de ne jamais traiter avec le seigneur de Saint-Vallier, déclara solennellement, le 22 août 1422, qu'il acceptait avec toutes ses charges l'héritage des comtes de Valentinois, et incontinent fit prendre possession des comtés en litige par Humbert de Seyssel, qui confirma les droits et priviléges de plusieurs communautés. Accablé par le nombre de ses ennemis, le Dauphin, qui ne disposait que de précaires ressources, jugea prudent en cette circonstance de se désister en faveur du seigneur de Saint-Vallier, qui lui prêta *quarante mille écus vieux*. Ce dernier prit alors le titre de comte de Valentinois et Diois, se fit reconnaître en divers lieux, mais, se ravisant peu après, fit, conjointement avec son frère Jean, évêque de Valence, un nouveau traité (4 mai 1423), par lequel il rétrocédait au Dauphin tous ses droits sur le Valentinois et le Diois, moyennant une rente annuelle de 7000 florins, outre les terres, châteaux et seigneuries qui lui étaient attribués dans le traité du 11 août 1404. Quant au duc de Savoie, ayant fait alliance avec le prince d'Orange, il envahit le Dauphiné, alors gouverné par Raoul de Gaucourt, qui illustra sa défense par la prise du château d'Anthon. Les choses traînèrent en longueur; enfin, par un dernier traité conclu à Bayonne, le 3 avril 1445, Amédée VIII renonça à ses prétentions sur le Valentinois, ainsi qu'à une somme de 3000 ducats qui lui était due, et le roi de France, en échange, se départit de l'hommage que lui devait le duc de Savoie, à cause du Faucigny et des autres pays que lui avait cédés le Dauphin en 1354. (Voy. CHORIER, *Hist. gén.*, II, 419 et suiv., et *Hist. abrégée*, II, 40, 43, 48, 50, 51. — GUY ALLARD, *Dict.*, II, 274, 722. — DUCHESNE, 67 et suiv., *Preuves*, 75 et

duc de Valentinois, celui-ci étant une simple érection en duché ; tandis que l'autre est le titre de possession de nos rois (1).

Le Dauphiné, qui s'étend entre le 44ᵉ et le 46ᵉ degré de latitude, le 24ᵉ et le 26ᵉ degré de longitude (2), est confiné au nord et au couchant par le Rhône, au midi par la principauté d'Orange, le Comtat et la Provence, enfin au levant par le Piémont et la Savoie (3). Sa plus grande longueur, depuis Valence sur le Rhône, jusqu'au château du Bois, dans la vallée de Pragellas, est de trente-six lieues, et sa plus grande largeur, entre Quirieu aussi sur le Rhône et la principauté d'Orange, de trente-sept.

Il se divise en Haut et Bas (4). Le haut Dauphiné comprend, savoir :

---

suiv. — Archives départementales et communales. — ANSELME, II, 196. — GUICHENON, *Histoire généalogique de la maison de Savoye*; Lyon, 1660, in-folio, 461-63.)

(1) Jusqu'en 1790, les rois de France se sont qualifiés *Dauphins de Viennois, Comtes de Valentinois et Diois*, dans les lettres patentes, déclarations et autres actes relatifs à la province de Dauphiné.

(2) Bouchu, qui se trompe évidemment, dit que le Dauphiné s'étend entre le 43ᵉ et le 46ᵉ degré de latitude, le 26ᵉ et le 29ᵉ de longitude; mais la position exacte de cette province est entre le 44ᵉ 11 min. et le 45ᵉ 53 min. de latitude, le 22ᵉ 19 min. et le 24ᵉ 49 min. de longitude. (Voy. R. DE HESSELN, *Dict. universel de la France*; Paris, 1771, 6 vol. in-12, t. II, 543 et suiv.)

(3) Ces limites ont été sensiblement modifiées par le traité d'Utrecht, dont l'article IV cède au duc de Savoie toute la partie du Briançonnais qui est *à l'eau pendante des Alpes du côté du Piémont*, c'est-à-dire les vallées de Pragellas, de Bardonnesche, d'Oulx, de Césane et de Château-Dauphin, comprenant en tout trois forts : Exilles, Fenestrelles et Château-Dauphin, et trente-trois communautés ou paroisses; tandis que nous recevons en échange la vallée de Barcelonnette, qui fut unie à la Provence, malgré les plaintes et réclamations des Dauphinois. D'autre part, l'article X du même traité gratifie le roi de France de tous les droits de la maison de Nassau sur la principauté d'Orange, dont le territoire fut compris dans le ressort du parlement et de la généralité de Grenoble. (Voy. *Recueil des édits et déclarations du roy*; Grenoble, Giroud, 1720-1773, 26 vol. in-4°, t. XII, 1-15.)

(4) Cette division est toute spéculative et ne correspond à aucune de celles adoptées à différentes époques pour l'administration de cette province.

La Mateysine (1),
L'Oisans (2),
Le Champsaur (3),
Le Diois,
Le Briançonnais (4),

---

(1) Froide vallée du Graisivaudan, placée à une grande altitude, laquelle n'est, à proprement parler, qu'un canton dont La Mure est le chef-lieu. Guy Allard et, après lui, divers auteurs, prétendent que les habitants de cette contrée, vulgairement surnommés *chats*, ont reçu ce sobriquet parce que, à la suite de l'inondation de 1219, ils refusèrent de souscrire de nouvelles reconnaissances, en retour de celles emportées par les eaux avec les archives delphinales. Mais je ne vois pas le rapport que peut avoir cette conduite avec ce surnom. On pourrait plus vraisemblablement avancer que Mateysine vient de *matou* : l'étymologie est une science si élastique! (Voy. Guy Allard, *Dict.*, I, 683; II, 108. — *Statistique de l'Isère*, I, 14.)

(2) Autre contrée du Graisivaudan dont l'étendue correspond approximativement à la circonscription cantonale de Bourg-d'Oisans. La plus grande partie de l'Oisans fut cadastrée en 1230 par ordre du dauphin Guigues-André, et le reste, soit les communautés d'Auris, Besse, Clavans et La Garde, suivant lettres de Guigues VII en date de Saint-Laurent-du-Lac (Bourg-d'Oisans), le 4 des ides de mai 1251. (Voy. Guy Allard, *Dict.*, II, 243. — A. du Chesne, *Preuves de l'histoire généalogique des Dauphins*, 17. — *Statistique de l'Isère*, I, 12.)

(3) Le Champsaur, aujourd'hui compris dans la circonscription cantonale de Saint-Bonnet, son chef-lieu, est une petite contrée sans tradition particulière, située sur les confins du Briançonnais et de l'Embrunois, et dans laquelle les comtes Guigues possédaient de nombreuses terres dès l'an 940, suivant une donation faite cette même année par l'un d'eux au prieuré de Romette. Jaloux d'ajouter à ses titres celui de duc de Champsaur, le vaniteux Humbert II avait érigé de sa propre autorité ce pays en duché, comme il avait fait de Cézane un marquisat, pour pouvoir s'en dire marquis. (Voy. Guy Allard, *Dict.*, I, 239. — Chorier, *Hist. gén.*, I, 794. — Valbonnais, II, 458. — Fauché-Prunelle, *Essai sur les institutions des Alpes Cottiennes*, I, 270.)

(4) La puissance de la famille des Dauphins dans le Briançonnais était si étendue et son origine remontait à une époque si reculée, que quelques auteurs ont cru, non sans de plausibles raisons, que ces princes y avaient leur berceau. Dès le X⁰ siècle, en effet, divers documents nous les montrent possesseurs exclusifs de ce pays, concédant, au lendemain de l'invasion sarrasine, le pariage de quelques fiefs à des seigneurs inférieurs. Trois cents ans plus tard, le Dauphin était encore seul seigneur de pleine justice dans le Briançonnais, dont tous les habitants, depuis le simple serf jusqu'au

Le Gapençais,
L'Embrunois (1).

seigneur parier, étaient ses hommes liges, et cet état de choses s'est conservé jusqu'à la Révolution, époque à laquelle une seule des dix-neuf communautés briançonnaises reconnaissait un autre seigneur direct que le roi, lequel y faisait rendre la justice en premier ressort par le vi-bailli de Briançon. C'est, sans aucun doute, à cette position particulière vis-à-vis des souverains du Dauphiné que le Briançonnais était redevable des privilèges et franchises qui faisaient de ce pays une espèce de république sous la suzeraineté des Dauphins. (Voy. FAUCHÉ-PRUNELLE, *ibidem*, I, 248-270. — CHAIX, *Préoccupations sur les Hautes-Alpes*, 390, 392. — VALBONNAIS, II, 458. — GUY ALLARD, *Dict.*, I, 191. — *Almanach du Palais* pour 1788; Grenoble, Giroud, in-16, 150.)

(1) Le Gapençais, qui est au nombre des comtés mentionnés dans la donation souscrite l'an 960 par la comtesse Berthe, héritière d'Hugues, roi d'Italie, en faveur de l'abbaye de Montmajour, ne tarda pas à faire partie du domaine des comtes de Provence, ainsi qu'il résulte de deux autres chartes, l'une de Bertrand de Forcalquier, en 1028; l'autre du marquis Guillaume et de sa femme Lucie, deux ans après. Celle-ci, qui donne une manse située près de la ville de Gap à l'abbaye de Cluny, émane de Guillaume III, fils de Rotbold; l'autre, qui renferme des libéralités au profit du prieuré de Saint-Michel-de-la-Cluse, est de Guillaume-Bertrand II, comte par indivis de Provence comme le premier, et mari d'Aldecarde ou Aldearde, qui doit être la même qu'Aleyris, comtesse de Die.

Vers le milieu du X° siècle, un premier partage des comté et marquisat de Provence ayant été fait entre les descendants de Rotbold, Geoffroy I°, frère de Guillaume-Bertrand I°, et les deux fils de celui-ci, Guillaume-Bertrand II et Geoffroy II, toute la haute Provence, c'est-à-dire la partie qui s'étendait le long des Alpes, depuis Pertuis-Rostaing (et non depuis l'Isère, comme l'ont avancé plusieurs historiens) jusqu'à la mer, échut à ces derniers, qui se partagèrent à leur tour cet héritage, Geoffroy prenant les pays qui touchent à Nice, dont il se qualifia comte, et son frère la partie septentrionale, qui a pour capitale Forcalquier. Geoffroy II étant mort vers 1065, sans enfant de Douce, sa femme, Guillaume-Bertrand II réunit le domaine de toute la haute Provence, qu'on appela dans la suite comté de Forcalquier, porté depuis par Adélaïde, sa fille unique, à Ermengaud IV de Gerb, comte d'Urgel, dont le fils puîné Guillaume fut l'auteur des comtes de Forcalquier, terminés en novembre 1209 avec Guillaume II, dernier mâle de cette famille.

Sept ans auparavant, ce dernier comte avait marié sa petite-fille Béatrix, fille de Ramon II de Sabran, dit de Claustral, seigneur d'Uzès, et de Garsende de Forcalquier, avec le dauphin Guigues-André, à qui elle porta en dot *totum comitatum et totam terram quæ a ponte Buschii de Sistarico*

Quant au bas Dauphiné qui, quoique moins montagneux, renferme cependant plus de sommets élevés que l'autre, il comprend, savoir :

Le Graisivaudan (1),

---

sursum et extenditur per episcopatum Vapincensem et per archiepiscopatum Ebredunensem, c'est-à-dire les pays compris dans la suite sous les noms de Gapençais et d'Embrunois. Ce mariage ayant été dissous quelque temps après, à cause de la proximité des conjoints, Béatrix remit quand même à son mari tous ses droits sur les comtés de Gap et d'Embrun, ce qui n'empêcha pas la fille qu'elle avait eue de son mariage, Béatrix, femme d'Amauri de Montfort, d'en réclamer la possession; d'où s'en suivit en 1232 une transaction par laquelle la comtesse de Montfort transmit tous ses droits à son père, moyennant *cent mille livres tournois*.

En 1257, le comte de Provence Charles d'Anjou, prétendit à son tour quelques droits sur le Gapençais; mais, à la suite de vives contestations, il fit avec le dauphin Guignes VII un traité qui lui donnait la suzeraineté de ce pays en échange de l'hommage de Galburge de Meuillon et de Draconet de Montauban.

Quant à l'Embrunois, il paraît avoir toujours suivi la fortune politique du Gapençais, avec la différence que l'archevêque d'Embrun y exerçait la suzeraineté attribuée au comte de Provence dans ce dernier pays. Cette suzeraineté, d'abord contestée par les Dauphins, leur fut enfin définitivement acquise par le traité que firent à ce sujet Guigues-André et l'archevêque Raymond de Salva, en 1210. (Voy. *Hist. du Languedoc*, II, 524 et suiv. — ANSELME, I, 564. — RUFFI, *Dissert.*; comté de Provence, 20, 47, 60, 62, 69; comté de Forcalquier, 39 et suivantes, 51 et suivantes. — CHAIX, *Préoccup.*, 395. — BOUCHE, *Histoire de Provence*, I, 815; II, 65. — GUY ALLARD, *Dict.*, 513-587. — A. DU CHESNE, *ibid.*, 22. — VALBONNAIS, I, 173, 205, 248, 251, 284; II, 445, 459. — LA DOUCETTE, *Histoire du département des Hautes-Alpes*, 1832, in-8°, 271.)

(1) De toutes les parties du domaine delphinal, le Graisivaudan, qui en est la plus importante, est incontestablement celle qui emporte avec elle la plus complète idée de spoliation et de conquête. Nous savons, en effet, par un document contemporain d'Isarn, qu'à cette époque les évêques de Grenoble possédaient exclusivement leur diocèse, dans lequel nul seigneur ne prenait le titre de comte. Mais, vers le commencement du X° siècle, Humbert, appelé *d'Albon* par quelques historiens, ayant succédé à Isarn sur le siège de Grenoble, celui-ci attira bientôt auprès de lui le comte Guignes, son frère, comme lui fils de Frédeburge, lequel, soit par violence, soit par ruse, soit peut-être avec la connivence du prélat, s'attribua en peu d'années la plupart des domaines de l'église de Grenoble; tellement que nous apprenons par le cartulaire de Saint-Hugues qu'au temps de Mallenus, successeur d'Humbert, cette église ne possédait plus un *seul mas entier*,

Le Viennois (1).

tandis que ce comte Guigues, qui n'est autre que Guigues-le-Vieux, premier Dauphin dont l'existence soit authentiquement prouvée, s'intitule, dès l'an 1050, *prince de la province de Grenoble*, dans une donation qu'il fit alors à l'abbaye de Saint-Pierre pour la rédemption de son âme. Peu de temps après, les successeurs de Mallenus durent même associer leur tout-puissant voisin à la seigneurie de leur ville épiscopale, qui devint ensuite la capitale du Dauphiné. (Voy. *Revue du Dauphiné*, VI, 390 et suiv., article de M. PILOT. — *Congrès scientifique*, XXIV° session, II, 558 et suiv., art. de M. MOUFLET. — VALBONNAIS, I, 8, 22, 114, 143, 145; II, 70, 133. — GUY ALLARD, *Dict.*, I, 573. — *Bulletin de la Société d'Archéologie de la Drôme*, I, 39 et suiv., art. de M. H. de P., etc., etc.)

(1) Le pays compris ici sous le nom de Viennois ne renfermait pas seulement le comté de Vienne, mais encore la baronnie de la Tour-du-Pin, fief des comtes de Savoie, possédé par une famille du même nom élevée au trône delphinal dans la personne d'Humbert Ier, mari de la dauphine Anne, à la mort de Jean Ier (1281), plus une partie du domaine des comtes de Savoie en Dauphiné échangée en 1354 contre le Faucigny, la baronnie de Clermont et quelques autres également souveraines, puis soumises au fief delphinal.

Démembré du royaume de Provence pour Charles-Constantin, fils dépossédé de Louis-l'Aveugle, dans le temps où le comte Hugues et Rodolphe II, roi de la Bourgogne-Transjurane, se partagèrent l'empire de ce dernier, le comté de Vienne, dont nous ne connaissons pas exactement les limites, mais qui vraisemblablement s'étendait le long du Rhône jusqu'à l'Isère, et comprenait la plus grande partie du territoire connu depuis sous le nom de Viennois, retourna au royaume de Provence à la mort de ce prince, dont les héritiers naturels portèrent quelques droits assez précaires sur le comté de Vienne dans la maison de Bourgogne. Jaloux de rattacher à leur autorité le clergé de la ville de Vienne où ils s'établirent aussitôt, ainsi que le constatent plusieurs actes datés du sacré palais en cette ville dès 931, les rois de Provence ou d'Arles, appelés aussi rois de Vienne, firent de nombreuses libéralités à l'archevêque et au chapitre de Saint-Maurice, que Rodolphe III, le dernier d'entr'eux, investit en 1023 du haut domaine du comté de Vienne.

Légataires du dernier roi d'Arles, les empereurs d'Allemagne, après avoir ajouté encore aux libéralités de celui-ci envers l'église de Vienne, cédèrent à Conrad de Zœringhen cette partie de leur nouvel héritage, que le fils de ce dernier, Berthold IV, rétrocéda en 1155 au dauphin Guigues V, dont les successeurs acquirent en 1337 quelques droits sur le comté de Vienne de Guillaume de Vienne, seigneur de Longwy, héritier d'une branche de la maison de Bourgogne, de la même façon que l'archevêque Jean de Bernin en avait obtenu d'autres en 1262 de Hugues, seigneur de Pagny, moyennant 6500 livres.

Le Valentinois,
Les Baronnies (1).

Désormais seuls possesseurs du comté de Vienne, concurremment avec l'archevêque et le chapitre de cette ville qui, après avoir joui longtemps par indivis de leurs droits, se les étaient partagés en 1285, les Dauphins, qui ne négligeaient aucune occasion d'accroître leur puissance, profitèrent adroitement des rivalités qui ne pouvaient manquer de surgir entre ces derniers pour étendre leur domination dans le Viennois; de telle façon que Humbert II obtint la cession des droits du chapitre de Saint-Maurice en 1338. Quant à la part de l'archevêque, convoitée plus avidement encore par un voisin tout-puissant, elle fut l'objet de contestations et de querelles sans nombre jusqu'en 1449, époque à laquelle ce prélat, trop faible pour résister à son tout-puissant voisin, l'associa à la souveraineté temporelle de la ville de Vienne par un traité conclu le 31 octobre. (Voyez VALBONNAIS, I, 6, 23, 57, 72, 88, 109, 138, 232, 265, 276, 311, 320; II, 58, 74, 113, 166, 215, 247, 310, 372. — COLOMBET, *Hist. de l'Église de Vienne*, I, 374, 392; II, 58, 74, 113, 166, 215, 247, 310, 372. — SALVAING DE BOISSIEU, *De l'usage des fiefs*, etc., I, 8. — ANSELME, *Hist. de la maison de France*, VII, 908. — *Art de vérifier les dates*. — GUY ALLARD, *Dict.*, II, 763, et tous les historiens du Dauphiné et de l'église de Vienne.

(1) Ce pays, situé sur les confins de la Provence et du Comtat, emprunte son nom aux anciennes baronnies de Meuillon et de Montauban que renfermait son territoire.

Meuillon ou Mévouillon, la première, appartenait à une famille chevaleresque sur laquelle le généalogiste Guy Allard nous donne les renseignements les plus erronés, et dont les armes étaient de *gueules chaussé d'hermines*. Raymond Ier, premier baron de Meuillon qui nous soit connu, obtint de l'empereur Frédéric Ier une bulle datée de Valence, le 6 des ides d'août 1178, lui conférant tous les droits régaliens dans ses terres, sauf l'hommage à l'empire, l'empereur s'engageant à ne jamais en aliéner le fief. Mais les descendants de celui-ci ne jouirent pas longtemps de ces droits; car, dès le 18 septembre 1230, Raymond II fit hommage des châteaux du Buis, de Villefranche, Vercoiran, Propiac, etc., à l'évêque de Die; ce qui, sans doute, engagea le comte de Toulouse, suzerain de la plupart des pays environnants, à cause de son marquisat de Provence, à usurper la juridiction de la baronnie, d'où s'ensuivit, le 15 janvier 1279, une protestation de Raymond III, le même qui, en 1270, avait accordé des libertés et franchises aux habitants de Meuillon.

Raymond IV, fils de ce dernier, émancipé par son père en 1291, vendit, le 6 des ides de juillet 1293, moyennant 6000 livres, l'hommage de ses terres au Dauphin qui déjà, le 4 juin 1237, avait acquis celui des biens de Bertrand de Meuillon, son oncle; puis le 4 novembre suivant, sur les réclamations de Jean de Genève, évêque de Valence et de Die, il fit de nouveau hommage à ce prélat, qui lui donna en échange 1000 livres tournois.

Les principales rivières de cette province sont, outre le

Ces diverses reconnaissances donnèrent naturellement lieu à de vives contestations entre l'évêque et le Dauphin, qui conclurent en 1295, par les soins de l'archevêque de Vienne et de Guy de Saint-Trivier, un traité par lequel le Dauphin était maintenu dans la possession du fief de la baronnie de Meuillon, à la charge de reconnaître l'arrière-fief de l'évêque de Die, à qui ce prince abandonnait, en outre, tous ses droits sur Crest, Aouste et Divajeu.

Longtemps après, le même Raymond IV, privé d'enfant, entama des négociations avec le dauphin Jean II, pour la cession de ses états, sur le prix desquels il reçut à compte 800 livres, dont quittance le 10 novembre 1310. Enfin, le 2 septembre 1317, à la veille de partir pour la Terre-Sainte, il fit une donation pleine et entière de la baronnie de Meuillon à ce prince, qui lui conservait la jouissance viagère de tous ses droits, notamment de celui de battre monnaie, garantissait les libertés octroyées à ses sujets, et, condition la plus importante, lui avançait les revenus de cinq années.

Raymond IV, sur lequel nous ne possédons aucun autre renseignement, mourut vraisemblablement peu de jours après, puisque nous avons un acte du 24 du même mois de septembre 1317 par lequel Jean II confirme certaines nominations faites par son prédécesseur dans la baronnie de Meuillon.

Quant à la baronnie de Montauban, également possédée par une famille de son nom, dont les Montauban-Montmaur étaient une branche cadette, elle fut de la mouvance des comtes de Provence jusqu'en 1257, époque à laquelle un traité, conclu entre le comte Charles d'Anjou et le dauphin Guigues VII relativement à leurs prétentions simultanées sur le Gapençais, attribua à ce dernier l'hommage de Draconet, baron de Montauban. Randone, fille unique de celui-ci, ayant hérité de la baronnie de Montauban, environ l'an 1270, comme l'indiquent divers hommages qu'elle reçut alors de ses vassaux, épousa premièrement Joffrey de Castellane, qui fit hommage des terres de sa femme en mars 1278; puis Raymond Gancelin, seigneur de Lunel, dont elle eut Rousselin ou Ronsolin, à qui elle légua cette baronnie le 4 des nones de novembre 1284. Ronsolin, mort jeune et sans enfant de Béatrix de Genève, environ l'an 1294, donna, sous la condition d'acquitter les dettes qui y étaient afférentes, l'héritage de sa mère à Hugues Adhémar, seigneur de Lombers, son parent, qui transmit en 1302 tous ses droits au dauphin Humbert Ier, lequel apanagea de la baronnie de Montauban Guy, son fils puîné, à la mort de qui (1317) elle passa à Humbert, son neveu, ensuite dauphin sous le nom de Humbert II. Celui-ci unit irrévocablement au Dauphiné les baronnies de Meuillon et de Montauban par déclaration datée du Buis, le 2 juin 1337. (Voy. *Archives départementales*, Inventaire de la chambre des comptes. — VALBONNAIS, I, 11, 34, 205, 244, 260, 276, 332; II, 105, 106, 115, 117, 118, 261, 331, 332, 459. — GUY ALLARD, *Dict.*, II, 132, 165. — CHORIER, PITHON-CURT et tous les historiens du Dauphiné, de la Provence et du Comtat.)

Rhône (1), qui la sépare du Bugey, du Lyonnais, du Forez et du Languedoc, l'Isère (2), qui prend sa source dans la Tarantaise, commence à porter bateau près de Montmélian, passe à Grenoble et se jette dans le Rhône au-dessus de Valence, après un cours navigable de vingt-quatre lieues; la Durance (3) et la Doire ou Dona (4), qui commencent également au Mont-Genèvre

---

(1) Il n'est pas inutile de rappeler ici que le souvenir de la domination des empereurs germaniques dans nos contrées a été conservé par les bateliers du Rhône, qui se servent encore des expressions de *peri* (empire) pour désigner la rive gauche de ce fleuve, tandis qu'ils appellent la rive droite *rio* (royaume).

(2) *Scoras* de Polybe et *Tisere* de Pline. L'Isère fut appelée *Isar* par les Gaulois, suivant Papire-Masson, à cause de la rapidité de son cours. C'est aussi à cause de cela sans doute, autant que des nombreux méandres que forme le lit de cette rivière en amont de Grenoble, qu'une vieille prophétie la compare à un serpent qui, de concert avec un dragon (*le Drac*), doit engloutir la ville de Grenoble. (Voy. CHORIER, *Hist. gén.*, I, 17. — G. ALLARD, *Dict.*, I, 698. — *Descriptio fluminum Galliæ qua Francia est*; Opera Papirii Massonni; Paris, 1618, in-8°. — *Les rivières de France qui se jettent dans la mer Méditerranée*, par le sieur COULON, 1644, in-12.

(3) La Durance, que Strabon appelle *Druentia*, jouissait, au temps des Romains, d'une telle célébrité, à cause de sa violence, que le poëte Silius Italicus prétend qu'elle fut un obstacle à l'entrée d'Annibal dans le pays des Voconces. Aujourd'hui encore, cette rivière, de qui un naïf écrivain dit qu'elle change presque aussi souvent de place que le soleil, est une cause de désolation pour les populations riveraines de la Provence et du Dauphiné qu'elle sépare, d'où le dicton provençal :

« Le gouvernement, le parlement et la Durance,
» Ces trois ont gâté la Provence. »

Et cet autre, à peu près semblable :

« Trois choses gâtent la Provence :
» Le vent, la comtesse et la Durance. »

(Voy. CHORIER, *Hist. gén.*, I, 15, 17, 22. — COULON, 174. — P. MASSON, 402. — LEROUX DE LINCY, *Le Livre des Proverbes français*; Paris, 1859, 2 vol. in-12, I, 386-87.

(4) La rivière dont on veut parler ici est la Petite-Doire, *Doria Riparia*, qui prend sa source au Val-Gondran et arrose les vallées d'Oulx et de Pragellas. L'érudit professeur à la faculté de Grenoble, M. Macé, a donné, sous forme de note, une intéressante dissertation sur les véritables sources de la Durance et de la Doire. (Voy. *Le Dauphiné au XVIe siècle*, traduction d'AYMAR DU RIVAIL, par A. MACÉ; Grenoble, 1852, in-12, 253 et suivantes. — CHAIX, *Préoccupations sur les Hautes-Alpes*, 137, 145.)

et finissent l'une dans le Pô, près de Turin, l'autre dans le Rhône, au-dessous d'Avignon; le Guiers (1), la Romanche (2).

---

(1) Cette dénomination s'applique également à deux ruisseaux qui prennent leur source, l'un, appelé *Guiers-Vif*, à cause de l'abondance de ses eaux, à Saint-Pierre-d'Entremont, l'autre, appelé *Guiers-Mort*, dans les montagnes de la Grande-Chartreuse, lesquels se réunissent au-dessous du bourg des Échelles, pour se jeter dans le Rhône à Cordon. Cette dualité fut la cause de vives contestations à la suite du traité de 1335, qui assignait le Guiers pour limite au Dauphiné et à la Savoie, sans stipulation précise. Cette dernière prétendait qu'elle avait entendu le Guiers-Mort tandis que la France soutenait, au contraire qu'il s'agissait du Guiers-Vif. Les négociations engagées à cette occasion ayant été menées avec assez de lenteur et de faiblesse par le comte de Valentinois Aymar VI, gouverneur du Dauphiné, pour qu'on pût suspecter sa loyauté, le parlement de Paris évoqua l'affaire, d'où s'en suivit pour le malheureux négociateur une condamnation à 1000 marcs d'argent d'amende, réduits ensuite à 1500 florins d'or *forts et de grand poids*. Quant à la question de limite, elle fut tranchée longtemps après au profit de la France. (Voy. *Statistique de l'Isère*, I, 72; II, 266.)

(2) La Romanche, qui vient des hautes montagnes du Villard-d'Arènes, passe à Vizille et se confond avec le Drac près de Varces, est particulièrement connue à cause d'un désastre fameux dans les annales dauphinoises. Vers la fin du XIIe siècle (1181), un éboulement occasionné par de longues pluies ayant barré le cours de cette rivière, ses eaux refluèrent dans la plaine et y formèrent un vaste lac artificiel, d'où le chef-lieu de cette vallée, Bourg-d'Oisans, a longtemps été appelé *Saint-Laurent-du-Lac*. Mais le barrage ayant été rompu dans la nuit du 14 au 15 septembre 1219, les eaux, se précipitant dans la plaine, inondèrent la ville de Grenoble, dont une partie des habitants fut noyée, ainsi que la plupart des dépôts publics, notamment les archives delphinales renfermées dans la sacristie de l'église Saint-André.

De ce lac, il ne reste aujourd'hui d'autres traces qu'un chemin taillé dans le roc, pour maintenir les communications interrompues par l'inondation continue de la vallée d'Oisans; encore certains auteurs prétendent-ils que ce passage n'est que le prolongement d'une voie romaine dont on retrouve d'autres vestiges sur la commune de Mont-de-Lans. (Voy. CHORIER, *Hist. gén.*, II, 66. — FAUCHÉ-PRUNELLE, I, 249. — *Statistique de l'Isère*, I, 23, 60, 69.)

le Drac (1), la Drôme (2), la Bourne (3), la Galaure (4), le Roubion (5), la Gère et l'Ozon (6). Toutes ces rivières sont abondantes en truites, seul bon poisson qu'on en retire.

Il y a aussi bon nombre de lacs assez poissonneux, dont les

---

(1) Ce torrent, dont l'embouchure dans l'Isère est près de Grenoble qu'il a maintes fois ravagé, a sa source dans le Champsaur, où il commet de tels dégâts que les Dauphins et ensuite les rois de France, pour empêcher la complète dépopulation de la paroisse de Champoléon, qui en est riveraine, exemptèrent ses habitants de la moitié des tailles. (Voy. Guy Allard, Dict., I, 396. — A. Macé, Le Dauphiné au XVIe siècle, 229.)

(2) La Drôme ou Droumme (*Drumma*) naît auprès du presbytère de la Bâtie-des-Fonts et se jette dans le Rhône au-dessous de Livron, après un cours de 110 kilomètres. La fréquence des inondations de cette rivière, qu'Ausone et Papire-Masson comparent à un torrent impétueux, permet de lui appliquer le dicton relatif à une rivière du Bessin :

« La rivière de Drôme
» A tous les ans cheval ou homme. »

(Voy. Leroux de Lincy, I, 344. — Guy Allard, Dict., I, 399. — Delacroix, *Statistique de la Drôme*; Valence, 1836, in-4°.)

(3) La Bourne est un des plus considérables affluents de l'Isère, dans laquelle elle se jette auprès de Saint-Nazaire-en-Royans, après un cours de 22 kilomètres à travers le Vercors, la vallée de Choranche et le Royans, depuis les montagnes du Villard-de-Lans, où elle prend sa source. Plus que toute autre, cette rivière mérite la qualification de *poissonneuse* donnée par notre intendant à toutes celles du Dauphiné.

(4) La Galaure (*Galaber*) a 30 kilomètres de cours, depuis Roybon (Isère) jusqu'à Saint-Vallier, où elle se jette dans le Rhône.

(5) Le Roubion, que Guy Allard appelle *Robiol*, est un gros torrent qui commence dans les montagnes de Bouvières et se perd dans le Rhône, près de Montélimar. Son cours est de 45 kilomètres.

(6) La Gère prend naissance dans les bois de Bonnevaux et se jette dans le Rhône à Vienne, qui doit toute sa prospérité et son importance industrielle à cette petite rivière, dont les eaux font mouvoir une multitude d'usines. Quant à l'Ozon, ce n'est qu'un ruisseau qui part d'Heyrieux, traverse le bourg de Saint-Symphorien, auquel il laisse son nom, et se perd peu après dans le même fleuve que la Gère.

principaux sont ceux de Paladru (1), de Laffrey (2) et de Luc (3);

---

(1) Ce lac renferme les ruines de la petite ville d'Ars, dont une vieille tradition locale fait une seconde Sodome, tradition qui, dépouillée de tout le merveilleux que lui prête l'imagination populaire, reste un fait historique. Vers le milieu du XIIe siècle, Theric ou Thierry, fils naturel de l'empereur Frédéric Ier, ayant fondé la chartreuse de Silve-Bénite, ce monastère fut l'objet des libéralités des seigneurs du voisinage ; d'où lui advint sans doute la propriété de la ville d'Ars, qui n'a pu être donnée par le pape Alexandre III, comme l'avancent quelques historiens, car on ne voit pas d'où pourraient venir les droits du pontife sur ce pays. Mécontents de leurs nouveaux maîtres, les habitants d'Ars, après d'inutiles réclamations formulées auprès de l'archevêque de Vienne et du comte de Savoie, s'insurgèrent contre les religieux, qui réclamèrent alors l'intervention des protecteurs du monastère. Ceux-ci réduisirent les rebelles et brûlèrent leur ville qui, désormais sans défense contre le lac, s'abîma plus tard dans ses eaux, à la suite d'un mouvement de terrain venu du nord.
Propriété des communes de Paladru, Montferrat, Bussin, Charavines et le Pin, après avoir été celle des seigneurs de ces mêmes terres qui l'environnent, comme aussi celle des Chartreux de Silve-Bénite, le lac de Paladru, dont la longueur est de 5600 mètres, la largeur de 1000 et la profondeur moyenne de 25, est très-poissonneux. Depuis quelques années, il est même devenu une petite station thermale. (Voy. *Dissertation sur le lac de Paladru et la ville d'Ars*, par l'abbé TRÉPIER; Grenoble, 1833, in-8°. — A. MACÉ, *Le Dauphiné au XVIe siècle*, p. 35. — CHORIER, *Hist. gén.*, II, 68. — GUY ALLARD, *Dict.*, I, 78; II, 2, 276. — PILOT, *Hist. de Grenoble*, 1829, in-8°, 44. — *Statistique de l'Isère*, I, 74, etc., etc.)

(2) Quatre lacs, voisins les uns des autres, portent le nom de Laffrey, village de la Mateysine, élevé de 925 mètres au-dessus du niveau de la mer. Le plus grand d'entre eux a 1700 mètres de long et 450 de large.

(3) Ce lac, qui emprunte son nom à une ancienne capitale des Voconces, devenue sous les Romains ville municipale, laquelle se racheta de l'incendie auprès de Fabius Valens, lieutenant de Vitellius, moyennant une forte somme, est dû à un éboulement de rochers qui, en 1442, intercepta le cours de la Drôme et fit refluer ses eaux sur une grande étendue de terrain dépendante des communautés de Miscon, Luc, Beaurières, Lesches, Beaumont et le Pilhon, auxquelles le Dauphin Louis (XI) remit en dédommagement une partie de leurs tailles par lettres du 18 mars 1450. Les eaux de ce lac s'étant écoulées longtemps après, le dessèchement des vastes marécages qui en résultèrent fut entrepris en 1788 par les Chartreux de Durbon, possesseurs des droits de pasquerage et de bûcherage dans cette contrée, par suite d'une donation faite en 1027 par Isoard, comte de Diois, et son père Pierre. Actuellement, le territoire afférent au lac de Luc, dont le

quant aux autres, ils sont d'une bien petite étendue (1).

Les montagnes, qui offrent généralement d'excellents pâturages aux bestiaux pendant l'été (2), sont encore fertiles en

---

dessèchement repris plus tard fut presque aussitôt abandonné, appartient partie aux hospices de Die et de Crest subrogés à la chartreuse de Durbon, partie à la commune de Beaurières, héritière de M. de Ponnat, son ancien seigneur, et le reste, soit un tiers, à quelques particuliers. (Voy. *Statistique de la Drôme*, 229 et suiv. — SALVAING DE BOISSIEU, *De l'usage des fiefs*, I, 3. — TACITE, *Histoires*, liv. I, 66.)

(1) Les seuls dignes de remarque sont : celui de Pellotiers en Gapençais, qui renferme quelques îles flottantes considérées longtemps comme une merveille, et celui de Pellecombe sur les confins de la Savoie. Ce dernier lac fut inféodé pour trois mille ans par le dauphin Humbert II aux Dominicains de Grenoble, qui l'albergèrent pour trois siècles aux familles Fustier et de Salvaing. (Voy. GUY ALLARD, *Dict.*, I, 142 ; II, 2.)

(2) Aujourd'hui encore, et plus encore peut-être, de nombreux troupeaux, connus dans le pays sous le nom de *beilles*, viennent chaque année des plaines de la Crau sur les montagnes dauphinoises, où ils paissent pendant toute la belle saison, moyennant une faible rétribution de vingt à trente centimes par tête. Aux approches et à la sortie de l'hiver, on les voit défiler à la suite de lourdes bêtes de somme chargées des provisions de la caravane, sous la conduite de leurs *bailes*, pâtres aux mœurs primitives, vivant sous la tente, du lait de leurs brebis et se vêtissant de leur toison.

Dans le département de la Drôme, les pâturages les plus fréquentés sont ceux d'Ambel, voisins de l'ancienne abbaye de Léoncel, à qui ils appartenaient en vertu de diverses donations que je crois bon de rappeler ici :

L'an 1173, Lambert de Flandènes, seigneur en partie de Saint-Nazaire-en-Royans, albergea à ladite abbaye toute la partie occidentale d'Ambel, appelée *montagne de la Saulce*, moyennant l'introge de 300 sous viennois, plus un cens annuel de 5 sétiers de seigle et 5 d'avoine, auquel il renonça en 1199, de concert avec son fils Pierre, qui ratifia cette donation.

La même année 1173, Guidelin de Royans et sa femme Flotte donnèrent aux religieux de Léoncel tout ce qu'ils possédaient, comme seigneurs de Saint-Nazaire, sur la montagne de Musan (autre partie d'Ambel), dont le reste leur advint en 1214, ensuite d'une libéralité de Guéline, femme de Lantelme de Gigors.

Enfin, le 12 octobre 1238, Jarenton, évêque de Die, *dat Deo et beatæ Mariæ et fratribus de Leoncello presentibus et futuris totum jus et dominium quod habebat in montanea de Ambel.*

Ces diverses donations furent confirmées en 1177 par l'empereur Frédéric Ier ; en 1231, par Guidelin de Royans, fils d'autre ; en 1243, par Arnaud Guelin, seigneur de Rochechinard ; en 1251, par le dauphin Guigues, et le 4 septembre 1544, par Meraud d'Hostun, seigneur de Saint-Nazaire ; ce qui

plantes rares, particulièrement celles de Prémol, de Besse, de Grave et de Toulaud (1), souvent visitées par les gens versés dans la connoissance des simples (2); de plus, elles renferment pour la plupart des mines et des carrières.

Ainsi, près d'Allevard sont d'abondantes mines de fer (3) des-

---

n'empêcha pas les communautés voisines de disputer aux religieux de Léoncel la jouissance de ces pâturages, prétentions qui donnèrent lieu à une foule de procès dont les pièces m'ont servi à établir cette note sommaire.

(1) Prémol sur la rive droite de la Romanche, près de Vizille, Besse et Grave en Oisans, Toulaud sur les confins du Royannais et du Vercors : noms de montagnes auxquels il faut ajouter ceux d'Orouze en Devoluy, de Rochecourbe en Diois et de Boscaudon en Embrunois; celui de Chaillot-le-Vieux en Gapençais, où Villars découvrit en 1780 le *geranium argenteum montis Baldi*, et encore la montagne de Lens ou de Lans, sur laquelle on trouve, suivant le naïf et crédule Chorier, l'*étoile terrestre*, fleur remarquable s'il en fut, puisque ses pétales incolores et diaphanes répandent pendant la nuit « non une simple lueur, mais une véritable lumière. »

Guy Allard, dans son *Dictionnaire du Dauphiné*; Albin Gras, dans la *Statistique de l'Isère*, et B. Chaix, dans l'indigeste volume qu'il nous a laissé sur le département des Hautes-Alpes, donnent la nomenclature des plantes particulières à notre province; mais le travail par excellence sur ce sujet est incontestablement celui du savant botaniste Villars : *Histoire des plantes du Dauphiné*; Grenoble, Allier, 1786-87-89, 3 volumes in-8° et in-4°.)

(2) Au XVIII° siècle, nos contrées ont été explorées par plusieurs botanistes célèbres, entr'autres Adolphe Murray, élève de Linnée, Gillibert, Candolle et Jean-Jacques Rousseau.

(3) L'exploitation des mines d'Allevard, que quelques auteurs reportent au temps de l'occupation sarrasine et même à l'époque romaine, était, en tout cas, déjà fort ancienne au XIII° siècle, époque à laquelle une aciérie sise à Rives employait le minerai d'Allevard; car il résulte d'une procédure de l'an 1282 que le quart du produit net d'une fosse à minerai revenait alors, sous le nom d'*antivage*, au seigneur du territoire sur lequel elle était ouverte, en échange de la fourniture du bois nécessaire pour l'étayage de la mine. En 1337, la charte de libertés octroyée aux habitants d'Allevard par le dauphin Humbert II impose au profit de la communauté un droit de deux deniers par chaque douzaine de mesures de minerai, payable par l'exploitant, qui devait encore au trésor delphinal deux livres de fer pour la même quantité lorsqu'elle était exportée en Savoie, où se traitaient alors la plus grande partie des produits d'Allevard. Enfin, un règlement du conseil delphinal, arrêté le 31 mars 1328, pour la perception du péage de Grenoble, mentionne un droit de six sols dû par chaque bateau de mine traversant Grenoble sur l'Isère.

tinées en partie à l'alimentation de la fonderie de canons établie depuis vingt ans à Saint-Gervais sur l'Isère (1).

Au village de la Pierre en Gapençois et à celui de l'Argentière, au dessous de Briançon (2), il y a des mines de plomb,

---

Quant au produit, qui, en 1342, était, d'après un compte de châtellenie, de 225 mesures, soit 141,750 kilog., évaluation de M. Émile Gueymard, il s'élevait en 1596 à vingt quintaux de gueuse par jour. (Voy. CHORIER, *Hist. gén.*, I, 71. — VALBONNAIS, I, 76, 94. — *Statistique de l'Isère*, I, 449 et suiv.; IV, 421 et suiv. — *Archives départementales.*)

(1) Établie suivant arrêté du conseil d'État en date du 23 juillet 1619, la fonderie de Saint-Gervais fut exploitée pour le compte de l'État jusqu'en 1762. Cédée en 1774 à une compagnie particulière qui la conserva jusqu'en 1788, elle fut reprise par le gouvernement en 1794, et depuis elle n'a cessé de servir à l'alimentation de l'arsenal maritime de Toulon.

(2) Cette mine de plomb argentifère, qui a donné le nom de l'*Argentière* au village d'Urgon, et dont l'exploitation, abandonnée en 1789, puis reprise en 1838, a été abandonnée de nouveau d'une manière définitive, est connue dans l'histoire du Dauphiné comme mine d'argent sous le nom de *Rame*, autre village du Briançonnais qu'elle avoisine également, à cause de la concession qui en fut faite vers le milieu du XIIe siècle au dauphin Guigues V par l'empereur Frédéric Ier, son parent, qui l'investit en outre du droit de faire monnayer les produits de cette mine à Césanne; lesquels droit et concession furent confirmés et renouvelés en 1238 par l'empereur Frédéric II.

L'Argentière ou Rame n'était pas, d'ailleurs, la seule mine d'argent connue à cette époque dans notre province : Châteauroux en Embrunois en avait une, concédée en 1290 par l'archevêque d'Embrun, Raymond de Meuillon, sur les terres de qui elle était située, à Bonni Meynier et Jean Bon ou Boni, de Bergame, moyennant une rétribution équivalente au douzième du produit brut de l'exploitation. Mais la plus considérable de toutes était évidemment celle de la montagne d'Huez en Oisans, connue sous le nom de l'Argentière ou de l'Argenterie de Brandes, *Argentaria de Brandis*, appartenant au Dauphin, seigneur souverain du lieu, *plenum dominium in castro et mandamento de Argentaria;* lequel, en cette qualité, prélevait, suivant une reconnaissance de l'an 1220, six onces et quart d'argent par chaque seize marcs du même métal, et, de plus, avait le droit de prendre tout le produit de l'exploitation en en payant le prix. L'importance de cette mine ressort du testament du dauphin Guigues-André, en date du 4 des nones de mars 1226, par lequel ce prince lègue pour la construction de l'église collégiale de Saint-André, de Grenoble, trois années de revenus de la mine de Brandes, représentant une somme totale de 30,000 sols viennois, ce qui suppose un produit brut de 50,000 sols par an, la part du prince n'étant que le cinquième de ce produit.

aujourd'hui pauvres en minerai. A la montagne de la Coche et en plusieurs autres endroits, on en trouve de cuivre, abandon-

---

Exploitées dès les premiers temps de l'occupation romaine, les mines de Brandes furent abandonnées, à la suite d'éboulements occasionnés par les pluies, au commencement du XIV° siècle, ainsi que l'attestent un état des revenus de l'Oisans en 1339 et un autre acte de 1401 mentionnant des prairies situées au dessous des anciennes mines de Brandes : *fossæ, fodinæque antiquæ Brandarum*. C'est aussi de cette époque sans doute que date la ruine de la ville de Brandes, centre de population assez considérable pour que le dauphin Humbert II y ait résidé quelque temps, comme le prouvent divers actes datés *in palatio nostro de Brandis sub monte*. Mais le souvenir s'en était assez effacé depuis pour que sa situation ait donné lieu, vers la fin du dernier siècle, à une curieuse discussion scientifique. C'était en 1773. L'abbé Culet, curé d'Huez, naturaliste et archéologue, ayant annoncé dans le *Journal de Genève* la découverte des ruines de la ville de Brandes, certaines personnes, plus disposées à discuter qu'à contrôler les assertions du savant prêtre, le plaisantèrent sur sa prétendue découverte d'une ville à 1300 toises au dessus du niveau de la mer, altitude voisine des neiges éternelles. Bref, le pauvre desservant ne semblait devoir retirer de son excursion scientifique que la réputation de visionnaire, quand en 1775 Faujas de Saint-Fonds, passant dans ces contrées avec un ingénieur géographe du nom de Duvernay, s'arrêta au presbytère d'Huez. Heureux de cette visite, l'abbé Culet conduisit ses hôtes sur la montagne, où le savant naturaliste put constater l'emplacement d'un village conservant encore les vestiges d'une centaine de maisons, spacieuses pour la plupart; puis, il trouva non loin de là, auprès de vastes excavations et de galeries souterraines, d'énormes entassements de scories provenant évidemment d'une exploitation minière, et dans le torrent de lourdes meules qu'il jugea avoir dû servir à broyer le minerai.

Réhabilité, le curé d'Huez continua ses recherches, et l'année suivante, sur une demande énoncée dans les *Affiches du Dauphiné*, il donna, dans une lettre en date du 9 octobre, d'amples détails sur un grand tombeau de marbre qu'il avait découvert dans les ruines de Brandes, lequel contenait des ossements gigantesques que le bon curé attribuait au géant Teutobochus. Mais il s'agit de mines d'argent, et nous devons observer que celles de Chalanches, dont l'exploitation se faisait encore il y a peu d'années, ont été découvertes en 1767. (Voy. VALBONNAIS, I, 41, 60, 75, 76, 92, 94, 240; II, 54. — *Statistique de l'Isère*, I, 433 et suiv. — CHAIX, *Préoccupations sur les Hautes-Alpes*, 111. — GUY ALLARD, *Dictionnaire*, I, 183. — Emile GUEYMARD, *Notice sur les mines de l'Oisans*, dans la *Revue du Dauphiné*, I, 264. — FAUJAS DE SAINT-FONDS, *Hist. nat. du Dauphiné*, 423 et suiv. — *Affiches du Dauphiné*, du 14 juin et du 1ᵉʳ novembre 1776.)

nées en général, à cause de la rareté du bois dans leur voisinage et de la difficulté des transports (1).

Le territoire de Besse en Oisans renferme un grand nombre d'ardoisières (2); celui de Larnage, près de Tain, une mine de vitriol et de couperose et une de terre propre à la fabrication des pipes, qui a lieu à Tain. A Cestrières et à Césanne, on trouve de la craie, et du charbon de pierre en plusieurs endroits de la province (3).

---

(1) Quelques-unes de ces mines avaient cependant encore une certaine importance au XVIIe siècle, notamment celle de Theys, car il résulte d'un acte du 26 octobre 1647 que le duc de Créqui-Lesdiguières, vendant à César de Vaulserre, baron des Adrets, la terre de Theys acquise du domaine royal et de la maison de Lorraine-Mercœur par son aïeul le connétable en 1593, se réserva toutes les mines de cuivre qui se trouveraient dans la susdite terre. — (*Archives départementales.*)

(2) Non-seulement le territoire de Bez, mais toute la vallée de la Romanche renferment des ardoisières, dont les principales sont actuellement celles d'Allemont, d'Oz, d'Ornon, de Mont-de-Lans et de Misoen.

(3) Les principales mines d'anthracite sont à la Mure et dans la vallée de la Romanche. Celles de lignite, qu'on trouve dans toutes les parties du Dauphiné, sont dans l'arrondissement de la Tour-du-Pin, et on a découvert, il y a une trentaine d'années, quelques gîtes houillers auprès de Vienne. Mais l'exploitation régulière d'aucune de ces mines n'a commencé avant notre siècle, livrées qu'elles étaient jusque-là au gaspillage des propriétaires du sol, qui, la plupart, n'en retiraient que ce qui était nécessaire pour leurs besoins journaliers; quelques-uns seulement voituraient leurs produits à Grenoble, où le charbon fossile était déjà l'objet d'un monopole à la fin du XVIIe siècle, ainsi que nous l'apprend une requête du procureur général au parlement de cette ville, en date du 17 mars 1682, dans laquelle il est dit : « Qu'il est venu à sa connoissance que plusieurs particuliers de cette ville vont sur les avenues d'icelle, et jusques à une lieue, au devant des marchands qui apportent au marché le charbon de pierre dont se servent tous les ouvriers de forge, lequel charbon ils achètent et en font des magasins dans la ville, pour le revendre, comme ils font, à tous les pauvres ouvriers qui en ont besoin, le double et le triple de ce qu'il vaut; ce qui donne lieu à des plaintes continuelles de la part de tous lesdits ouvriers et même des gens qui travaillent à faire la chaux.................. » D'où s'en suivit quatre jours après un arrêt de cette cour, faisant « très-expresses défenses et inhibitions................ de faire des magasins de charbon de pierre, ni aller au devant des personnes qui l'apportent dans la ville, à peine de 500 livres d'amende. »

On y trouve également des sources d'eaux minérales : chaudes à la Motte sur le Drac et au Monestier-de-Briançon ; froides au Monestier-de-Clermont et à Aurel-en-Diois (1).

Les premières mines de lignite connues dans la Drôme sont celles de Saou, exploitées de 1782 à 1790 par M. Falquet-Travail, procureur général, syndic du tiers-état aux états généraux de Dauphiné en 1788. (Voy. *Statistique de l'Isère*, IV, 425. — *Statistique de la Drôme*, 381. — *Archives départementales.*)

(1) L'histoire des eaux thermales du Dauphiné serait intéressante, car nous apprenons tous les jours, par la découverte de monuments archéologiques, que la plupart des sources aujourd'hui connues, même celles dont la découverte est récente, ont été utilisées dans le temps de l'occupation romaine. Peu de contrées, d'ailleurs, possèdent un aussi grand nombre de sources d'eaux minérales que notre province, et c'est pour cela que je me bornerai à les indiquer ici par ordre alphabétique :

Allevard. Eaux sulfureuses très-fréquentées, dont l'exploitation ne date que de 1838.

Aouste-en-Diois. Deux sources, dont une, dite de *la Gaye*, alcaline, gazeuse, et l'autre, dite *des Ubats*, magnésienne.

Aspres-lès-Veynes. Eaux ferrugineuses.

Aurel-en-Diois. Eaux alcalines, gazeuses, très-salutaires contre la fièvre tierce, suivant Chorier.

Le Bachet, près de Grenoble. Eaux sulfureuses découvertes en 1834.

Bondonneau, près de Montélimar. Eaux ferrugineuses, gazeuses, iodurées, dont l'exploitation a été autorisée en 1855.

Bourg-d'Oisans. Quatre sources, dont trois sulfureuses, celles de l'*Essoline*, du *Vernis* et de *la Paute*; la quatrième, qui est près du village de Rochetaillée, ferrugineuse.

Bouvantes, près de l'ancienne abbaye de Léoncel et de la Chartreuse du Val-Sainte-Marie. Eaux sulfureuses.

Champoléon sur le Drac. Fontaine intermittente appelée *fontaine de lait*.

Choranche. Eaux sulfureuses, jaillissant de roches calcaires sur les bords de la Bourne.

Condillac. Eaux ferrugineuses, gazeuses, etc., très-renommées comme eaux de table. Exploitation autorisée le 1er mai 1852.

Cordeac. Eaux sulfureuses découvertes en 1840.

Cremieu. Eaux carbonatées, ferrugineuses, connues sous le nom d'eaux minérales *de Riz*, découvertes en 1676.

Echaillon. Eaux sulfureuses, sur la rive gauche de l'Isère, découvertes en 1839.

L'Argentière-en-Briançonnais, près des mines de plomb argentifère. Eaux ferrugineuses.

Les forêts, qui rapportent toute sorte de bois à brûler (1), fournissent en certains lieux, tels que les environs de Guillestre, les montagnes de Sassenage et de la Grande-Chartreuse, des chênes et des sapins pour les constructions maritimes, et on trouve auprès de Briançon une manne qui n'est pas inférieure à celle de Calabre (2).

La Motte-Chalancon. Eaux alcalines.

La Motte-d'Aveillan, près de la fontaine ardente. Eaux chaudes préconisées au XVIIe siècle par le médecin Jean Tardin.

Mollans. Eaux sulfureuses, magnésiennes, jaillissant d'une grotte appelée *le Soutein.*

Monestier-de-Clermont. Eaux purgatives assez fréquentées.

Monestier-de-Briançon. Eaux chaudes, dont l'usage remonte, suivant une inscription trouvée à Suze, au temps de Valens, Valentinien et Gratien.

Montbrun. Eaux alcalines, récemment exploitées, près de carrières de plâtre.

Mont-Dauphin, près d'Embrun. Eaux ferrugineuses sur le *Plan de Phazi.*

Nyons. Deux sources d'eaux ferrugineuses, magnésiennes.

Oriol, près de Mens. Eaux alcalines gazeuses.

Pont-de-Barret. Eaux alcalines, gazeuses, concédées en 1851.

Propiac. Eaux sélénito-magnésiennes très-fréquentées par les habitants de la contrée.

Saint-Pierre. Eaux ferrugineuses connues sous le nom de *fontaine vineuse.*

Treminis. Eaux sulfureuses signalées en 1840.

Uriage. Eaux sulfureuses, d'une très-grande réputation depuis la construction du magnifique établissement commencé en 1820. (Voy. CHORIER, *Hist. gén.*, I, 34. — GUY ALLARD, *Dict.*, I, 407. — *Statistique de l'Isère*, I, 609 et suiv. — *Statistique de la Drôme*, 240 et suiv. — LADOUCETTE, *Hist. des Hautes-Alpes*, 30, 43, 49, 146, 150, 208, etc.)

(1) Ces forêts alimentaient de combustible les nombreux fourneaux, forges et martinets établis au XIVe siècle dans les environs de Grenoble, pour le traitement du produit des diverses mines si abondantes en Dauphiné, et, par contre, le prix du bois et du charbon augmentant chaque jour dans cette ville, le dauphin Humbert II, à la demande du pape Pie II, qui en avait fait une condition pour l'établissement de l'Université de Grenoble, ordonna en 1339 la démolition de toutes les usines de cette nature situées dans le voisinage de Grenoble, défendant en outre d'en bâtir de nouvelles dans toute la vallée de Graisivaudan, depuis Bellecombe jusqu'à Voreppe ; ordonnance réitérée par le même prince l'année suivante et en 1346 par le régent Henri de Villars. — (Voy. VALBONNAIS, I, 319 ; II, 411, 412.)

(2) Cette manne étant une des curiosités naturelles désignées par les

Relativement à l'agriculture, le Dauphiné ne le cède à aucune

historiens sous le nom pompeux de *merveilles du Dauphiné*, je crois bon de donner ici quelques éclaircissements sur chacune de ces prétendues merveilles, signalées pour la première fois au XIII° siècle dans la chronique écrite pour l'empereur Othon IV, sous le titre : *De otiis imperialibus*, par Gervais de Tilisberi, maréchal du royaume d'Arles. Porté à vingt par Aymar Falcoz, descendu à quatre avec Jean Tardin, le nombre de ces merveilles a été fixé au chiffre de sept donné par Mentel, adopté par Chorier et Salvaing de Boissieu. Seulement d'accord quant au nombre, ces écrivains diffèrent quant au classement ; ce dernier, comptant parmi les merveilles du Dauphiné qu'il a célébrées dans de fort beaux vers latins : la *fontaine vineuse* et le *ruisseau de Barberon*, au lieu et place de la *grotte de la Balme* et des *pierres précieuses de Sassenage*, décrites par le premier dans son *Histoire générale* ; ce qui porte à neuf le nombre des prétendues merveilles dont nous avons à parler ici :

1° La *Tour sans venin*. Ruine du village de Pariset, à cinq kilomètres de Grenoble, donnée par quelques-uns comme le reste d'un temple de l'époque romaine ; par d'autres, comme celui d'une ancienne chapelle élevée en l'honneur de saint Véran. Cette tour avait, dit-on, le privilége d'être exempte du voisinage de tout animal venimeux, d'où le surnom de *sans venin* ; mais il s'agit simplement, paraît-il, d'une corruption de langage, qui, du nom de saint Véran, appelé en patois *san Verin*, en a fait *sans venin*.

2° La *Montagne inaccessible*. Tout le merveilleux de cette montagne, appelée aussi *Mont-Aiguille* et placée sur les limites du Trièves et du Vercors, consiste dans la difficulté de son accès. Antoine de Ville, seigneur de Dom-Jullien et de Beaupré, capitaine-gouverneur de Montélimar, qui le premier l'escalada par ordre du roi Charles VIII, passant alors dans nos contrées pour se rendre en Italie, trouva au sommet une belle prairie où paissaient de nombreux chamois ; il y fit planter trois croix, puis célébrer la messe par un prêtre qui l'avait accompagné, après quoi il écrivit au premier président du parlement de Grenoble le récit de son ascension, daté de la *montagne inaccessible* le 26 juin 1492. Depuis lors, jusqu'en 1834, personne, que nous sachions, n'a atteint le sommet du Mont-Aiguille ; mais, cette année-là, deux paysans appelés l'un Liotard, du village de Trézannes, l'autre du nom de Bouffard appartenant à Chichiliane, renouvelèrent à vingt jours d'intervalle l'expédition du capitaine de Montélimar.

3° La *Fontaine ardente*. C'est un échappement de gaz hydrogène carboné à travers des joints de schiste calcaire, sur un espace de deux ou trois mètres carrés, commune de Saint-Barthélemy, à 8 kilomètres de Vif. Ce gaz, qui brûle presque toujours, soit par inflammation spontanée, soit parce que les visiteurs y mettent le feu, traversait autrefois une flaque

autre province du royaume; toutes les terres, même les médiocres, étant cultivées avec soin, malgré la dépopulation occa-

---

d'eau appelée, à cause de cela, *fontaine ardente* ou *fontaine qui brûle*. Un ingénieur de Grenoble proposa, il y a plusieurs années, d'utiliser le gaz de la *fontaine ardente* pour l'éclairage de cette ville.

4° *Les Cuves de Sassenage*. Vastes bassins creusés par la nature dans les grottes du même nom et dans lesquels une vieille tradition prétend que venait se baigner Mélusine, la fée protectrice des barons de Sassenage. Suivant Chorier, ces cuves ne se remplissent qu'une fois chaque année, le jour des Rois, pour se vider le lendemain, et le plus ou moins d'élévation des eaux est un présage de l'abondance des blés chez l'une et de celle du vin chez l'autre.

5° *La Manne de Briançon*. Cette manne, qui diffère de celle de Calabre, en ce qu'on la recueille sur les mélèzes, tandis que l'autre se produit sur les feuilles du frêne à feuille ronde (*fraxinus rotundifolia*), est un suc résineux qui se forme par transsudation durant la nuit dans les temps de grande sécheresse. Du reste, cette manne, qu'on ne trouve que sur le feuillage des branches exposées au soleil, est si peu abondante qu'un naturaliste dit qu'on n'en recueillerait pas dix livres dans toute l'étendue du Briançonnais.

6° *Les Pierres précieuses de Sassenage*. « On appelle ainsi », dit Chorier, « de petites pierres d'une polissure extrême que l'on y trouve (à Sasse-
» nage). Elles sont blanches pour la plupart. Les autres approchent d'une
» couleur d'un gris obscur, et toutes ont le même esclat. On en voit d'une
» parfaite rondeur, d'autres en ont moins et d'autres composent un ovale
» bien mesuré. La pierre que les Grecs appeloient ophtalmique, n'est pas si
» favorable aux yeux; rien ne les purifie ni ne les esclaircit à l'égal de
» ces pierres. » Faujas de Saint-Fonds, qui ne partage pas l'enthousiasme de l'historien dauphinois, nous apprend que ce sont simplement de petits morceaux de silex de la grosseur d'une graine de lin, roulés par les eaux et polis par le frottement, dont les vertus curatives n'ont jamais existé que dans l'imagination de l'écrivain qui les a célébrées. Ces pierres sont d'ailleurs assez rares aujourd'hui pour que M. Antonin Macé ait mis en doute leur existence.

7° *La Grotte de la Balme*. Si cette grotte n'est pas une merveille, elle est au moins une bien intéressante curiosité, tant à cause de son étendue, qui est de 800 mètres de profondeur sur 30 de hauteur, que des magnifiques stalagmites qu'elle renferme. Au fond de cette grotte, qui attire chaque jour de nombreux visiteurs, est un petit lac ou plutôt une flaque d'eau longue d'environ 200 mètres.

8° *La Fontaine vineuse*. Pour appeler ainsi la petite source d'eau ferrugineuse qu'on trouve à Saint-Pierre-en-Embrunois, il faut avoir un enthousiasme aussi robuste que celui du président de Boissieu, qui en fait une

sionnée par la dernière guerre et autres accidents (1). Aussi récolte-t-on dans cette province toute sorte de fruits, de grains

---

nymphe Œnorrhoë, métamorphosée à la suite de ses amours avec Bacchus. Au temps de M. de Ladoucette, il n'y avait plus de dryades à la fontaine de Saint-Pierre, et elles ne sont pas revenues depuis.

9° *Le Ruisseau de Barberon.* Petit cours d'eau de la Valloire qui, suivant une croyance populaire conservée encore de nos jours, a le singulier privilége d'annoncer la mauvaise récolte par l'abondance de ses eaux ; ce qui s'explique naturellement d'ailleurs par l'action malfaisante que celles-ci exercent sur les terres qu'elles inondent. Barberon n'est pas, du reste, le seul cours d'eau à qui l'on prête la même puissance divinatoire. Dans la même vallée, près de Moras, sont des sources connues sous le nom des *Claires* également observées par les gens de la contrée, qui leur ont appliqué ce dicton :

« Beaucoup d'eau dans les Claires,
» Peu de blé en Valloire. »

(Voy. AYMAR FALCOZ, *Antonianæ historiæ compendium ex variis............*; Lugduni, 1543, in-folio, pages 41 et suivantes. — MENTELII MEDICI, *Septem miracula Delphinatûs*; Grenoble, 1656, in-8°. — *Hist. gén.*, I, 45 et suiv. — DIONYSII SALVAGNII BOESSII, *Sylex quatuor de totidem miraculis Delphinatûs............*; Gratianopoli, Rabanus, 1638, in-8°. — Le même, *Septem miracula Delphinatûs............*; 1661, petit in-8°. — FAUJAS DE SAINT-FONDS, *Histoire naturelle de la province de Dauphiné*; Grenoble, 1781, in-8°, I, 45 et suiv. — *Statistique de l'Isère*, I, 80 et suiv. — *Statistique de la Drôme*, 185, 206. — A. MACÉ, *Description du Dauphiné au XVI° siècle*, 191, 198, 256. — LADOUCETTE, *Histoire du département des Hautes-Alpes*, in-8°, 150. — JEAN TARDIN, *Histoire naturelle de la fontaine qui brûle*; Tournon, 1718, in-12. — *Mémoires de l'Académie des inscriptions et belles-lettres*, VI, 756 et suivantes. — Etc., etc.)

(1) Il s'agit ici de la campagne de 1693, illustrée par la conduite de Philis de la Charce, qui repoussa, à la tête de volontaires dauphinois, les troupes savoisiennes envahissant notre province. La détresse de l'Embrunois et du Gapençais était tellement grande à la suite de cette campagne, qu'une somme de 400,000 livres envoyée par le roi pour ce dernier pays ne suffit pas à réparer la centième partie des dévastations exercées par l'ennemi, qui avait tout saccagé sur son passage. Aussi les archives de cette époque mentionnent-elles plusieurs années durant de continuelles demandes de dégrèvements d'impôts.

Les autres causes de dépopulation étaient la révocation de l'édit de Nantes, qui fit expatrier près de 10,000 Dauphinois, et la disette de 1693 résultant en partie des ravages occasionnés par la précédente guerre.

et de légumes et notamment du chanvre, dans le Graisivaudan, le Viennois et le haut Valentinois, des olives, des amandes et de la feuille de mûrier (1) dans le bas Valentinois et les Baronnies, des noix, des châtaignes et du vin partout, excepté dans le Briançonnois, où la vigne n'est cultivée qu'à Exilles et à Chaumont, sur la frontière piémontoise; mais, en revanche, les vins de Côte-Rôtie et de l'Ermitage sont d'excellente qualité (2).

---

(1) Le Dauphiné est, sinon la première, du moins l'une des premières provinces de la France où l'on ait cultivé le mûrier, si justement appelé autrefois l'arbre d'or.

A la fin du dernier siècle, on montrait encore au hameau de la Bégude, commune d'Allan, près de Montélimar, un de ces arbres, seul survivant de quatre réputés pour avoir été les premiers plantés en France, apportés du royaume de Naples, au retour de l'expédition du roi Charles VIII, en 1494, suivant Ollivier de Serres, et selon d'autres, de Syrie, à l'issue de la dernière croisade.

Henri Lucretius de la Tour-du-Pin-Lachau, seigneur d'Allan, par sa femme Françoise-Hippolyte Leriget de Lafaye, avait fait entourer d'un appui en maçonnerie cet arbre vénérable, qui menaçait ruine à cause de son extrême vétusté, mais il paraît démontré aujourd'hui que la culture du mûrier en France est bien antérieure à la fin du XVe siècle; du moins cette opinion a été soutenue en 1858 par mon savant ami Lacroix, dans un article cité par M. de Quatrefages dans son *Essai sur l'histoire de la sériciculture*, et je n'ai pas de données assez sûres pour le contredire, malgré tout le désir que j'aurais de conserver cette petite illustration à notre pays.

(2) Pline l'Ancien (liv. IV, ch. 1), Plutarque (*Œuvres morales*) et Martial dans ses *Épigrammes*, nous apprennent combien les vins de Vienne (improprement appelés de Côte-Rôtie, puisque les coteaux qui portent ce nom sont sur la rive droite du Rhône) étaient recherchés par le peuple-roi, à cause du poissage qu'on leur faisait subir et peut-être encore parce qu'ils empruntaient leur goût de poix aux outres enduites de cette matière dans lesquelles on les transportait à Rome, comme cela se pratique encore dans les contrées montagneuses de l'Espagne. Ajoutons que le premier de ces auteurs nous apprend qu'ils n'étaient pas encore connus au temps de Virgile.

La réputation des crûs de l'Ermitage est bien moins ancienne, car elle ne paraît pas remonter au delà du XVIIe siècle; cependant il est évident qu'à cette époque ils jouissaient déjà d'une grande estime, puisque Boileau les donne dans sa troisième satyre comme le type des vins de choix :

» Un laquais effronté m'apporte un rouge-bord
» D'un Auvernat fumeux qui, mêlé de Lignage,
» Se vendait chez Crenet pour vin de l'Ermitage. »

Divers travaux ont été projetés depuis quelque temps pour l'amélioration ou l'accroissement du sol dauphinois et en premier lieu le dessèchement des marais de Bourgoin, qui, de même que ceux de Brangues (1), occupent une vaste étendue. Feu M. le maréchal de Turenne, qui avoit reçu du roi un don pour cela, traita, il y a une vingtaine d'années, pour ce travail avec un hollandois; mais, vraisemblablement à cause du manque d'argent, les travaux marchent actuellement avec une telle lenteur qu'on les peut considérer comme suspendus (2). En 1687 il fut

---

Quant aux vins ordinaires, ils n'avaient généralement qu'une bien infime valeur, ceux de Montélimar et de Donzère exceptés; tellement que Guy Allard cite comme exorbitant le prix de 5 à 6 livres la charge qu'ils se payaient de son temps, observant qu'en 1504 les mêmes vins se vendaient à raison de 14 sous et 1 denier la saumée. La charge était de 84 livres; pour la saumée, elle a tellement varié suivant les temps et les lieux qu'on ne saurait en préciser la capacité.

(1) Ces marais sont situés sur le territoire de Brangues, en Viennois, aujourd'hui canton de Morestel, ancienne terre delphinale cédée en augmentation de fief, avec plusieurs autres, par le dauphin Jean Ier à Hugues de Genève, baron d'Anthon (29 octobre 1318), qui la vendit en 1351 (6 septembre) à Guigues de Roussillon, seigneur d'Annonay, des mains de qui elle passa par héritage à André de Grolée, seigneur de Neyrieu, lequel la revendit au baron d'Anthon moyennant 1500 florins. Mise en discussion à la mort de ce dernier, la seigneurie de Brangues fut définitivement adjugée au prix de 2800 florins à Amédée de Roussillon de la branche dite du Bouchage, dont les héritiers la conservèrent jusque vers le milieu du XVe siècle, époque à laquelle l'héritage des Roussillon du Bouchage fut confisqué sur Gabriel de Roussillon, accusé de félonie par le dauphin Louis (XI), au profit de Imbert de Baternay, mari de Georgette de Montchenu, nièce de Gabriel, et favori de ce prince, à qui il fit hommage pour les terres, châteaux et seigneuries de Brangues, le Bouchage, Morestel, etc., etc., le 26 janvier 1478.

Claude de Baternay, dernier mâle de cette maison, étant mort sans enfant de Jacqueline de Montbel, Gabrielle de Baternay, sa sœur, veuve de Gaspard de la Châtre, seigneur de Rancey, à qui étaient échues, entr'autres terres, celles de Bouchage et Brangues, les vendit, par acte du 8 octobre 1609, et moyennant 75,000 livres, à François de Grattet, seigneur de Granieu et de Faverges, dont la descendance a conservé la terre de Brangues jusqu'en 1789. (*Archives départementales de l'Isère*, Inventaire de la chambre des comptes.)

(2) La *Statistique de l'Isère* (t. I, p. 538 et suiv.), qui donne l'historique

également question du redressement du lit de l'Isère entre Grenoble et Fort-Barraux, ce qui faciliteroit la navigation de cette rivière en en abrégeant le cours, et augmenteroit de toutes les sinuosités retranchées le terroir de la vallée de Graisivaudan qui est des meilleurs de la province (1), mais, cette fois sans causes connues, les résolutions de la cour à cet égard ont été ajournées (2).

Enfin, quelques particuliers, sous le nom de M. le prince de Conti, seigneur engagiste de la terre de Pierrelatte (3), ont

---

complet du desséchement des marais de Bourgoin, attribue à une toute autre cause la suspension des travaux dont avaient été chargés les frères Coorte, entrepreneurs hollandais, par Turenne, qui avait reçu du roi Louis XIV ces marais comme récompense. Ce furent, au contraire, les habitants des contrées environnantes qui, vexés de se voir enlever les pâturages que leur fournissaient de temps immémorial les marais de Bourgoin, après une sourde opposition, se portèrent à des voies de fait, détruisirent les plantations et comblèrent les canaux établis pour l'assèchement des terres. D'où s'ensuivit pendant un siècle une multitude de réclamations, d'enquêtes, de jugements et d'arrêts du parlement de Grenoble, du conseil du roi et de l'administration départementale de l'Isère. Assainis enfin au commencement de ce siècle, les marais de Bourgoin ont fait place à 15,000 hectares de terres arables, sous lesquelles existent d'immenses tourbières exploitées sur plusieurs points.

(1) Rappelons le proverbe :
  « Si le Dauphiné était un mouton,
  » Le Graisivaudan en serait le rognon. »

(2) Il était encore question de ce projet à la fin du dernier siècle.

(3) Possédée premièrement par les Adhémar, sous la suzeraineté des marquis de Provence, la terre de Pierrelatte, tombée ensuite aux mains de plusieurs co-seigneurs, sur l'origine et les droits desquels nous ne sommes que très-imparfaitement renseignés. Mais en 1450 le dauphin Louis (XI), déjà seigneur supérieur de cette terre comme comte de Valentinois, acquit le domaine utile de Pierrelatte, partie le 6 mai de Pierre de Moreton, à qui il donna en retour la terre de Chabrillan en Valentinois; partie le 22 du même mois d'Antoine d'Eurre, seigneur du Puy-Saint-Martin, héritier de la maison de Cornillan; partie le 25 juin d'Aymar d'Eurre, seigneur de ce lieu, à qui il donna en retour des biens sis à Vaunaveys; enfin, de Claude Augier, écuyer, de Saint-Paul, certains droits de juridiction, moyennant 250 florins.

Réunie au domaine delphinal, la seigneurie de Pierrelatte fut dès lors la

demandé et obtenu du roi l'autorisation de creuser un canal qui prendroit l'eau du Rhône au dessus dudit Pierrelatte, pour la rejeter dans le même fleuve, un peu au dessous de ce bourg, après avoir arrosé une vaste surface, qui se bonifieroit ainsi en passant de l'état de terres arables à celui de prairies, mais à ce projet encore il n'a pas été donné de suite (1).

---

proie de divers favoris du roi de France, qui la leur enlevait avec ses préférences, pour donner le tout à d'autres qui ne tardaient pas d'être dépossédés à leur tour; tels : Louis de Crussol, remplacé le 29 juin 1452 par Gabriel de Bernes, lieutenant au gouvernement de Dauphiné, à qui succéda le 21 juin 1462 Charles des Astards, seigneur de Mérindol, bailli du Vivarais et du Valentinois, et à celui-ci Guillaume de Villeneuve, châtelain dudit Pierrelatte, le 14 juillet 1477, dépouillé à la mort du roi, dont le successeur vendit la terre de Pierrelatte avec quelques autres 70,000 livres tournois, à Jules de Saint-Séverin, grand-écuyer de France. Cette vente ayant été faite sous faculté de rachat, François I*er*, pour récompenser certains services que lui avait rendus pendant sa captivité un espagnol nommé Antoine de Reymond, lui donna à titre viager, par acte du 15 avril 1526, la terre de Pierrelatte, qui fut définitivement vendue le 23 novembre 1543, 5200 livres à Antoine Escalin des Aimars, baron de la Garde, aventurier dauphinois devenu illustre sous le nom du *capitaine Paulin*. Jean-Baptiste Escalin des Aimars, bâtard légitimé de ce dernier, abandonna moyennant finance tous ses droits seigneuriaux sur Pierrelatte aux habitants de ce bourg (1602) qui, dans le but de s'assurer un protecteur pour leurs intérêts, se choisirent un nouveau seigneur dans la personne d'Armand de Bourbon, prince de Conti, à qui ils firent une cession pure et simple de leur terre, suivant acte du 26 juin 1654. (*Archives départem. de la Drôme*, Invent. des titres de la chambre des comptes. — A. LACROIX, *Lettres hist. sur la seigneurie de Pierrelatte*; Valence, 1862.

(1) Le canal de Pierrelatte n'a été exécuté qu'en 1812-1819.

II. VILLES ET BOURGS.

Il y a dix villes en Dauphiné : (1)

---

(1) La dénomination de *ville*, accordée ici à quelques centres de population en regard de celle de *bourg* donnée à un plus grand nombre d'autres, n'implique pas nécessairement, comme on pourrait le croire, une plus grande importance de ceux-là; quelques bourgs, tels que la Côte-Saint-André, le Buis et Saint-Marcellin étant, soit par le fait du chiffre de leur population, soit à cause des administrations dont ils étaient le siége, plus considérables que certaines villes, telles que Die, par exemple. Elle désigne simplement celles des communautés dauphinoises qui, en vertu d'un droit dont nous ne connaissons pas l'origine, mais, en tout cas, fort ancien, se faisaient représenter comme corps aux États généraux de la province, où leurs députés siégeaient immédiatement après ceux de la noblesse, à la tête du tiers-état.

Villes et bourgs jouissaient, du reste, à quelques petites modifications près et d'ailleurs étrangères à ces différentes appellations, des mêmes franchises, priviléges et immunités, et possédaient la même organisation municipale. Chez les uns et les autres, un conseil, recruté parmi les habitants en nombre proportionnel dans les trois ordres, choisissait (presque partout obligatoirement dans la bourgeoisie), les consuls, magistrats responsables, qui réunissaient dans leurs attributions la gérance des affaires de la communauté, la défense de ses intérêts, la conservation de ses immunités, la police de son territoire et le maniement des deniers publics, à quoi un édit royal de mars 1673 ajouta encore une juridiction semblable à celle de nos tribunaux de commerce.

Dans les villes épiscopales, cette organisation datait de l'époque romaine. Défendu et ensuite protégé par les évêques au milieu des révolutions qui suivirent la chute de l'empire romain, le municipe, avec ses droits, ses priviléges et ses franchises, s'était perpétué dans la commune, où les syndics, les procureurs, les prudhommes, puis les consuls avaient remplacé les flamines, les duumvirs, les décurions et les questeurs. Dans les autres

Grenoble, capitale de la province et évêché (1),

villes et bourgs, soit d'origine gallo-romaine, soit de fondation moderne, le point de départ de la commune est une charte émanée du seigneur du lieu, émancipant et affranchissant ses vassaux, établissant leur droit de former désormais une communauté administrée par leurs délégués, et stipulant enfin les obligations de cette communauté envers lui. Quelquefois, cet acte, comme la plupart de ceux octroyés au XIVᵉ siècle par les Dauphins, n'était que l'effet d'une vente ou cession de droits par le seigneur obéré; mais le plus souvent c'était un compromis entre les parties, à la suite de longs démêlés.

Maintes fois, le pouvoir royal chercha à s'immiscer dans l'administration des villes, saisissant avec empressement l'occasion du plus léger dissentiment et du moindre conflit pour intervenir, malgré les protestations des communes, jalouses et fières à juste titre de leur indépendance. Tels furent les édits d'août 1692 et mars 1697, établissant dans chaque ville et communauté un maire de nomination royale, dont les fonctions primaient celles du corps de ville; mais en cette circonstance les malheurs du royaume vinrent en aide aux communes dont la liberté était en péril. Épuisé par la guerre, le gouvernement permit à chacune d'elles, trois ans après, de s'exonérer des nouveaux fonctionnaires, moyennant finance. (*Recueil des Édits, etc.*, II, N.° 84; IV, N.° 223; V, N.° 335.)

(1) De la charte de libertés accordée en 1244 aux habitants de Grenoble par leurs deux co-seigneurs, l'évêque Joffrey et le dauphin Guigues-André, on peut inférer que les institutions municipales, très-anciennes dans cette ville, ainsi que l'attestent diverses inscriptions de l'époque romaine, avaient souffert des révolutions qui suivirent le démembrement de la monarchie karolingienne; cependant, il ressort du texte de cet acte que le but principal de l'évêque et du Dauphin était moins de rétablir et de confirmer les franchises et les libertés de leurs vassaux que d'établir d'une manière précise le chiffre de l'amende qui leur était due par les criminels et les délinquants, suivant la nature du méfait; crimes et délits étant ici tarifés comme dans l'ancienne loi salique : *si aliquis infra civitatem vel terminos ejusdem cutellum vel ensem extraxerit, vel gladium, vel maciam ferream vel ferratam contra aliquem causâ offendendi seu animo injuriandi elevaverit, quinquaginta solidos curiæ dabit,...... si verò sanguinem tantùm effuderit, ita quod mortem læsus non posset ob hoc incurrere vel usum membri amittere, centum solidos dabit curiæ........*

Il est d'ailleurs patent que, vraisemblablement par le fait de l'action plus directe et plus constante du Dauphin ou de son représentant, les franchises municipales de la ville de Grenoble étaient bien précaires, comparativement à celles des autres communautés dauphinoises, et cet état de choses se reflète d'une manière très-accentuée dans le mode de l'élection des consuls, qui, suivant un règlement établi en 1467 par Jean de Ventes, Claude

Vienne, archevêché (1).

Lattier, juge des appeaux, et Claude Coct, trésorier de la province, délégués à cet effet par le gouverneur du Dauphiné, Jean de Foix, comte de Comminges, devaient être au nombre de quatre, renouvelables chaque année par moitié, et dont un devait être docteur ou licencié, un autre bourgeois ou noble, le troisième marchand honnête, et enfin le quatrième manouvrier (*manu operarius*). Quelques jours avant l'élection, qui se faisait ordinairement le dimanche après la fête des Rois, les deux consuls sortants dressaient une liste de huit noms, parmi lesquels le gouverneur faisait un choix qu'il notifiait le lendemain au conseil de ville composé de quarante membres. Ainsi saisi, celui-ci faisait annoncer à son de trompe l'élection qui, après une messe du Saint-Esprit célébrée dans l'église Saint-André, avait lieu au palais, mais sans ordre ni méthode, tout individu qui se présentait ayant droit de vote; de telle façon que les gens éclairés dédaignant d'y prendre part, il en résultait naturellement que les noms favorisés par le scrutin étaient habituellement ceux qu'avait désignés le gouverneur qui, du reste, faisait casser l'élection par le roi, quand, par extraordinaire, elle n'était pas conforme à ses vues.

Les consuls de Grenoble étaient exempts de tailles.

Cette ville porte pour armoiries *d'argent à trois roses de gueules posées deux et une*. (VALBONNAIS, I, 22. — *Revue du Dauphiné*, V, 125. — *Mémoire pour l'usage qui se pratique à Grenoble pour l'élection consulaire*, etc., etc. — CHORIER, *État polit.*, III, 636.)

(1) Vienne, antique et puissante métropole de la Gaule, longtemps siége d'un sénat, jouissait de temps immémorial du droit italique, suivant lequel ses magistrats avaient droit de basse justice, et aucun pouvoir, que je sache, n'avait porté atteinte à ses franchises municipales, quand l'archevêque Jean de Bernin, héritier des droits des empereurs germaniques, dans le but de prévenir tout conflit, publia vers le milieu du XIII° siècle une charte par laquelle furent réglés les attributions et les priviléges des habitants de cette ville. Ceux-ci pouvaient se réunir pour nommer des conseillers et des consuls chargés de l'expédition des affaires de la communauté, s'imposer à leur gré pour les besoins de celle-ci; enfin, ils étaient francs de tout impôt direct ou indirect au profit du seigneur archevêque, qui avait cependant la garde des clefs de la ville.

Anciennement, le nombre des consuls dans cette ville était de huit, élus par les habitants et prêtant serment entre les mains de l'archevêque, sauf refus par celui-ci de le recevoir, auquel cas ils pouvaient exercer leurs fonctions quand même, et nommaient, avec l'approbation des citoyens, un procureur de la ville chargé de la défense de ses libertés et de ses priviléges et recevant pour cet effet quinze florins de gages annuels. Mais, en 1609, un arrêt du conseil du roi, confirmé le 13 février 1612 et le 9 août 1613 par le parlement de Grenoble, réduisit à cinq le nombre des magistrats

Romans (1),

municipaux de Vienne, dont quatre, appelés consuls et renouvelables chaque année de deux en deux, devaient être choisis par le banneret et les dix-neuf pennoniers formant le conseil de ville ; quant au cinquième, désigné sous le nom de maire, il prenait rang après le premier consul et était élu dans l'Hôtel-Dieu, dont l'administration lui était spécialement confiée, par les consuls et les délégués du clergé. L'élection des premiers se faisait le dernier jour de chaque année, celle du maire le jour de Saint-Thomas. L'arrêt de 1609 déclara les consuls exempts de tailles, mais ils furent privés de cette exemption en 1639. (A. Thierray, *Essai sur l'histoire du tiers-état*, in-12, II, 89. — Chorier, *État polit.*, III, 642.)

Armoiries : *d'or, à un arbre arraché de sinople, chargé d'un calice d'or, supportant une hostie d'argent, avec l'écriteau, aussi d'argent, voltigeant sur le tronc de l'arbre et portant ces mots en lettres de sable* : Vienna civitas sancta.

(1) L'établissement du régime municipal ou plutôt d'une indépendance communale quelconque paraît avoir suivi de près, sinon la fondation de cette ville, dont le point de départ extrême est la fondation de l'abbaye de Saint-Barnard vers le milieu de IX° siècle, du moins l'assiette d'un certain développement. Le premier acte qui donne à Romans le titre de ville (*villam ecclesiæ adjacentem*) est, en effet, de 1096, et dès 1160 nous voyons les Romanais, appelés *burgenses*, faire, conjointement avec les chanoines de Saint-Barnard, un traité avec le seigneur de Clérieu, qui s'opposait à la clôture de la ville. Cependant, il est douteux que les droits des habitants, de même que ceux des chanoines et de l'archevêque de Vienne, seigneur de Romans comme abbé de Saint-Barnard, aient été définis d'une manière précise avant la transaction intervenue en 1212 entre les parties à la suite d'un soulèvement populaire. Par cet acte, il était établi que toute juridiction et seigneurie appartenaient à l'archevêque et au chapitre, sans la permission de qui les habitants de Romans ne pouvaient faire à l'avenir ni collège, ni assemblée, si ce n'est une société privée de marchands. Les consuls n'eurent désormais aucune autorité, restèrent seulement un conseil de l'église et de la ville, où devaient être débattues les questions d'utilité publique, et des syndics chargés de convoquer les habitants pour l'imposition de la taille, dont devaient être exempts les ecclésiastiques et gens de leur maison.

Cette compression des libertés municipales donna naturellement lieu à bien des réclamations plus ou moins menaçantes de la part des Romanais, qui obtinrent en 1274, par la médiation du pape Grégoire X, une amélioration à leurs statuts, dont les clauses onéreuses furent enfin définitivement abolies en 1342 par une charte du dauphin Humbert II, qui devint en 1344 seigneur parier de Romans, en vertu d'un échange fait avec le pape Clément VI.

Valence, évêché (1),
Montélimar (2),

En 1366, l'empereur Charles IV, dans le but d'accentuer ses droits sur l'ancien royaume de Bourgogne, accorda aux habitants de Romans l'affranchissement de toute espèce de tribut dans l'empire, plus la faculté de s'assembler librement et d'élire leurs consuls, concessions qui furent confirmées la même année par le roi-dauphin, puis de nouveau en 1368, et cela malgré les protestations du chapitre de Saint-Barnard.

Il serait, du reste, beaucoup trop long de relater ici toutes les phases de l'existence municipale de cette ville, dont l'histoire, due à la plume de M. P.-E. Giraud, est un véritable monument.

Les armes de la ville de Romans sont : *d'azur, à une porte de ville ouverte en forme de tour carrée d'argent, pavillonnée et girouettée de même, flanquée de deux guérites aussi pavillonnées et girouettées, également d'argent; le tout maçonné de sable; à un grand R d'or couronné du même et posé dans l'ouverture de la porte.*

(1) A Valence, l'évêque, après avoir été durant plusieurs siècles le défenseur des libertés de la commune, en fut le contempteur, et l'histoire de cette ville pendant le moyen âge révèle à chaque ligne la résistance des citoyens aux empiètements du prélat. Tantôt celui-ci faisait appel à la puissance impériale, comme en 1178, époque à laquelle il obtint de Frédéric Ier l'abolition de tous les priviléges des Valentinois : *Cives communitatis nullum faciant juramentum, nec aliquam jurent societatem, sine arbitrio et consensu episcopi*, dit la bulle; tantôt il avait recours aux armes, comme en 1228, pour détruire la *maison de la confrérie*, siége des assemblées *populaires*. Cependant, à la suite de ce dernier conflit, une charte accorda aux habitants de Valence la liberté de leurs personnes et de leurs biens et l'affranchissement de tout impôt direct ou indirect. En 1425 seulement, une transaction faite avec l'évêque Jean de Poitiers, leur concéda le droit de s'assembler, au nombre de quatre-vingts, pour la délibération des affaires publiques sans la permission de l'évêque, en l'absence de qui ils avaient la garde des clefs de la ville. De plus, l'évêque et ses officiers étaient tenus, l'un à son avénement, les autres à leur entrée en fonctions, de prêter serment de respecter et garder les libertés, franchises, usages et coutumes de la cité, bourgs et faubourgs.

Valence a pour armoiries : *De gueules, à la croix d'argent chargée en cœur d'une tour d'azur.* (COLUMBI, *De reb. Episc. Valent.*, 38. — A. THEURAY, ibid., 90. — CHORIER, *Hist. gén.*, II, 107. — J. OLLIVIER, *Essais historiques sur la ville de Valence*; Valence, Borel, 1831, in-8°).

(2) Montélimar, qui occupe, dit-on, l'emplacement d'*Acusium*, station de la voie domitienne dont on prétend retrouver le nom dans celui d'*Aigu* que porte un quartier de son territoire, emprunte sa dénomination actuelle

Crest (1).

(*Montilium Adhemari*) à l'ancienne et puissante famille Adhémar, qui l'a probablement fondé, en tout cas longtemps possédé, et à qui cette ville est redevable de son émancipation. Le 21 mars 1094, une première charte d'affranchissement fut accordée aux habitants de Montélimar par quatre frères Adhémar, Lambert, Giraud, Giraudet et Giraudonet, à la veille de partir pour la première croisade avec leur oncle, l'évêque du Puy, légat du saint-siége ; mais cet acte n'eut vraisemblablement pas d'effet, car la charte de 1198, considérée comme le point de départ de la commune de Montélimar, sans rappeler le souvenir d'aucune liberté antérieure, stipule expressément que désormais les hommes de Montélimar ne pourront être soumis à aucun impôt direct ou indirect de la part du seigneur, et que dans le cas où celui-ci tenterait de violer ce droit acquis, ses vassaux seraient exonérés vis-à-vis de lui de tout lien de fidélité et d'hommage. Les divers traités et compromis survenus dans la suite ne furent que le commentaire plus ou moins développé de cet acte, dont la ville de Montélimar conserve une transcription sur pierre, qui paraît être contemporaine de l'acte lui-même.

Armoiries de la commune de Montélimar : *D'azur à un monde cintré et croisé d'or.* (PITHON-CURT, *Hist. de la Noblesse du Comtat-Venaissin*, IV, 20-23, etc.)

(1) La charte par laquelle Aimar de Poitiers, comte de Valentinois, concède quelques libertés aux gens de Crest, est en date de mars 1188 ; mais il est évident que ceux-ci jouissaient déjà d'une organisation communale ou association quelconque de citoyens, sans laquelle ils n'auraient pas pu acquérir, comme ils l'avaient fait environ douze années auparavant (1164-1167), le ban ou impôt sur le vin, moyennant soixante sous valentinois, de l'évêque de Die, cessionnaire d'une partie des droits d'Arnaud de Crest depuis 1146, et d'un Guillaume de Crest qui n'est autre que Guillaume de Poitiers, père du susdit Aymar. Plus tard, l'état précaire des comtes de Valentinois permit aux habitants de Crest d'élargir, moyennant finance, le cercle de leurs immunités, mais ce n'est guère qu'après l'union à la France des deux comtés, qu'il leur fut accordé une définition exacte et précise et une interprétation détaillée de leurs libertés et de leurs franchises municipales.

Dans cette ville, la commune fut administrée tout d'abord par les notables du lieu, à la tête desquels on trouve, dès les premières années du XVe siècle, deux consuls élus pour deux ans et exerçant chacun une année. En mai 1610, un arrêt du conseil du roi, dans le but de mettre fin aux contestations qui depuis longtemps existaient entre les protestants et les catholiques de cette ville, fixa définitivement le nombre des membres du conseil général de la commune à quatre-vingt-cinq, dont treize de la religion réformée. Ce conseil, à qui appartenait le choix des consuls, élisait en outre les membres d'un second conseil appelé conseil ordinaire ou par-

Die, évêché (1),
Gap, évêché (2),

---

ticulier, plus spécialement chargé de la gestion des affaires publiques.

Le 15 janvier 1661, un second arrêt réduisit à quarante-huit les membres du conseil général, dont sept réformés, deux nobles et trois chanoines, et ceux du conseil particulier à douze, dont neuf catholiques et trois réformés.

L'*Armorial* de 1696 ne renferme pas d'armoiries de la ville de Crest ; cependant un sceau de l'administration municipale au XVIIIe siècle porte un écusson *d'azur à la tour carrée d'or fenestrée, portillée et maçonnée de sable, au chef d'argent chargé de trois crêtes de coq de gueules.* (*Cartul. de l'évêché de Die. — Archives communales.*)

(1) Die (*Dea Vocontiorum*), ancienne capitale du premier district des Voconces, passée sous la domination de ses évêques à la chute du royaume burgondien, est une des villes dauphinoises dont les libertés municipales étaient les plus étendues. De temps immémorial, ses magistrats possédaient la justice, moyenne et basse, c'est-à-dire la juridiction des cas de non-paiement des contributions communales et des crimes et délits autres que l'homicide et l'adultère commis par un citoyen de garde, ainsi que nous l'apprend une charte de confirmation et d'aveu octroyée aux habitants de cette ville en 1218 par l'évêque Didier.

En 1246, une rédaction générale des priviléges et coutumes de la cité, faite d'un commun accord entre les habitants et le comte-évêque, reconnut aux consuls le droit de police et de voirie urbaines, celui de garde des fortifications de la ville, plus un pouvoir législatif, non-seulement en fait d'administration municipale, mais encore relativement à la procédure et à l'organisation du tribunal épiscopal.

Les armoiries de cette ville sont : *De gueules, au château d'or maçonné de sable.*

(2) Il est peu de villes dont l'existence municipale ait été plus agitée que celle de Gap, dont le domaine supérieur, avec tous les droits régaliens, appartenait à l'évêque, en vertu d'un diplôme impérial de l'an 1180.

Non contents des libertés dont ils jouissaient depuis les temps du municipe, les Gapençais s'étant insurgés vers le commencement du XIIIe siècle, exclurent le prélat de toute participation aux affaires communales, et conférèrent à des consuls de leur choix la plénitude des pouvoirs politiques ; toutes choses sanctionnées en 1240 par l'empereur Frédéric II, alors en guerre avec le saint-siége, mais qui furent néanmoins de courte durée. Dix-neuf ans après, en effet, l'évêque Eudes ayant fait avec le dauphin Guigues VII une alliance, les habitants révoltés, pour en atténuer les effets probables, reconnurent, dans une assemblée tenue en 1271, que le consulat de leur ville était un fief du domaine delphinal, ce qui engagea le prélat à chercher appui auprès du comte de Provence, à qui il soumit sa temporalité.

Briançon, archevêché (1),
Embrun, archevêché (2).

Celui-ci fit assiéger la ville de Gap par ses troupes en 1282 et y rétablit le prélat; mais, alors ce dernier, oubliant les clauses de son traité, dénia au comte toute ingérance dans la seigneurie de sa ville épiscopale.

S'ensuivirent de longs démêlés, jusqu'à ce qu'enfin un traité, conclu le 5 septembre 1300, accorda les parties. Le Dauphin, détenteur des droits que lui avaient donnés les habitants, eut tous les droits de péage et de marché, autrefois perçus par les consuls, entière juridiction dans la banlieue de Gap et moitié de la juridiction civile dans les murs; à l'évêque échut la haute justice criminelle, le droit d'ordonnance et de proclamation, la garde des clefs et la police de la ville. Tout conflit n'était pas cependant terminé: plus entreprenant peut-être, en tout cas mieux posé pour faire valoir ses prétentions, l'évêque de Gap s'attribua bientôt une plus large part dans les affaires de la commune. De nouveaux troubles s'ensuivirent, et le prélat fut contraint par jugement d'arbitres de constater par écrit les priviléges et immunités des citoyens de Gap, astreints de leur côté à faire confirmer leurs élections par le juge de l'évêque, dont les officiers eurent le commandement de la milice urbaine. — M. Théodore Gauthier, ancien conservateur de la bibliothèque de Gap, a publié une très-bonne histoire de cette ville, qui porte pour armoiries: *D'azur, à la tour d'or, portillée, crénelée et maçonnée de sable.* (VALB., I, 53, 152. — A. THIERRY, I, 104.)

(1) Briançon *(Brigantium* ou *Brigantio)*, qui doit son nom aux *Brigantii*, ancienne peuplade alpestre, qui, suivant Strabon, poussait la cruauté envers ses ennemis jusqu'à tuer les femmes enceintes que leurs devins désignaient comme portant des mâles, avait un municipe à l'époque romaine, et une inscription antique rappelle le souvenir de Quirinus Gratus, qui en était alors questeur et duumvir. Au moyen âge, comme ville elle ne jouissait pas, que je sache, d'autres libertés que celles appartenant aux autres communautés briançonnaises, indépendantes de tout autre seigneur que du Dauphin, à qui elles devaient seulement un tribut convenu.

Armoiries de Briançon: *D'azur à trois pals échiquetés d'or et de gueules de trois traits.*

(2) Embrun *(Ebrodunum)*, ancienne capitale des Caturiges, devenue sous les Romains la métropole des Alpes maritimes, reçut de Néron le droit de latinité et de Galba celui d'alliance. Cette ville passa ensuite sous la domination de ses évêques, à qui l'empereur Conrad II octroya en 1147 tous les droits régaliens *(justicias, monetam, pedaticum, utraque strata telluris et fluminis Durantia)*, non-seulement dans leur ville archiépiscopale, mais encore dans tout leur diocèse. Cette puissance fut nuisible aux libertés des habitants qui, après de longues luttes, virent abolir le consulat en 1257 et enlever toute juridiction au conseil de la commune, dès lors soumis au

Les principaux bourgs de cette province sont :
La Côte-Saint-André (1),
Saint-Symphorien-d'Ozon (2),
Bourgoin (3),

---

contrôle incessant des officiers seigneuriaux. Chaque chef de famille dut, en outre, s'engager à aller toutes les années entendre dans l'église cathédrale une messe à laquelle il offrirait un denier, comme signe de vassalité envers le prince-archevêque.

Les armoiries d'Embrun sont : *De gueules, à la croix d'argent.* — (Chorier, *Hist. gén.*, Ier, 197; II, 114 et suiv., 137-38. — A. Thierrat, *ibid.*, I, 106.)

(1) La Côte-Saint-André, dont le mandement, portant autrefois le nom de Bocsozel, faisait partie de l'ancien domaine des comtes de Savoie, qui fortifièrent ce bourg en 1238, acquit de l'importance ensuite de son union avec le Dauphiné en 1355, les gouverneurs de cette province en ayant pendant longtemps fait le lieu de leur résidence. Le dauphin Louis, retiré en Dauphiné, s'y fixa lui-même, et c'est à la Côte que fut célébré son mariage avec Charlotte de Savoie en 1451. C'est aussi de la Côte qu'est daté le fameux édit du 10 décembre de l'année suivante, par lequel ce prince abolit le droit de guerre appartenant aux seigneurs dauphinois, qui en usaient largement. (Voy. Clerc-Jacquier, *Notice historique sur la Côte-Saint-André*.)

(2) Saint-Symphorien, appelé aussi Saint-Saphorin-d'Ozon, que quelques auteurs pensent être *Solonium*, mansio de la voie domitienne entre Vienne et Lyon, faisait également partie des possessions savoisiennes en-deçà du Guiers, et, comme la Côte-Saint-André, fut entouré de murs en 1238, par les soins de Pierre de Savoie, frère du comte Amédée IV. En 1295, les habitants de ce bourg obtinrent d'Amédée V une charte d'affranchissement calquée sur celle de Saint-Georges-d'Espérance.

(3) Bourgoin, anciennement *Bergusium*, que les chartes du moyen âge appellent aussi *Burgondium*, *Bergoin* et *Bergon*, d'où le patois *Bregon*, fut érigé en commune vers la fin du XIII siècle, ensuite d'une charte octroyée le 6 août 1298 par le dauphin Humbert, acquéreur des droits de la maison de Savoie sur cette ville. Cette charte, divisée en soixante-cinq articles, déclare libres et affranchis tous les habitants établis entre les fossés de la ville, depuis le château de Beauregard jusqu'à la rivière de Bourbre, les exonère de la main-morte, de la leyde, de la corvée et de tous droits d'affenage, d'avenage et de civerage; elle déclare que l'administration de la commune appartiendra à quatre personnes élues par les habitants. En outre, ceux-ci auront la faculté de chasser partout ailleurs que dans les garennes et clapiers seigneuriaux, pourvu qu'ils ne vendent le gibier que dans la ville; ils ne seront tenus de se mettre en campagne que pour la propre guerre du seigneur, et seront exemptés du guet toutes les fois que leur femme ou leur fille sera en couches, jusqu'après les relevailles.

Crémieu (1),
La Tour-du-Pin (2),

Un article emprunté à la charte de Moirans punit d'une amende de 60 sols l'adultère, à défaut de quoi le délinquant sera contraint de courir nu dans la principale rue de la ville. (*Solvent sexaginta solidos domino, vel currant nudi per magnam carrieram.*) (Voy. *Souvenirs historiques sur Bourgoin, Saint-Chef et Maubec*, par L.... P....)

(1) Crémieu (*Crimiacum*), probablement le même que *Stramiacum*, où se tinrent, en 835 et 837, deux grandes assemblées politiques, appartenait aux barons de la Tour-du-Pin, qui y firent souvent leur résidence et, le 9 février 1269, accordèrent à ses habitants une charte de libertés. Les Dauphins de la troisième race établirent dans ce bourg un de leurs principaux ateliers monétaires, confié pendant longtemps à un certain Guigues Liard, dont le nom est resté à une menue monnaie encore usitée il y a soixante ans.

Au moyen âge ce bourg renfermait un très-grand nombre de Juifs, payant annuellement au trésor delphinal un demi-marc d'argent par personne. Le dauphin Louis les ayant expulsés du royaume, il promit l'exemption de toute charge pendant vingt ans à ceux qui se fixeraient dans ce bourg presque entièrement dépeuplé. Quant aux familles proscrites, elles portèrent à l'étranger, en souvenir de cette résidence, le nom de Crémieu, illustré de nos jours par le fameux avocat, membre du gouvernement provisoire en 1848.

Ajoutons qu'au XIVe siècle il se prélevait dans Crémieu un impôt sur le sel appelé *héminal*, dont les émoluments appartenaient, moyennant une cense annuelle au profit du Dauphin, à un particulier, qui devait en outre porter la bannière de la milice du lieu lorsque celle-ci était commandée. (VALBONNAIS, I, 73, 91; II, 126. — GUY ALLARD, *Dict.*, I, 350. — CHORIER, *Hist. gén.*, II, 444 et 453, etc.)

(2) La Tour-du-Pin, aujourd'hui chef-lieu administratif d'un arrondissement du département de l'Isère, était autrefois la capitale de la baronnie de ce nom, comprenant non-seulement une partie du Dauphiné, mais encore de nombreuses terres en Bresse et en Bugey, et dont les possesseurs connus depuis Berlion, bienfaiteur du prieuré d'Inimont en 1107, ont fourni au Dauphiné la troisième race de ses princes, Humbert de la Tour-du-Pin, fils d'Albert III et de Béatrix de Coligny, ayant épousé, en 1282, Anne, sœur et héritière du dauphin Jean Ier. Huit années après (1290), ce prince fit avec les habitants de ce bourg un accord par lequel furent réglés ses droits de leyde sur le blé, le vin et le bétail, ainsi que les lods et ventes, ce qui implique une organisation municipale antérieure. Cet accord et les franchises en résultant pour la commune furent confirmés en 1315 par Henri, seigneur de Vinay, dont la famille, branche cadette des barons de la Tour-du-Pin, avait conservé quelques droits sur cette ville. (VALBONNAIS, I, 174. 208, etc.)

Saint-Georges-d'Espéranche (1),
La Mure, ancienne résidence delphinale (2),
Voiron (3),
Mens (4),
Moirans (5),

---

(1) Saint-Georges-d'Espéranche, bourg important du canton d'Heyrieux, appartenait autrefois aux comtes de Savoie, qui le firent clore de murs en 1238 et accordèrent en 1291 à ses habitants une charte de libertés établissant qu'ils jouiraient à l'avenir de toutes celles précédemment octroyées aux bourgeois de Lyon par l'archevêque Philippe de Savoie, oncle du souscripteur, et dont la plus curieuse disposition était celle qui leur permettait de refuser d'exercer les fonctions de bourreau : *Aliquis burgensis non tenetur facere aliquam mutilationem, vel ultimum supplicium latronum seu malefactorum præcepto castellani nostri, vel alterius, nisi de sua processerit voluntate.* (VALBONNAIS, I, 8, 26.)

(2) A la Mure, principale commune de la Mateysine, aujourd'hui chef-lieu de canton, il se levait autrefois, comme à Crémieu, un impôt sur le sel, également appelé *héminal* et appartenant en 1309 à Jean Alleman, seigneur d'Auris, qui le vendit cette même année à la dauphine Béatrix. Cet impôt était d'un douzième d'émine pour chaque charge vendue dans l'étendue de la châtellenie de la Mure et d'une poignée de sel par semaine pour les marchands au détail. (VALBONNAIS, I, 73, 93.)

(3) Voiron, ville industrielle dont l'importance ne date guère que de la fin du XVIIIe siècle, fit d'abord partie du comté de Salmorenc, dont le nom s'est conservé dans une partie de son territoire, puis appartint aux comtes de Savoie, qui l'entourèrent de murailles en 1238.

(4) Mens en Trièves, suivant Chorier le même que *Forum Neronis*, colonie romaine fondée par Néron dans le pays des Tricoriens, fut érigé en commune dès 1261, ainsi qu'il ressort d'une déclaration fournie par les habitants de ce bourg relativement aux droits du Dauphin dans ce lieu. (CHORIER, *Hist. gén.*, I, 197, etc.)

(5) Moirans, bourg correspondant à la station romaine du nom de *Morginum*, est une des plus anciennes communes affranchies au moyen âge par leurs seigneurs. En 1164, les trois frères Geoffroy ou Gaufred, Berlion et Aynard de Moirans, avec Beatrix Pelet, leur mère, accordèrent aux Moiranais une charte de libertés les autorisant dès lors à faire juger leurs différends par les plus notables d'entre eux : *Si de terra, vel de pecunia questio mota fuerit, per meliores burgenses ventilabitur et decidetur.*

A Moirans fut comprimé, en 1580, un soulèvement populaire occasionné par ce fameux procès des tailles qui devait se terminer, après un siècle de luttes, par le triomphe du tiers-état. (VALBONNAIS, I, 16. — CHORIER, *État polit.*, III, 669.)

Saint-Marcellin, chef-lieu d'un bailliage considérable (1),
Moras (2),
Tain (3),
Chabeuil (4),

---

(1) Saint-Marcellin, ville dont la fondation ne paraît pas être bien ancienne, dut à sa proximité du château de Beauvoir, résidence habituelle du dauphin Humbert II, l'importance que ce prince lui donna, en en faisant d'abord le siège du conseil delphinal, lors de sa création en 1337, puis en accordant à ses habitants l'exemption de diverses charges, notamment celle de tous droits de péage en 1343.

(2) Moras, dans la Valloire, est une des plus anciennes possessions des comtes-dauphins. Rodolphe III, dernier roi d'Arles ou de Bourgogne, donna en 995 la moitié du château de Moras : *Humberto episcopo, ejusque matri Fredeburgiæ et nepotibus ejus, Vuigonis bonæ memoriæ filiis, Humberto, Vuigoni, Vuillelmo*. Ce second Vuigue ou Guigues est Guigues-le-Vieux, comte de Graisivaudan.

Le château de Moras, qui ne manquait pas d'une certaine valeur stratégique, fut compris parmi les forteresses dauphinoises, dont la démolition fut ordonnée par Louis XIII en 1627. Il renfermait alors 33 pièces de canon. (FAUCHÉ-PRUNELLE, *Essai sur les institutions autonomes du Briançonnais*, I, 271. — CHORIER, *Hist. gén.*, I, 794. *Hist. abr.*, II, 240.)

(3) Tain *(Tegna)*, station romaine, dont le nom au X⁰ siècle s'étendait à tout le territoire environnant, *Tegnensis* ou *Tecnensis ager, pagus Tegnense*, n'avait encore que bien peu d'importance à cette époque, car nous apprenons par une charte du Cartulaire de Romans que l'église de Tain était alors située dans les champs. Dans cette petite ville, où l'on découvrit à la fin du dernier siècle une colonne milliaire et un taurobole dont l'inscription a donné lieu à plusieurs discussions entre épigraphistes, fut célébré, en 1350, le mariage de Charles, premier Dauphin de la maison de France, plus tard roi, cinquième du nom, avec Jeanne de Bourbon.

(4) Chabeuil *(Cabeolum)*, bourg du Valentinois possédé par les comtes de ce pays dans la dépendance des Dauphins, qui y entretenaient un châtelain et un mistral, fut érigé en commune par le dauphin Jean II, suivant lettres datées d'Avignon, en la maison de Guillaume Belmond, le 10 janvier 1514, lesquelles déclaraient les habitants de Chabeuil libres, francs et *immunes* de toutes tailles, corvées, quêtes, courses et voyages, œuvres et manœuvres, transports et charrois, etc., etc.

C'est à Chabeuil que le comte Aymar IV se décida enfin, après de vives contestations, à rendre hommage au dauphin Humbert II, venu dans ce lieu pour y terminer les différends du comte de Valentinois avec Henri de Villars, évêque de Valence et de Die, relativement aux châteaux de Crest,

Étoile (1),
Loriol (2),
Pierrelatte (3),

Chabrillan, Châteaudouble, Grane et autres, et il est vraisemblable que l'hommage prêté par Aymar fut la conséquence des bons offices du dauphin en cette circonstance. (SALVAING DE BOISSIEU, *Traité du plaît seigneurial*, p. 34. — VALBONNAIS, II, 359, 549.

(1) Étoile *(Stella)*, dont la distance de Valence est la même que celle d'*Umbunum*, station romaine que plusieurs auteurs ont placée à Ambonil, qui en est beaucoup plus éloigné que celle-là, appartenait également aux comtes de Valentinois, qui en firent leur résidence habituelle et après eux le Dauphin, puis la belle Diane de Poitiers, dont la faiblesse d'Henri II fit une duchesse de Valentinois.

Le 21 février 1244, Aymar II accorda aux habitants de ce bourg, pour eux, leurs successeurs et les gens de leur service et dépendance, une charte d'affranchissement que l'empereur Sigismond confirma à Lyon, le 3 février 1416. (*Stat. de la Drôme*, 505.)

(2) Loriol *(Aureolum)*, qui, suivant M. l'abbé Vincent, emprunte son nom à l'empereur Aurélien, son fondateur, tandis que le naïf Aymar du Rivail prétend qu'il le doit à un oiseau couleur d'or qu'on y rencontre en grand nombre, est une de châtellenies que l'empereur Frédéric Ier concéda à l'évêque de Valence, Odon, par sa bulle de 1157, ce qui n'empêcha pas les habitants de ce bourg, désireux d'être protégés efficacement contre les bandes de routiers qui désolaient alors ces contrées, de faire en 1406 avec le roi-dauphin Charles VI, représenté par Jacques de Montmaur, gouverneur du Dauphiné, un traité par lequel ils étaient placés sous la sauvegarde royale et exemptés à l'avenir de tout subside de guerre; en retour de quoi, les Loriolais s'engageaient à fournir chaque année un mois durant au roi de France, une compagnie de cent hommes de pied équipés et entretenus à leurs frais.

Le chroniqueur désigné plus haut nous apprend qu'au XVIe siècle Loriol était environné de quinze tours, que son église dédiée à Saint-Romain possédait des reliques de ce saint, et qu'il y avait dans son territoire une fontaine appelée de Saint-Pierre, dont les eaux, salutaires aux fiévreux, étaient bénites chaque année aux calendes d'août par les prêtres du lieu. (AYMAR DU RIVAIL, traduction Macé, 118. — COLUMBI, *De reb. gest. episc. Valent.*, 24. — Inv. de la Chambre des Comptes.)

(3) Le bourg de Pierrelatte porte pour armoiries : *D'azur, à l'arbalète d'or, accompagnée d'un P et d'un L de même.*

Saint-Paul-trois-Châteaux, évêché (1),
Nyons (2),
Le Buis (3),

---

(1) Saint-Paul-trois-Châteaux, qui, suivant plusieurs historiens et géographes, est l'*Augusta Tricastinorum* de Tite-Live et de Pline, comme l'indiquerait son nom (*Tricastini*), tandis qu'une autre opinion place à Aouste en Diois la capitale des *Tricastins*, était, en tous cas, en possession d'un évêché dès le IIIe siècle, ce qui dénote une importance fort ancienne, prouvée d'ailleurs par les restes de monuments et les nombreuses médailles qu'on y a découvertes. Comme la plupart des autres villes épiscopales du Dauphiné, celle-ci continua de jouir de son ancienne organisation municipale, sous l'autorité de l'évêque, qui, à la suite de grands démêlés associa le roi-dauphin à sa souveraineté sur Saint-Paul par un traité de pariage conclu le 26 septembre 1408.

Les armoiries de cette ville épiscopale sont : *D'azur, au château d'argent, donjonné de trois tours du même, celle du milieu plus haute que les autres et le tout maçonné de sable.*

(2) Nyons, dont le nom primitif *Neomagus* vient, selon Expilly, du grec νέος neuf et du gaulois *magus* ville, fut premièrement l'une des capitales des Voconces, puis, au moyen âge, le principal centre de population et peut-être le chef-lieu de la baronnie de Montauban.

Passée avec cette baronnie sous l'autorité des Dauphins en 1302, cette ville reçut douze ans après de Jean II une charte de libertés et franchises.

A partir de cette époque, le rôle de Nyons dans l'histoire du Dauphiné est assez effacé, et ce n'est qu'à la suite de l'établissement du nouveau régime qu'il a acquis une certaine importance, en devenant le siége d'une sous-préfecture et d'un tribunal d'arrondissement. (EXPILLY, *Dict. de la Gaule*, v.° *Nyons*.)

(3) Le Buis *(Buxum)*, à qui M. Delacroix attribue une origine gauloise, est appelé ville des Voconces par Aymar du Rivail, qui, suivant une tradition locale, prétend qu'un buis existant auprès d'une fontaine située sur son emplacement lui a laissé son nom. Réunie au Dauphiné avec les autres terres des barons de Meuillon, dont elle était peut-être la résidence, cette ville, contrairement à Nyons, gagna à cette union, accomplie d'une manière irrévocable en 1337 par une déclaration du dauphin Humbert II, datée du dortoir du couvent des Dominicains du Buis, où il s'était arrêté en revenant d'Avignon pour y célébrer les fiançailles de sa fille naturelle Catherine avec Pierre, bâtard de Lucinge; car Le Buis devint alors le chef-lieu du bailliage des Baronnies et plus tard celui du grand bailliage des Montagnes, comprenant dans son ressort le Gapençais, le Briançonnais, l'Embrunois et les anciennes baronnies de Meuillon et de Montauban. Quant à la commune, nous ne savons pas précisément à quelle époque

Saillans (1),
Veynes (2),
Chorges (3).

---

elle fut affranchie, mais c'est en tous cas antérieurement au XIV° siècle, ainsi qu'il résulte d'une charte du 6 des ides de mars 1286, réglant le droit des consuls et de la communauté de prendre l'eau de la béalière des moulins pour l'arrosage de leurs terres.

(1) L'époque à laquelle Saillans, l'ancienne *Darentiacca*, reçut de l'abbé d'Aurillac, son seigneur, une charte d'affranchissement ne nous est pas connue; nous savons seulement qu'il en était en possession dès le XIII° siècle, ainsi que l'apprend un acte d'échange intervenu l'an 1299 entre l'abbé Pierre et Guillaume de Roussillon, évêque de Valence et de Die, par lequel ce dernier abandonna à l'autre le château de Chamaloc et celui de Barnave, acquis en 1227 d'Aalmos de Mévouillon, en retour du haut domaine de Saillans que lui cédait l'abbé, la seigneurie utile restant toujours au prieur du lieu, qui avait reçu des prédécesseurs de Guillaume le titre honorifique de chanoine panetier de l'église de Die. Le dernier alinéa de cette charte est en effet conçu ainsi : *Item est sciendum quod conventum est quod homines predicti de Saliente habeant et in perpetuum retineant omnes libertates et consuetudines usque ad hæc tempora observatas. Et vos D. Episcope teneamini easdem predictas hominibus inviolabiliter et integraliter observare.* (Cartulaire de l'évêché de Die. — Valbonnais, II, 90.)

(2) Veynes (*Davianum*), station de la voie romaine de Valence en Italie par la vallée de la Drôme et les Alpes, non loin de *Mons Seleucus*, n'a jamais eu, que je sache, d'importance que comme terre seigneuriale, d'abord possédée en franc-alleu par plusieurs coseigneurs, puis soumise par eux au fief delphinal en 1253.

Des marchés francs furent accordés à ce bourg par le roi Henri IV, en 1584. (Valbonnais, I, 29.)

(3) Chorges (*Caturigæ*), ville des Caturiges qui lui donnèrent son nom, jouit de bonne heure d'une forte organisation municipale qui datait peut-être de l'époque romaine, car nous voyons en 1326 les habitants de ce bourg : *homines universitatis villæ Caturicarum, mandamenti, territorii, juridictionis et districtús dictæ villæ*, représentés par leurs consuls, Rostaing de Montorsier et Pierre Chalvier, traiter directement avec le Dauphin de leurs obligations envers lui : ils ne devaient fournir à ce prince que cinquante hommes de milice en cas de guerre dans ses états et le double s'ils étaient appelés en Provence, Lombardie ou autres pays étrangers, lesdits miliciens à la charge des habitants du lieu, sauf le capitaine, l'enseigne et le trompette, dont l'entretien incombait au Dauphin. (Valbonnais, I, 56.)

III. ROUTES et PONTS.

La principale route de la province est celle qui va de Lyon en Provence, côtoyant le Rhône, et passe par Saint-Symphorien-d'Ozon, Vienne, Saint-Vallier, Tain, le port de la Roche, où le passage de l'Isère est périlleux, si non impossible, quand les eaux sont grosses (1), Valence, Livron, où l'on traverse difficilement la Drôme en temps d'inondation (2), Loriol, Montélimar,

---

(1) En cet endroit, appelé *Sillart*, le service de la route était fait par un bac dont l'importance appela maintes fois l'attention des intendants et même des secrétaires d'état, pour y ordonner des réparations et parer ainsi aux accidents, qui ne manquaient pas d'arriver cependant, car nous trouvons dans une lettre du 6 avril 1766 : « Hier, sur les neuf heures » du matin, tandis que MM.^{rs} de la Vallonne et de Fontenay, avec leur » suite, passoient, le traillon cassa, ce qui pensa mener tout ce beau » monde-là à Marseille. »
En 1769, on remplaça ce bac par une passerelle en bois, mais celle-ci ayant été emportée par une crûe de l'Isère en 1778, le bac fut rétabli, et, plus que jamais, constitua pour le seigneur de la Roche-de-Glun, à qui un arrêt du conseil d'État en avait confirmé la possession, un fort beau revenu, ainsi qu'il appert des comptes de dépenses et recettes. Du 8 décembre 1778, époque à laquelle il fut rétabli, jusqu'au 28 février suivant, le bénéfice net du bac de Sillart fut de 1,095 livres, ce qui engagea sans doute le sieur Raymond Bonnet, de Saint-Vallier, à le prendre à ferme, au prix de 6,900 livres. Du même 8 décembre 1778 au 31 mai 1780, c'est-à-dire pendant moins de dix-huit mois, les recettes furent de 15,803 livres et les dépenses de 10,411 livres. (*Archives de la Drôme*, C, 276, 277, 278 et 279.)
(2) A Livron, le passage de la Drôme se pratiquait également à l'aide d'un bac appartenant à l'évêque de Valence, seigneur du lieu. Ce bac fut emporté en décembre 1765. Déjà l'année précédente la rupture du câble avait occasionné la perte du courrier de France, qui se noya dans la Drôme. (*Ibid.*, C, 279.)

Donzère, enfin Pierrelatte, où elle se divise en deux branches, l'une allant en Provence par la principauté d'Orange et le Comtat, l'autre en Languedoc par le Pont-Saint-Esprit (1).

---

(1) La voie romaine construite, peu après la conquête de Domitius Ænobarbus, pour relier Genève à la voie Aurélienne allant des Pyrénées à Rome, suivait à peu près le même tracé que cette route, aujourd'hui connue sous le nom de route impériale N.° 7 de Paris à Antibes.

Entre le Lez et Lyon, c'est-à-dire sur le territoire qui plus tard forma la province de Dauphiné, cette voie appelée tour à tour voie Domitienne (*Via Domitia*), en mémoire du conquérant qui avait contribué, sans doute, à son établissement, et grande voie (*Via magna*), à cause de son importance, avait pour principales stations, à partir de cette dernière ville :

Solonium, que M. Macé place à Solaize, et qui pourrait bien être Saint-Symphorien-d'Ozon ;

Vienne, d'où partaient deux voies se dirigeant l'une sur Turin par Grenoble, l'autre sur Chambéry et la capitale des Salasses par Bourgoin et Aoste ;

Figlina, station correspondante au pont du Bancel ;

Ursolis, qui, suivant M. Delacroix, appuyé sur les rapports étymologiques, serait Roussillon, tandis que M. Macé, qui se base sur les distances, opine pour Saint-Vallier ;

Tegna, Tain ;

Valence, point de départ de la voie allant aux Alpes par la vallée de la Drôme ;

Umbunum, que tous les auteurs disent être Ambonil, ce qui est invraisemblable, car cette localité est à 20 kilomètres de Valence, tandis qu'*Umbunum* en était à neuf milles, soit environ 13,300 mètres. Il est donc plus logique de placer cette station à Étoile, dont la distance de Valence est de 13 kilomètres ;

Bantianis ou *Bancianis*, dont on retrouve le nom dans celui de *Bance*, territoire de la commune de Saulce ;

Acusium ou *Acunum*, Montélimar ou Ancone ;

Novem Cravis, le hameau ou logis de Berre, sur la rivière de ce nom ;

Lectoce, Bollène sur le Lez, limite du département de la Drôme.

Dans le cours du XVIIIe siècle, cette route, dite alors *de Lyon en Provence*, fut considérablement améliorée, à l'aide de subventions obtenues du Trésor royal et ensuite des États, lesquels dépensèrent pendant cette période entre Saint-Rambert et le Lez, c'est-à-dire sur le territoire du département de la Drôme actuel, la somme énorme pour le temps de 3,244,824 livres, non compris les travaux exécutés par les communautés voisines, chargées en outre de l'entretien annuel, et qu'un état de l'an 1754 évalue à 16 sols 8 deniers la toise courante (soit 420 francs environ par kilomètre).

Les grands chemins sont au nombre de quatre : 1° celui de Lyon à Grenoble, par Heyrieux, Artas et Moirans ; 2° celui de Grenoble à Chambéry, par Crosle, Barraux et Chapareillan (1) ; 3° celui de Grenoble à Valence, par Moirans, Saint-Marcellin et Romans (2) ; 4° enfin, celui de Lyon à Chambéry, par la Verpilière, Bourgoin et Pont-de-Beauvoisin (3). Tous ces chemins, où passent commodément les carrosses et charriots, sont entretenus aussi bien que faire se peut avec les fonds qu'il plait au roi d'assigner chaque année sur l'état des ponts et chaussées (4). Quant à

(Archives de la Drôme, C, 242-253. — Voy. aussi DELACROIX, Statistique de la Drôme, p. 39 et suiv. — Bulletin de l'Académie delphinale, 2ᵉ série, tome II, p. 412, seconde partie d'un excellent mémoire de M. MACÉ sur quelques points controversés de la géographie des pays qui ont formé le Dauphiné, etc., et les divers itinéraires.)

(1) A l'époque romaine, Valence et Lyon communiquaient avec Grenoble par la voie dite de Vienne à Turin soudée à la voie Domitienne dans la première de ces villes et passant par Tourdan (Turecionum), Moirans (Morginum), Grenoble (Cularo), la vallée d'Oisans, où se voient encore quelques vestiges désignés sous le nom de chemin de Rochetaillée, Mont-de-Lans (Mellosedum), où elle traversait de nouveau la Romanche, Villard-d'Arènes (Durotiacum), le col du Lautaret, le Monestier-de-Briançon (Stabatio), Briançon (Brigioni), où s'embranchait la voie d'Arles à Milan, le mont Genèvre, Oulx (Ocellum et ad Martis), Suze (Secusia), etc.

Une voie de second ordre, dont une tradition fait honneur à Aurélien et dont des restes assez considérables dans le massif de la Grande-Chartreuse portent le nom de chemin de l'empereur, rattachait alors Chambéry à Grenoble par la rive droite de l'Isère jusqu'à Mantala (Montmélian).

(2) Cette route, aujourd'hui impériale, classée sous le N.° 92 de Valence à Genève, était alors appelée route de Valence ou de Provence en Bugey.

(3) Une seconde voie embranchée à la voie Domitienne rattachait Vienne à la future capitale de la Savoie, Chambéry (Lemencum) et celle-ci à la capitale des Salasses (Augusta Salassorum, Aoste), par Septèmes, Oytier et Diemoz, localités qui ont emprunté leur nom aux pierres milliaires auxquelles elles correspondaient, Bourgoin (Bergusium), Saint-Genis-d'Aoste (Augustum), les Échelles.

(4) Les anciennes coutumes féodales, attribuaient aux seigneurs des terres traversées l'entretien des diverses voies de communication, en compensation de quoi, ceux-ci obtinrent pour la plupart, du souverain, l'autorisation d'établir sur les routes des péages à leur profit. Cet état de choses étant fort préjudiciable à la viabilité, les intéressés, généralement très-jaloux

ceux de Grenoble à Gap et de Grenoble à Briançon, par Bourg-d'Oisans, ils ne sont praticables qu'aux piétons, bêtes de somme

---

de leurs droits, l'étant beaucoup moins de leurs charges, un édit de l'an 1599 plaça sous la main royale les voies importantes, dès lors appelées à cause de cela *chemins royaux*, tandis que les autres, restées à la charge des propriétaires du voisinage, furent dénommées *chemins voisinaux*, et il fut établi dans chaque province un commissaire pour la visite et réparation des chemins royaux et autres, recevant ses pouvoirs du roi, avec l'assentiment des États de la province.

Cinq ans après, Salomon du Faure, successeur de Jocerand Bertrand dans cette charge, ne trouvant pas ses droits, devoirs et attributions assez clairement définis, adressa pour cet effet plusieurs requêtes au parlement de Grenoble, qui le 23 mai 1605 publia en forme d'arrêt un règlement général. Par cet acte, il était enjoint audit commissaire de faire la visite de tous les chemins de la province, à commencer par les environs de Grenoble, l'autorisant à se donner trois substituts dans ses fonctions, dont un pour le Viennois, un pour le Valentinois et le Diois, et l'autre pour les montagnes.

Les chemins royaux devaient avoir douze toises de largeur dans les bois et vingt pieds partout ailleurs, les fossés non compris, « sinon que » l'assiette du lieu ne le pût commodément souffrir »; quant aux autres, ils n'avaient pas de largeur spécifiée, mais devaient, autant que possible, être pourvus de fossés pour l'écoulement des eaux pluviales, en tout cas en bon état, les arbres incommodant le passage coupés et les pierres rangées en murailles au bord desdits chemins; « et ce de l'avis des châ-
» telains et consuls, les propriétaires des fonds aboutissants appelés, car
» à ces derniers incomboient toutes les réparations, à moins qu'ils ne
» préférassent abandonner lesdits fonds, qui alors seroient mis à l'inquant
» et délivrez au dernier enchérisseur, qui en sera mis en possession par
» le châtelain, sans autre décret de justice, pour être les deniers qui en
» sortiront employez auxdites réparations et frais nécessaires, et où
» l'enchère ne suffiroit, la communauté y suppléera, comme aussy elle
» fournira auxdits frais, s'il ne se trouve enchérisseur, en retirant lesdits
» fonds acquis à icelles, sans autre formalité de justice. » Enfin, il était ordonné aux communautés de faire planter le long des chemins sujets à être encombrés par les neiges « marques de bois ou de pierre, ainsi que
» la commodité des lieux le portera, de hauteur suffisante, en forme de
» croix aux deux extrémités, et entre deux en forme de pilier, qui sur-
» passe les neiges en temps de la plus grande abondance d'icelles, qui
» seront posez en telle distance qu'on puisse voir de l'une l'autre : le tout
» à peine d'en être les châtelains et consuls responsables à leur privé
» nom. »

et mulets de charge. Les réparations qui y furent faites lors de la dernière guerre du Piémont, pour faciliter le passage de l'artillerie, des équipages et des vivres, n'ayant duré, faute d'entretien, qu'autant qu'on en a eu besoin (1).

En 1627, lors de l'établissement d'un bureau des finances à Grenoble, l'inspection et police des routes et chemins royaux furent placées dans ses attributions, et les présidents de la nouvelle compagnie crurent pouvoir ajouter à leurs titres celui de *grands voyers en Dauphiné*. De même, ils prétendirent plus tard étendre leur juridiction sur toutes les questions de voirie grande et petite et publièrent à cet effet, notamment en 1683, 1684, 1722, 1775, 1776 et 1777, diverses ordonnances destinées à règlementer l'entretien des chemins *voisinaux*, aussi bien que celui des routes royales, enjoignant aux châtelains et aux communautés, comme aux seigneurs péagers, d'avoir à faire exécuter les réparations nécessaires leur incombant; ce qui donna lieu le 4 mars 1780 à un arrêt du parlement de Grenoble établissant que la juridiction des trésoriers de France au bureau des finances de Dauphiné, en matière de voirie, ne s'étendait que sur tous les lieux de la province dont la justice était au roi, sur tous les chemins construits par ordre du roi et sur tous les grands chemins vulgairement nommés royaux; la police et inspection des autres chemins appartenant aux juges des seigneurs hauts justiciers dans le ressort de qui ils étaient établis; nulle loi, ni édit ne leur ayant enlevé le droit de connaître des faits y relatifs.

En 1776, l'administration des routes et chemins fut rendue aux États de la province par un édit royal du 11 août, enregistré le 7 décembre au parlement, qui adressa à cette occasion des remerciments au roi.

Lorsque l'organisation du corps des ponts et chaussées fut établie en Dauphiné, il y eut un inspecteur général de la province résidant à Paris, un ingénieur en chef et un inspecteur fixés à Grenoble, sept sous-ingénieurs dont deux pour cette dernière ville et un pour chacune de celles de Vienne, Gap, Briançon, la Côte-Saint-André et Saint-Marcellin, enfin un trésorier des ponts et chaussées attaché aux bureaux de l'intendance. (G. ALLARD, *Dict.*, I, 272. — S. DE BOISSIEU, *De l'usage des Fiefs*, I, 222. — RENAULDON, *Dictionnaire des Fiefs*; Paris, 1765, p. 165. — *Recueil des Édits*, etc., I, 458, 624; XV, N.° 50; XXI, N.° 1; XXII, 68, etc., etc.

(1) Cette dernière route, aujourd'hui appelée route impériale N.° 91 de Lyon à Antibes, correspondait à la voie romaine de Vienne à Turin dont il a été parlé plus haut. Elle avait déjà été réparée à la fin du XV° siècle par ordre du roi Louis XII, pour le passage de l'armée que ce prince destinait à la conquête du Milanais.

La route de Grenoble à Gap suivait à peu près la même direction que la voie de Milan à Arles, qui de Briançon allait en Provence par Rame *(Rama)*,

D'autres voies de communication seraient nécessaires, et particulièrement pour relier Grenoble à Pignerol (1).

A propos de routes, il est bon d'observer ici qu'il y en a deux par étapes en Dauphiné; l'une pour aller de Lyon en Languedoc, et l'autre de la même ville en Briançonnois. La première commence à Vienne, d'où l'infanterie s'achemine sur Saint-Romain-d'Albon, tandis que la cavalerie va à Moras et de là à Romans, Valence, Livron, Montélimar, Saint-Paul et le Saint-Esprit, qui est l'entrée du Languedoc. La seconde route d'étape commence aussi par Vienne et Saint-Romain-d'Albon, d'où l'infanterie va à Valence et de là à Crest, tandis que la cavalerie passe à Romans, pour se diriger, à partir de Crest, conjointement avec les

---

Embrun *(Ebrodunum)*, Chorges *(Caturigæ)*, Gap *(Vapincum)* et le Monestier-d'Allemont *(Alabonte)*. De Gap, une autre voie se dirigeait vers Valence par la vallée de la Drôme, passant à Veynes *(Davianum)*, Mont-de-Lans *(Mons Seleucus)*, le col de Cabres, Luc *(Lucum)*, Die *(Dea Vocontiorum)*, Saillans *(Darentiaca)*, Aouste *(Augusta)* et Montoison *(Cerebelliaca)*, c'est-à-dire suivant à peu près le même tracé que la route départementale N.° 93 de Valence à Sisteron.

(1) Dans la suite, ce nombre des chemins royaux fut considérablement augmenté. Ainsi, le 6 juillet 1683, une ordonnance du bureau des finances de Dauphiné imposa la largeur règlementaire de vingt pieds aux chemins suivants :

De Grenoble à Lyon, par Moirans, Rives, Artas et Heyrieux;
— à Vienne;
— à Valence, Montélimar et Pont-Saint-Esprit, par Romans;
— en Provence, par Lus-la-Croix-Haute;
— à Gap, par la Mure et le Champsaur;
— à Briançon, par la vallée d'Oisans;
— en Savoie, par les deux rives de l'Isère;
De Vienne à Lyon et Valence;
— à Romans, par Beaurepaire;
De Lyon à Chambéry, par Crémieu, Morestel et Aoste;
— au Pont-de-Beauvoisin, par la Tour-du-Pin et Bourgoin;
De Romans à Crest et à Tain;
De Crest en Provence, par Châteauneuf-de-Mazenc, Aleyrac et Salles;
— à Montélimar, par Sauzet;
— à Gap, par Die, Lesches et Veynes;
De Saint-Paul-trois-Châteaux au Pont-Saint-Esprit;
— — à Veynes, par Nyons, le Buis et Orpierre;

troupes de pied, sur Die, Lesches, Baurières, Fourcinet, Veynes, Gap, Chorges, Embrun et Briançon.

Quant aux ponts, ils sont peu nombreux actuellement dans cette province; les seuls dignes de considération étoient ceux de Grenoble sur l'Isère, l'un en pierres bâti il y a une trentaine d'années (1), l'autre en bois sur piles de pierres, reste d'un ancien pont emporté en 1651 (2); celui de Romans sur la même rivière construit moitié de pierres, moitié de bois, sur les ruines d'un plus ancien détruit la même année, mais dans un si misérable état qu'il ne sauroit durer encore plus de dix ans (3). Celui

---

De Gap à Sisteron;
— à Briançon, par Embrun;
— à Pignerol, par Valcluson;
De Césanne à Suze, Oulx, Exilles et Chaumont.

Mais ce fut surtout vers la fin du XVIIIe siècle que les travaux de grande voirie prirent de l'extension. En 1773, un arrêt du conseil en date du 2 mai homologua une ordonnance de l'intendant Pajot de Marcheval chargeant l'ingénieur de La Tour de faire tracer et ouvrir une nouvelle route de Romans à Crest. La même année furent faites diverses études pour la route des Baronnies, l'une par Suze, Saint-Paul-trois-Châteaux et Donzère, l'autre par Pierrelatte, Saint-Paul, Tulette, Nyons, le col de la Croix, Rosans et Serres; celle-ci ayant à traverser 2 rivières, 36 torrents, 35 ruisseaux et 124 ravins, plus nécessitant le percement de 1894 toises de rocher. En 1789, on étudia celle de Montélimar à Nyons, devant avoir 23,590 toises de longueur (47,180 mètres) et coûter 217,260 livres. Somme toute, un état dressé au commencement de l'année 1790 mentionne pour le Dauphiné neuf grandes routes ouvertes ayant au total 161 lieues de développement, la lieue de 2,400 toises, soit une longueur totale de 772,800 mètres; le nombre des routes en construction était de 23 se développant sur 361 lieues, c'est-à-dire 1,732,800 mètres. D'où il résulte que l'ancien régime nous a légué approximativement 2,505 kilomètres de routes. (*Recueil des Édits*, XV, N.° 50, p. 30. — *Arch. de la Drôme*, C, 257-265.)

(1) Commencé en 1621, mais achevé beaucoup plus tard, ce pont a été remplacé en 1840 par un autre dont la dépense s'est élevée à 479,500 fr.

(2) Un pont de très-ancienne construction ayant été emporté par les eaux en 1651, les piles restantes furent utilisées pour l'établissement d'une passerelle en bois, qui fit place en 1837 au pont suspendu actuel.

(3) De temps immémorial, il existait à Romans sur l'Isère un pont qui fut emporté par les eaux en 1219. Rétabli peu de temps après par l'archevêque de Vienne, Jean de Bernin, abbé et seigneur de Romans, qui fit construire sur la première arche, avec une petite chapelle dédiée à Notre-Dame, un asile pour les pauvres *jacinières* (femmes en couches), celui-ci

de Claix sur le Drac, à une lieue de Grenoble, desservant la route de cette ville en Provence par les montagnes (1); enfin, un

---

fut ruiné en partie avec cet asile par Amédée de Roussillon, évêque de Valence, assiégeant les Romanais révoltés en 1281. Depuis lors, les réparations qui y furent faites ensuite de diverses inondations, notamment de celle de 1350, durèrent peu, ce qui engagea la commune de Romans et le chapitre de Saint-Barnard, qui y avait un droit de pontonnage, à le faire réparer d'une manière convenable. En effet, dans les premières années du XVe siècle une réédification sérieuse fut faite, partie à l'aide d'un impôt sur le vin établi à cette occasion, partie avec le produit de quêtes et diverses offrandes des habitants et des chanoines. Ruiné de nouveau en 1651, le pont de Romans fut alors construit en bois par les soins et aux frais de Sébastien de Lyonne de Leyssins, seigneur de Triors, Mercurol, Flandènes et Génissieu, qui obtint en compensation du bureau des trésoriers de France l'autorisation de percevoir un droit de passage à son profit.

Détruit en 1712 et réédifié cinq ans après par l'administration royale, ce nouveau pont a duré ainsi jusqu'en 1814, époque à laquelle on en fit sauter une arche pour intercepter le passage des armées alliées. Enfin en 1856 le pont de Romans a été élargi, et alors seulement a été démolie la chapelle de Notre-Dame bâtie par Jean de Bernin. Il est à remarquer cependant qu'il n'y a jamais eu de reconstruction totale, et que la première arche du côté de la ville est probablement antérieure à l'an 1219, car l'épitaphe de l'archevêque de Bernin mentionne expressément qu'il fit rebâtir le pont en partie. D'autre part, il faut observer que pendant la durée des diverses ruptures de ce pont, le chapitre de Saint-Barnard, usant d'un droit obtenu des empereurs d'Allemagne, confirmé en 1348 par le dauphin Humbert II, fit établir chaque fois un bac pour faciliter la traversée de l'Isère, ce qui donna lieu à de grandes contestations avec les officiers royaux, prétendant que l'établissement de ce bac par le chapitre était attentatoire aux prérogatives du roi-dauphin. Néanmoins, un arrêt du conseil delphinal rendu le 16 novembre 1396, sous la présidence du gouverneur du Dauphiné, Charles de Bouville, maintint les légitimes prétentions du chapitre de Romans. (Voy. P. E. GIRAUD, *Essai historique sur l'abbaye de Saint-Barnard et sur la ville de Romans*, II, 34, 35, 342-47. — CHEVALIER, *Essai historique sur les hôpitaux et les institutions charitables de la ville de Romans*. — *Archives de la Drôme*, C, 555.)

(1) Ce pont, relié à la ville de Grenoble par une belle promenade établie par les soins de de Prunier, seigneur de Saint-André, premier président du parlement, suivant les plans et devis de l'ingénieur Dielamant, fut construit en 1611, par ordre du connétable Lesdiguières, sur l'emplacement d'un bac appartenant autrefois au chapitre cathédral de Grenoble et cédé par celui-ci l'an 1307 à Guigues Alleman, seigneur de Claix, lequel bac avait été lui-même établi au lieu et place d'un vieux pont emporté par l'inondation de

dernier, également sur le Drac, près le village de Lesdiguières, pour le service de la route de Grenoble à Gap (1).

Plusieurs autres ponts emportés par l'inondation de 1651 n'ont pas été reconstruits, notamment celui de la Sône sur l'Isère (2) et celui de Vienne sur le Rhône. Celui-ci est cependant de la plus grande importance, et il seroit très-urgent de le rétablir au plus tôt (3), comme aussi d'en construire plusieurs à neuf,

---

1319. Ce pont a 47 mètres d'ouverture et 12 de hauteur au-dessus du niveau du Drac. (VALBONNAIS, I, 266; II, 133.)

(1) Il s'agit du pont Bernard qui relie les communes de Beaufin (Isère) et d'Aspres-lès-Corps (Hautes-Alpes). Ce pont fut construit en 1600 et réparé en 1743.

(2) Très-anciennement il y avait à la Sône un pont sur l'Isère, qui tombait en ruines vers le milieu du XIVe siècle. Henri, dauphin élu de Metz, régent de Dauphiné, jaloux de remédier à cet état de choses, fit avec le prieur du lieu, Amblard Falavel, un traité par lequel celui-ci s'engageait à construire un nouveau pont dans le délai de dix années, et de plus à faire au dauphin une rente annuelle de 50 livres destinée à la réparation ou édification d'autres ponts, moyennant l'union à la mense prieuriale des revenus de la fabrique du pont de la Sône, ainsi que de ceux de la chapelle et de l'hôpital du même lieu. Ce traité, conclu en novembre 1323, fut approuvé par l'abbé de Montmajour-lès-Arles, de qui dépendait le prieuré de la Sône. (VALBONNAIS, I, 287; II, 197.)

(3) Si nous en croyons Symphorien Champier, le premier pont qui ait mis en communication la ville de Vienne avec la rive droite du Rhône fut construit 175 ans avant J. C. par Tiberius Gracchus. Restauré par l'archevêque Jean de Bernin, qui y fit bâtir une chapelle sur la principale pile vers le milieu du XIVe siècle, puis en 1387 par les soins de la ville, ce pont fut emporté par les eaux une première fois en 1407, et cette chute fut précédée et accompagnée, dit Chorier, « de quelques prodiges, qui d'abord » causèrent beaucoup d'étonnement et après beaucoup d'admiration. » Ce désastre accompli, les habitants de Vienne se mirent aussitôt en devoir de rééditier ce pont d'une importance capitale pour eux, et pour cet effet nommèrent quatre *maîtres et recteurs généraux de l'œuvre et de la fabrique du pont du Rhône.* Ceux-ci firent faire dans la ville et les pays circonvoisins une quête pour pourvoir aux frais considérables de cette reconstruction, puis obtinrent, le 6 avril 1407, du roi-dauphin Charles V une exemption de péage et de tous autres droits pour les matériaux nécessaires, et la permission pour toutes les communautés dauphinoises de s'imposer extraordinairement à leur gré pour les mêmes fins; à quoi le comte de Savoie, Amédée, par lettres du 3 mai 1408, ajoute le don de deux cents pièces de bois à prendre dans ses forêts. Somme toute, quêtes, impôts et

savoir : un au port de la Roche sur l'Isère (1), un sur la Drôme,

dons ne furent pas très-productifs, car en 1412 le pont fut reconstruit en bois seulement, moyennant la somme de 1800 florins d'or allouée pour cela à un sieur Jean Lauzard; aussi plus d'un siècle se passa-t-il à chercher les moyens de parer à une ruine complète.

En 1416, l'empereur Sigismond accorda aux habitants de Vienne l'autorisation d'établir un poids public dont le produit serait destiné aux réparations du pont. Les 16 février 1440, 28 avril 1445, 15 juillet 1450, etc., lettres des rois de France accordant à la ville pour le même objet un droit de *barrage* auquel seraient astreints ceux qui traverseraient le fleuve; autres lettres de Charles VII, en date du 14 mars 1559, ordonnant à tous les chefs de maison à trois lieues à la ronde d'envoyer tous les mois un manouvrier travailler au pont; enfin, l'an 1500, ordonnance du vicaire général de l'archevêque de Vienne permettant l'usage d'aliments gras les premiers lundis et mardis de carême, et accordant, en outre, quarante jours d'indulgence à tous ceux qui donneraient trois deniers pour l'œuvre du pont.

Le pont fut rétabli peu de temps après, mais il fut de courte durée, car en janvier 1571 une crûe du Rhône le ruina de rechef. Nouveaux expédients pour le reconstruire : exemption de tailles pendant une année accordée aux Viennois par le roi de France, à la prière de l'archevêque Pierre de Villars; lettres d'Henri III accordant pendant quatre années l'octroi de douze deniers à prélever sur chaque charge de marchandises et sur chaque minot de sel passant sur le Rhône; d'où s'ensuivirent deux adjudications accordées, l'une de 4,190 écus en 1584 à Pierre Trillard, l'autre de 45,000 livres à François Brionnet, le 21 septembre 1606.

Ces derniers travaux étaient à peine finis, qu'ils furent encore emportés par le Rhône en 1617. Trente années durant, on essaya vainement de prévenir une ruine complète, qui fut occasionnée par l'inondation de 1651. On ne s'occupa alors que de déblayer le lit du Rhône, dont la navigation était interceptée par les ruines amoncelées, et il fut établi en ce lieu un bac concédé d'abord au prince de Monaco, duc de Valentinois, à qui il rapportait annuellement 1650 livres net, puis affermé au profit du trésor public. Cet état de choses a duré ainsi jusqu'en 1829, époque à laquelle on construisit le pont suspendu actuel. (Voy. CHORIER, *Recherches sur les antiquités de la ville de Vienne*, édition Cochard, pag. 107 et suivantes, etc., etc.)

(1) Le premier pont établi sur l'Isère au port de la Roche-de-Glun fut construit en bois en 1769, suivant les plans et devis de l'inspecteur général Bouchet, par le sieur Jean Lemoine, qui s'en était rendu adjudicataire au prix de 168,000 livres. Une crûe de la rivière l'emporta en 1778, et le bac fut rétabli.

Sous le premier empire, pareille construction eut lieu dans les mêmes conditions. Ce nouveau pont fut brûlé en 1814 par ordre d'Augereau, pour couper le passage aux troupes alliées. Enfin, il en a été bâti un troisième en

à Livron (1), et un à Montélimar sur le Roubion (2), ces trois derniers étant sur la route de Lyon en Provence, dont le commerce a beaucoup à souffrir toutes les fois que les rivières grossissent, soit par l'effet des pluies, soit par la fonte des neiges.

---

pierre en 1822-25, dont la dépense s'est élevée à 1,375,000 francs; c'est le pont actuel. (*Arch. de la Drôme*, C. 247. — *Statistique de la Drôme*, p. 256.)

(1) Très-anciennement il existait à Livron un pont sur la Drôme, ruiné dès les premières années du XVI° siècle, et dont la reconstruction fut alors entreprise par les habitants de ce bourg, qui pour cela firent appel à la libéralité des communautés voisines du Dauphiné et du Languedoc. A cet appel répondirent, entr'autres, Guillaume Briçonnet, cardinal-archevêque de Narbonne; Guillaume Pélissier, évêque de Maguelonne; Pierre, archevêque d'Aix, et Claude de Tournon, évêque de Viviers, qui, le 12 octobre, le 26 septembre, le 13 novembre 1512 et le 14 avril 1513, publièrent des lettres accordant le premier cent jours et les autres quarante jours d'indulgence à tous ceux qui contribueraient d'une manière quelconque à la réédification du pont de Livron, à quoi Christophe de Sallient, vicaire général de Claude de Tournon, évêque de Valence et de Die, ajouta, par lettre du 23 août 1513, autres quarante jours d'indulgence aux mêmes conditions, et de plus ordonna aux curés et vicaires du diocèse de laisser faire aux procureurs du pont telles quêtes qu'ils jugeraient convenables, d'exhorter le peuple de concourir à cette œuvre et de faire des processions pour cette œuvre pie.

Ce deuxième pont ayant été démoli, probablement pendant les guerres de religion dont Livron eut tant à souffrir, l'évêque de Valence, seigneur du lieu, fit établir à sa place un bac qui a desservi le passage de la Drôme jusqu'en 1789.

Cette année-là fut livré à la circulation le pont actuel, dont la construction, commencée en 1766, avait été adjugée le 23 novembre de cette année à Jean Lemoine, moyennant le prix de 536,000 livres augmenté en 1781 de 404,000 livres et en 1783 de 65,000 livres, ce qui porte la dépense totale 1,005,000 livres.

Le pont de Livron est fameux dans l'histoire contemporaine par le combat que s'y livrèrent le 2 avril 1815 les troupes royales venant du midi et les gardes nationales chargées de s'opposer à leur passage. (*Statistique de la Drôme*, 254, 523. — *Archives de la Drôme*, C, 248.)

(2) En 1783, un pont en bois, construit suivant les plans de l'ingénieur Marmillod, fut jeté sur le Roubion par l'entrepreneur Rey-Giraud, à qui il avait été adjugé au prix de 125,500 livres; plus tard, il fut repris en maçonnerie et enfin livré au public en 1806, dans l'état où il est aujourd'hui. Le même ingénieur avait déjà fait construire sur cette partie de la route de Lyon en Provence trente-cinq ponceaux sur divers ruisseaux et torrents. (*Statistique de la Drôme*, p. 256. — *Archives de la Drôme*, C, 247, 249.)

IV. POPULATION.

La population du Dauphiné a été plus considérable qu'elle ne l'est actuellement d'un huitième environ. Cette diminution provient de la dernière guerre (1), de la stérilité des années

---

(1) Absorbés par les événements dont le nord de la France était alors le théâtre, la plupart des historiens parlent peu de cette guerre dont les conséquences furent désastreuses pour notre province, et c'est pour cela qu'il me semble bon d'en raconter ici quelques détails.
Nouvellement investi du commandement supérieur des troupes impériales en Italie, Victor-Amédée II, duc de Savoie, que l'offre faite par Louis XIV de lui restituer les provinces perdues avec la bataille de Staffarde (18 août 1690) n'avait pu détacher de la coalition formée contre la France, franchit les Alpes, courant juillet 1692, à la tête d'une nombreuse armée, composée en partie d'Allemands sous le général Capsara, partie de Piémontais sous le marquis de Parelles, plus d'un corps de Barbets obéissant à Nicod de Schomberg, petit-fils du maréchal de ce nom. Entré en Dauphiné par les cols de Vars et de Largentière qu'il avait fait reconnaître au mois de novembre précédent par quelques détachements sous la conduite de religionnaires français fugitifs, il descendit le long de la Durance, enleva, le 31 juillet, après trois jours de résistance, le château de Guillestre, dont la petite garnison de 300 hommes fut emmenée prisonnière à Coni, malgré les clauses contraires de sa capitulation, et le 6 août mit le siège devant Embrun que le marquis de Larray défendit, pendant dix jours, avec une pitoyable artillerie et qui dut payer au vainqueur 15,000 écus de contribution pour s'exempter du pillage. D'Embrun, les troupes alliées furent à Gap, dont les habitants s'étaient enfuis à leur approche et qu'elles incendièrent le 29, puis de là à Tallard dont le château fut démantelé; après quoi elles se répandirent dans l'Embrunais et le Gapençais où plus de quatre-vingts villes, bourgs ou châteaux furent pillés et saccagés et livrés aux flammes, tandis que le général de Catinat, privé de forces suffisantes, restait à Corps sur la défensive, après avoir ordonné de détruire toutes les provisions placées sur la route de l'ennemi pour le priver de subsistances.

1693 et 1694 qui occasionna une grande mortalité et de la désertion d'une partie des nouveaux convertis (1). En l'état donc,

---

C'est alors que Philis de La Tour-du-Pin, dans les Baronnies, et les frères Lagier de Vaugelas, au col de Cabres, arrêtèrent avec l'aide des populations voisines la marche des envahisseurs qui, d'ailleurs déconcertés par l'attitude calme des protestants dauphinois dont ils espéraient le soulèvement et par la grave maladie dont venait d'être subitement atteint le duc de Savoie, leur chef, repassèrent la frontière le 16 novembre, emportant, entr'autre butin, les cloches des églises de Gap et d'Embrun et 40,000 têtes de bétail. (D. CALMET, *Hist. univ.*, XVII, p. 110 et suiv., et les *Mémoires du temps*.)

(1) Il s'agit ici des protestants qui s'expatrièrent après la révocation de l'édit de Nantes. Mais il faut observer que cet acte d'une politique déplorable ne fit en définitive que généraliser des mesures de restriction imposées depuis longtemps dans certains lieux au culte réformé, à la suite de troubles qui le plus souvent eurent encore pour conséquence l'émigration de leurs fauteurs. Or, comme il serait beaucoup trop long de raconter les diverses insurrections protestantes dont l'histoire du Dauphiné, au XVIIe siècle, est remplie, je me bornerai à rappeler que lorsque l'édit royal d'octobre 1685 interdit d'une manière absolue l'exercice de la religion protestante en France, divers arrêts du Conseil du Roi et du Parlement de Grenoble avaient déjà prescrit la démolition de temples dans 76 localités dauphinoises:

Le 6 décembre 1639 à Taulignan (Drôme).
Le 23 avril 1641 à Montbrison (*id.*).
Le 6 mars 1646 à Cliousclat (*id.*).
Le 5 octobre 1663 à Sauzet et à Rochegude (*id.*).
Le 1er août 1671 dans la ville de Grenoble.
Le 1er mars 1673 à Châteaudouble (Drôme).
Le 15 décembre 1681 à Clavans (Isère).
Le 5 janvier 1682 à Ventavon, Hières, Chasselay, la Terrasse et Mont-de-Lans (Isère).
Le 29 novembre 1683 à Saint-Jullien-en-Quint, Espenel et Saillans (Drôme).
Le 6 décembre 1683 à Comps, Vesc, Baurières, Lesches, Saint-Étienne et Saint-Andéol-en-Quint (Drôme).
Le 13 décembre 1683 à Poyols et Menglon (Drôme) et à Tresane (H.tes-Alpes).
Le 10 janvier 1684 à Montclar, Poët-Célard, Montjoux et derechef à Taulignan (Drôme).
Le 17 janvier 1684 à Aouste (*id.*).
Le 24 janvier 1684 à Poët-Laval et Crupies (*id.*).
Le 31 janvier 1684 à Arnayon, Alençon, le Pègue, Pégu, Romeyer et Ponet (Drôme).

le nombre de ses habitants est de 543,585 (1), dont 28,944 religionnaires (2), 10,300 de ceux-ci ayant déserté dans le courant

---

Le 6 mars 1684 à Tre...inis (Isère), à Valdrôme et Eurre (Drôme).
Le 13 mars 1684 à Grave-en-Oisans (Isère).
Le 20 mars 1684 à Briançon (H.tes-Alpes) et à Beaumont-en-Diois (Drôme).
Le 26 juin 1684 à Embrun (Hautes-Alpes).
Le 11 juillet 1684 à Montélimar (Drôme).
Le 21 août 1684 à la Baume-Cornillane (*id.*).
Le 4 septembre 1684 à Loriol (*id.*).
Le 27 novembre 1684 à Vars, Saint-Marcellin, Aiguilles, les Vigneaux, Sainte-Marie et Freyssinières (Hautes-Alpes).
Le 4 décembre 1684 à Molines, Serres et Guillestre (Hautes-Alpes) et à Pierregrosse (Isère).
Le 11 décembre 1684 à Arvieux, Saint-Véran et Abriés (*id.*).
Le 14 mai 1685 à Salbertraud, Chancela, Pragelas, Cesane et Oulx (H.-Alpes).
Le 19 mai 1685 à Veynes et Ancelle (Hautes-Alpes).
Le 25 juin 1685 à Corps (Isère), Sainte-Euphémie (Drôme), Rosans et Saint-Bonnet (Hautes-Alpes).
Le 30 juillet 1685 dans les faubourgs de Grenoble, à Die, Saint-Paul-trois-Châteaux et Gap.
Le 13 août 1685 à Saint-Jean-d'Herans et Mercuse (Isère).
(Jacques LEFÈVRE, *Recueil de ce qui s'est passé de plus considérable contre les protestants....*, Paris, 1686, in-4°.)

(1) La population réunie des trois départements dauphinois est actuellement de 1,029,535 habitants dont 577,750 dans l'Isère, 326,685 dans la Drôme et 125.100 dans les Hautes-Alpes, d'où il résulte une augmentation de 485,950 habitants en 170 années, soit 90 pour 100. De ce chiffre il faudrait défalquer, il est vrai, la population afférente à quelques communautés de la Provence et du Comtat-Venaissin comprises aujourd'hui dans les départements de la Drôme et des Hautes-Alpes, mais, d'autre part, il faudrait ajouter celle des vallées briançonnaises cédées par le traité d'Utrecht au Piémont.

(2) Faute de documents capables de nous renseigner sur l'importance de l'élément réformé dans la population de cette province, antérieurement à la révocation de l'édit de Nantes, il me semble utile de donner un état détaillé des églises ou communautés dauphinoises pourvues d'un pasteur, suivant les listes présentées aux synodes nationaux de Gap, d'Alais, de Castres et d'Alençon les 1er octobre 1603, 1er octobre 1620, 16 septembre 1626 et 27 mai 1637.

COLLOQUE DU GAPENÇAIS. — Gap : 1603, 1620, 1626, 1637. Veynes : 1603, 1620, 1626, 1637. Serres : 1603, 1620, 1626, 1637. Orpierre : 1603, 1620, 1626, 1637. Orcinas : 1626. Corps : 1603, joint ensuite au colloque de Graisivaudan. Valdrôme : 1603, 1620, 1626, 1637. Aspres : 1620, 1626. Rosans : 1620, 1626, 1637. Laragne : 1626, 1637. Saint-Bonnet : 1637. Tallart : 1637.

COLLOQUE DE VALCLUSON. — Usseaux : 1603, 1620, 1626. Mantols : 1603, 1620, 1626, 1637. Fenestrelles : 1603, 1620, 1626, 1637. Pragelas : 1603, 1620, 1626, 1637. Villard : 1603, 1620, 1626, 1637. Rodoret : 1603. Meaux : 1603, 1620, 1626. Oulx : 1620, 1637. Chaumont : 1626, 1637. Salles : 1626.

COLLOQUE D'EMBRUNAIS. — Embrun : 1603, 1620, 1626. Freyssinières : 1603, 1620, 1626. Guillestre et Vars : 1603, 1620. Queyras : 1603. Arvieux : 1603, 1620, 1626. Moulines : 1603, 1620, 1626. Abriés : 1603, 1620, 1626. Château-Dauphin : 1620, 1626. Briançon : 1620, 1626. Chorges : 1620.

COLLOQUE DE DIOIS. — Die : 1620, 1626, 1637. Saillans : 1603, 1620, 1626, 1637. Quint : 1603, 1620. Beaufort : 1603, 1620, 1626, 1637. La Motte-Chalancon : 1603, 1620, 1626, 1637. Pontaix : 1620, 1626. Establet : 1620. Beaurières : 1626, 1637.

COLLOQUE DE VALENTINOIS. — Valence : 1603. Montélimar : 1603, 1620, 1626, 1637. Livron : 1603, 1620, 1626, 1637. Crest : 1603, 1620, 1626, 1637. Bourdeaux : 1603, 1620, 1626, 1637. Allan : 1620. Dieulefit : 1603, 1620, 1626, 1637. Vesc : 1603, 1620, 1626, 1637. Châteauneuf-de-Mazenc : 1620. Loriol : 1620, 1626, 1637. Donzère : 1620. Manas : 1620, 1626, 1637.

COLLOQUE DE VIENNOIS. — Sauzet : 1626. Saint-Marcellin : 1603, 1620, 1626, 1637. Romans : 1603, 1620, 1626, 1637. Pont-en-Royans : 1603, 1620, 1626, 1637. Beaurepaire : 1603, 1620, 1637. L'Albenc : 1620, 1626, 1637. Châteaudouble : 1620, 1626, 1637. Beaumont : 1620, 1626, 1637. Vercors : 1620.

COLLOQUE DE GRAISIVAUDAN. — Grenoble : 1603, 1620, 1626, 1637. La Mure : 1603, 1620, 1626, 1637. Bourg-d'Oisans : 1603. Morges : 1603. Corps : 1620, 1626, 1637. Clelles : 1620, 1626. La Pierre : 1620, 1626. Misoën : 1620, 1626, 1637. Clavans : 1637. Saint-Jean-d'Aveillan : 1603. Treminis : 1603, 1626. Monestier-de-Clermont : 1603, 1626. Grave : 1620. Mont-de-Lans : 1620, 1627. Saint-Jean-d'Herans : 1626, 1637. Barraux : 1620, 1626, 1637. Besse : 1620, 1626, 1637. La Terrasse : 1620, 1626, 1637.

COLLOQUE DES BARONNIES. — Nyons : 1603, 1620, 1637. Vinsobres : 1603, 1620, 1626, 1637. Saint-Paul-trois-Châteaux : 1603, 1620, 1626, 1637. Le Buis : 1603, 1620. Saint-Sauveur : 1620. Taulignan : 1603, 1620, 1626, 1637. Condorcet : 1620, 1626, 1637. Montbrun : 1626, 1637. Sainte-Euphémie : 1620, 1626, 1637. Tulettes : 1620, 1626, 1637. Venterol : 1620, 1626. Les églises de la principauté d'Orange faisaient partie de ce colloque.

D'où il résulte que le nombre des églises protestantes en Dauphiné était de 52 en 1603; de 71 en 1620; de 69 en 1626, et de 63 en 1637. Une liste plus intéressante eût été celle que présenta l'amiral de Coligny à la reine-mère en septembre 1561, mais elle a échappé, jusqu'à présent, à toutes les recherches, et les frères Haag, qui ont cherché à la reconstruire avec l'aide des écrits du temps, ne citent que Gap (1561), Montélimar (1560), Valence (1560), Vienne (1561), Grenoble (1561) et Romans (1560), tandis qu'il est vraisemblable que le nombre des églises protestantes en Dauphiné était

— 81 —

de l'année 1687, laquelle population se répartit en 923 communautés (1), de la manière suivante :

Élection de Grenoble (2), en 173 communautés, 125,912 habitants, dont 4,046 religionnaires, plus 2,025 déserteurs.

Élection de Vienne (3), en 191 communautés, 108,961 habitants, dont 74 religionnaires, 73 étant déserteurs.

Élection de Valence (4), en 81 communautés, 54,670 habitants, y compris 4,229 religionnaires, 617 étant déserteurs.

Élection de Romans (5), en 103 communautés, 68,707 habitants, dont 348 religionnaires, non compris 373 déserteurs.

Élection de Montélimar (6), en 230 communautés, 93,919 habitants, dont 12,864 religionnaires, plus 2,716 déserteurs.

---

beaucoup plus grand alors. (HAAG, *France protest.*, *pièces just.*, p. 52, 272, 329 et 348. *Mém. de Condé*, II, 612. — R. DE LA PLANCHE, *Hist. de l'estat de France*, in-8°, 161.)

(1) La révision des feux de 1706 compte 990 communautés dauphinoises, dont 234 pour l'élection de Grenoble, 194 pour celle de Vienne, 103 pour celle de Romans, 80 pour celle de Valence, 237 pour celle de Montélimar, 120 pour celle de Gap (recette de cette ville) et 22 pour la recette de Briançon.

(2) Suivant un recensement rapporté par la statistique de l'Isère, la ville de Grenoble aurait eu en 1747 32,000 âmes de population, mais cela est peu vraisemblable, car une notice écrite en 1776 lui en attribue 18 à 20,000 et le chiffre actuel est de 34,700 habitants.

(3) Relevée d'une séculaire décadence au commencement du XVIIe siècle par l'établissement d'une Cour des aides dans ses murs et autres avantages, la ville de Vienne comptait, au temps de Chorier (1670), 20,000 habitants « desquels 6,000 étaient capables de défendre par les armes leur patrie et » leur prince »; mais la suppression de cette Cour, en 1658, la chute du pont sur le Rhône et diverses épidémies qui y sévirent dans le même temps, la firent promptement déchoir. En sorte que, moins d'un siècle après, le nombre de ses habitants était seulement de 5,868. Il est aujourd'hui de 19,550 habitants.

(4) Population actuelle de Valence : 16,870 habitants.

(5) Dans une assemblée des habitants de la ville de Romans tenue le 31 mars 1359, il y eut 400 chefs de famille, ce qui suppose alors une population d'environ 2,000 âmes. Romans compte à présent 12,000 habitants.

(6) Population actuelle de Montélimar : 11,523 habitants.

Élection de Gap (1) (recette de cette ville), en 124 communautés, 53,864 habitants, y compris 456 religionnaires, 744 ayant déserté.

Enfin, même élection (recette de Briançon), en 22 communautés, 37,552 habitants, dont 17,544 religionnaires, non compris 3,752 déserteurs.

---

(1) Suivant M. Charonnet, la population de la ville de Gap était, en 1707, d'environ 5,000 âmes, dont 1,150 convertis, et le diocèse renfermait en 79 paroisses 3,500 de ces derniers; ce qui porte à croire que l'évaluation de notre intendant est fictive. Parfait courtisan de Louis XIV, Bouchu s'était fait le persécuteur des protestants en Dauphiné, comme il l'avait été dans la Bourgogne, et probablement qu'en atténuant le chiffre des réformés, il comptait faire briller ainsi aux yeux de la cour les merveilleux effets de son zèle.

V. FOIRES ET MARCHÉS.

Les foires (1) sont assez nombreuses dans cette province,

---

(1) Rendez-vous commerciaux, les foires, dont le nom vient de *forum*, marché, comme aussi peut-être de *feria*, fête, parce qu'elles se tenaient habituellement, dans l'origine, aux approches des fêtes locales et dédicaces d'églises, sont très-anciennes en Dauphiné, puisque, si nous en croyons Chorier, les premières furent établies à Mens par Néron. Quoi qu'il en soit, foires et marchés, de tout temps, ne purent être établis qu'avec l'autorisation du souverain, et si nous en trouvons quelques-uns émanant de la volonté de seigneurs ecclésiastiques ou laïques, il s'agit évidemment d'une époque où ceux-ci, nominalement soumis à la suzeraineté des empereurs d'Allemagne, jouissaient en fait de toutes les prérogatives de la souveraineté.

La seule différence existant entre l'ancien et le nouveau régime, relativement aux foires et aux marchés, c'est que la plupart des avantages qui en résultent et dont jouissent exclusivement aujourd'hui les communes, appartenaient autrefois aux seigneurs, qui percevaient le montant du loyer des places publiques où s'étalaient les marchandises, sur lesquelles ils prélevaient, en outre, dans certains lieux, un double droit de leyde ou d'octroi en cette circonstance. Aussi, l'une de leurs principales prérogatives était-elle de pouvoir s'opposer à l'établissement de foires et de marchés à pareil jour, dans une terre distante de moins de quatre lieues de la leur. Il est bon d'observer cependant que dans certaines localités se tenaient des foires ou des marchés francs, c'est-à-dire dans lesquels toutes marchandises étaient exemptes de droits de leyde, péage ou autres, état qui, au début, était ordinairement la conséquence d'une transaction entre la communauté et le seigneur, mais qui se généralisa dans la suite.

Ajoutons que l'article XXIII de l'ordonnance d'Orléans (1560), reproduit dans le XXXVIII° de l'ordonnance de Blois, défendait « à tous juges, per- » mettre qu'ès jours de dimanches et festes annuelles et solemnelles » aucunes foires et marchés soyent tenus. » (CHORIER, *Hist. gén.*, I, 343. — RENAULDON, *Dict. des fiefs*, 314. *Ordonnances royaux*, etc.)

il y en a chaque année : huit à Dieulefit (1); six à La Tour-du-Pin, Vinay et Die; cinq à Saint-Jean-de-Bournay (2), Revel (3), Châtillon (4) et Saint-Nazaire-le-Désert; quatre à Grenoble (5), Monestier-de-Clermont, Saint-Bonnet, Étoile, Montélimar, La Motte-Chalancon, Le Buis, Taulignan (6), Valdrôme et Bourdeaux; trois à Vif, Bourg-d'Oisans, Beaurepaire, Moirans (7), Montbonnod (8), Eyrieu, La Côte-Saint-André (9), Voiron (10), Mollans (11), Nyons, Gap (12) et Guillestre (13); deux à

---

(1) En 1555, le roi François Ier établit à Dieulefit des foires franches. *(Invent. de la Ch. des Comptes.)*

(2) De ces foires trois, celles du 25 avril, du 29 août et du 28 octobre, ont été confirmées par lettres patentes en date de juillet 1556. *(Stat. de l'Is.)*

(3) Établies par lettres patentes de juillet 1623.

(4) Établies en 1559 par lettres patentes d'Henri II.

(5) Celles du 25 janvier, du 16 août et du 4 décembre datent de juillet 1528, mais il en était une beaucoup plus ancienne, appelée foire de Saint-Martin, laquelle fut créée par les Dauphins dès les premiers temps de leur établissement à Grenoble. Celle-ci a plus tard été remplacée par la foire du lundi-saint.

(6) Par lettres de juillet 1514 enregistrées le 23 novembre suivant, Louis XII établit à Taulignan un marché le jeudi de chaque semaine et quatre foires par an. *(Arch. dép.)*

(7) Celles du 30 juin et du 2 novembre, érigées en 1439, furent confirmées en 1445 et derechef en 1531, époque à laquelle on en créa une troisième le 3 mai.

(8) Autorisée par lettres patentes de juin 1502.

(9) En 1574, le bourg de La Côte-Saint-André ne possédait que deux foires, mais il en fut alors créé deux nouvelles, celles du lundi-gras et du vendredi de l'Ascension.

(10) La foire du 11 novembre date d'avril 1571, les deux autres furent établies par lettres patentes de mars 1606, qui autorisèrent également un marché le mercredi de chaque semaine.

(11) Par lettres patentes de l'an 1599, homologuées cinq ans après, le roi Henri IV autorisa l'érection de trois foires à Mollans, la 1re, le jour de Saint-Marc, la 2e, à la Saint-Jacques et la dernière pour la fête de Saint-Rambert. *(Arch. dép.)*

(12) Les foires de Gap étaient considérables, puisqu'un rapport, fait en 1787, n'éleva pas à moins de 561,000 livres le chiffre des transactions qui y étaient alors opérées.

(13) Foires franches établies, en 1535, par Antoine de Levis, archevêque d'Embrun et en cette qualité seigneur de Guillestre.

Viriville (1), La Mure, Mens, Morestel (2), Saint-Marcellin (3), Briançon (4), Pierrelatte, Saint-Paul-3-Châteaux, Romans (5), Valence (6) et Crest ; une enfin à Bourgoin, Crolles (7), Roussillon (8), Allevard (9), Vizille, Bressieu (10), Embrun (11),

---

(1) Créées, le 19 juin 1525, par Artus Gouffier, gouverneur du Dauphiné, ce que confirma, en 1574, le roi de France.

(2) Ce sont celles du 29 mai et du 2 août établies par lettres patentes d'août 1572.

(3) Foires du 2 mai et du 30 septembre autorisées en août 1606.

(4) Suivant le rapport dont il a été parlé plus haut, il se faisait à cette foire pour 88,000 livres d'affaires diverses.

(5) Par brevet du 7 août 1592, enregistré au Parlement le 20 décembre 1597, Henri IV autorisa l'établissement de deux foires à Romans, l'une le 15 mars, transférée ensuite au jour de Pâques, la seconde le 15 octobre, puis fixée au 9 septembre par arrêt du Conseil du 17 mai 1785, enregistré le 8 février 1786. Cette dernière devait durer huit jours.

(6) Foires de l'Ascension et du 19 octobre établies par lettres patentes de Louis XI, en date de La Tour-du-Pin, 1450. Elles devaient chacune durer huit jours.

(7) Établies par lettres patentes de février 1618.

(8) Lettres patentes de septembre 1573 fixant au 25 juillet cette foire qui fut plus tard transférée au vendredi suivant.

(9) Créée en septembre 1616.

(10) Dans la charte de franchises accordée aux habitants de Bressieux, le 8 juin 1288, par Hugues de Bressieux, leur seigneur, celui-ci stipule l'établissement d'une foire pendant la quinzaine de la Toussaint, laquelle devrait durer sept jours continus et complets et pendant laquelle (singulier privilège) les adultères ne pourraient être poursuivis : *Statuimus quod nundinæ fiant in dicto loco in quindena omnium sanctorum, et durent per septem dies continuos et completos et sint omnes in dictis nundinis existentes quitti et immunes a crimine adulterii*..... (*Us. des fiefs*, II, 188.)

(11) Suivant la Statistique, quatre des foires tenues dans ce bourg auraient pour point de départ des lettres patentes de février 1572. Mais il en est une dont l'établissement eut lieu au XII° siècle par l'archevêque de Lyon, prélat diocésain, ce qui donna lieu à des réclamations de la part du Dauphin, qui la laissa subsister cependant, car nous voyons en 1274 le prieur du lieu, Albert, faire, avec l'agrément de la communauté, un règlement pour la tenue de cette foire. (CHORIER, *Hist. gén.*, I, 826 ; — *Revue du Lyonnais*, IV, 231.)

Saint-Symphorien-d'Ozon (1), Saint-Donat et Moras (2).

Les principaux marchés sont à Grenoble, deux fois la semaine; à Vienne, trois fois; à Voiron, Goncelin, Vizille, Mens, Corps, Morestel, Saint-Georges-d'Esperanche (3), Beaurepaire, La Côte-Saint-André (4), Romans (5), Saint-Marcellin, Valence (6), Die (7), Chabeuil, Crest, Nyons, Gap, Tallard et Veynes, une seule.

---

(1) En 1229, le dauphin Guigues-André, qui venait de répudier sa première femme, Béatrix de Claustral, attribua entre autres rentes à celle-ci 1000 sous de revenus annuels à prendre sur le produit des foires de Moras et de Saint-Donat.

(2) Établi en 1544 chaque samedi par arrêt du Parlement.

(3) Très-ancien, tenu également le samedi, transféré au jeudi par arrêt du Conseil d'État du 23 avril 1773.

(4) L'an 1557, des lettres patentes en date du 3 juillet ordonnèrent la démolition de toutes les maisons situées hors l'enceinte de la ville de Romans, pour y fixer le commerce des grains et rendre ses marchés plus fréquentés.

(5) Établi en 1584 par Henri III.

(6) Dans la seconde moitié du XIe siècle (1057-1070), Gontard, évêque de Valence, accorde aux habitants de cette ville un marché de trois jours, lequel devait être tenu depuis le jeudi à l'aurore jusqu'au samedi à la nuit. (*Cartulaire de Romans*, ch. 66.)

(7) Le 27 février 1399, Jean de Poitiers, évêque de Valence et de Die, accorda, à la demande des consuls de cette dernière ville, des lettres par lesquelles le jour de marché qu'estoit le vendredy, il fut remis et changé au sabmedy. (*Cartulaire de Die*, ch. 14.)

VI. — COMMERCE ET INDUSTRIE.

De divers points de cette province on transporte du côté de Lyon des soies masses, quantité de laines et anis (1), quelques draperies, des aciers, des papiers et des vins de l'Hermitage; du côté de la Provence, des toiles, assez de fil, considérablement de fer et de bois à bâtir et pour les constructions maritimes et du blé en quantité relative (2) ; à Nîmes, des soies ; à Avignon, des

---

(1) *Anis*, laine d'agneau, terme encore usité en Dauphiné.

(2) La liberté du commerce des grains est assez nouvelle et le régime antérieur, d'assez vieille date en France pour rendre inutiles, ce me semble, de longs détails sur ce sujet. Je me bornerai donc à constater que le Dauphiné avait pour ce commerce une règlementation complètement distincte de celle des autres provinces du royaume. D'abord commune au gouverneur général et au Parlement, qui à la suite de conflits durent consulter sur les mesures à prendre le procureur du pays, cette règlementation apparaît bientôt exclusivement, sinon en droit du moins en fait, au Parlement qui, suivant les conditions de la récolte, permettait ou interdisait le transport des blés dauphinois hors de la province. Quelquefois les mesures de prohibition n'étaient pas générales; ainsi voyons-nous en 1515 un arrêt autoriser les seuls habitants de Chambéry à tirer du Dauphiné le blé qui leur serait nécessaire; mais en tout cas la moindre des peines encourues par les contrevenants était la confiscation des blés exportés en fraude, ainsi que celle des voitures et bêtes de somme servant à leur transport.

La suppression des priviléges provinciaux en 1628 élargit le champ assigné au commerce des blés; mais elle n'adoucit pas la sévère pénalité encourue par les délinquants, car la déclaration royale du 22 décembre 1698 rend ceux-ci passibles de la peine capitale.

En somme, l'histoire de la récolte des céréales en Dauphiné est dans les arrêts du Parlement de Grenoble relativement au transport des grains.

Guy Pape, quest. 572. *Recueil des édits*, IV, 171, etc.

draperies et des cartes ; enfin du côté de la Savoie et du Piémont, assez de draperies grossières, des huiles des Baronnies, et des vins. Quant aux marchandises qui y sont importées, ce sont : par Lyon, des draperies fines (1), des étoffes d'or et d'argent, des soieries, des dentelles (2), des merceries, des toiles fines et de la quincaillerie du Forez ; de la Provence viennent des fruits, huiles, viandes de Carême, épiceries et drogueries ; du Vivarais et du Velay, de gros bestiaux, tels que bœufs, taureaux et mulets, des fromages et du vin ; de la Savoie, du beurre, du fromage, des peaux et quelques toiles grossières ; enfin du Piémont vient du riz pour toute la province, et du vin pour le Briançonnais.

Quant aux diverses manufactures, elles sont nombreuses. Les principales sont : à Voiron, Bourgoin, Vienne, Grenoble, etc., pour les chanvres ; dans les mêmes villes et à Crémieu, la Tour-du-Pin et Jailleu, pour les toiles ; à Crest, Vienne, Saint-Donat, Saint-Vallier, Châteaudouble, Paviot et Voiron, pour les papiers ; à Valence, Romans, Crest et dans le Royans, pour les laines (3) ;

---

(1) Au XIVe siècle, les draps de Bruxelles et de Louvain étaient à peu près les seuls employés pour le vêtement de la Dauphine et celui des dames de sa cour. Quant aux hommes, ils usaient plutôt des draps de Douai, appelés *Duasi*, dont le prix n'était pas moins élevé que celui des précédents, car nous apprenons, par un compte du Dauphin Humbert, qu'en 1393 une aune, soit deux mètres, de cette étoffe coûtait XXIV sous, c'est-à-dire environ 96 francs de notre monnaie actuelle. (VALB., t. I, 370, t. II, 274.)

(2) Dans les montagnes de l'Oisans et particulièrement du côté de la Grave on fabriquait au XVIIIe siècle des dentelles grossières assez semblables à celles du Puy. En 1762, l'intendant Pajot de Marcheval établit à Sassenage une manufacture de blondes qui occupait en 1789 quatre cents ouvrières.

(3) En 1789, les États-Généraux du Dauphiné ayant chargé l'intendant de la province Caze, de La Bove, de faire venir d'Espagne un troupeau de moutons mérinos destinés à améliorer dans ce pays la race, au point de vue de la laine, vingt-un béliers et quarante-huit brebis furent achetés à Ségovie, pour le prix de 3041 livres, et confiés aux religieux de l'abbaye d'Aiguebelle. Mais, soit à cause des rigueurs de la température cette année-là, soit par le fait de la différence des pâturages, un an après, il ne restait de ce troupeau que quatre béliers, vingt-neuf brebis et cinq agneaux. (Arch. de la Drôme, C. 6.)

à Grenoble, Sassenage, Voreppe, Moirans (1), et dans cinquante autres lieux de la province, pour les chapeaux. Les peaux s'habillent très-bien à Grenoble, Voiron, Romans, Montélimart et Vienne. On remarque les forges d'Allevard, Hurtières, Saint-Hugon, Theys, Goncelin, la Combe et Uriage; les fabriques d'acier de Rives, Moirans, Voiron, Fures, Beaucroissant et Vienne; enfin les fabriques de lances, d'épées de Rives, Beaucroissant, Tullins et Fures. De plus on produit de la soie dans toute la province (2), les

---

(1) Au XVIIe siècle, les chapeaux de Valence jouissaient d'une très-grande réputation.

(2) Bien que l'introduction du mûrier dans notre province date de la fin du XVe siècle, Barthélemy de Laffemas, humble tailleur d'habits de Beausemblant (Drôme), devenu en 1602, grâce à son intelligence, contrôleur général du commerce, n'en est pas moins le véritable père de la sériciculture, non-seulement en Dauphiné, mais en France, car c'est à ses efforts que nous sommes redevables de l'importance acquise par cette industrie dans notre pays. Frappé de notre infériorité commerciale au lendemain des troubles de la Ligue, il adressa successivement au roi Henri IV divers rapports dans lesquels il lui signalait, entr'autres moyens capables de restaurer le commerce dans le royaume, la culture de la soie, dont on importait alors pour plus de six millions dans chaque année, et le monarque goguenard, tout en plaisantant sur ce que, son tailleur lui faisant des livres, il voulait que dorénavant son chancelier lui fît ses chausses, se rangea complètement à son avis, et le 20 juillet 1602 donna force d'édit à un cahier de remontrances rédigé par Laffemas, dans lequel nous relevons ce paragraphe : « Après avoir vu la bonté des soyes qui se
» font à présent en Provence, Languedoc, Touraine et ailleurs...... avons
» ordonné et ordonnons que, sur grosses peines, tous maistres et chefs
» de biens tenans, de quelque qualité ou condition qu'ils soient, seront
» tenus planter ou faire planter des meuriers blancs sur leurs terres,
» selon la commodité ou incommodité du lieu; à sçavoir deux, trois ou
» quatre par arpent, sans empescher ceux qui en voudront planter davantage, ainsi qu'il sera advisé par nos juges et officiers des lieux. Mesme voulons que les seigneurs, nobles, gens d'eglise et tous autres y soient
» contraints; spécialement aux abbayes, prieurés, maladreries et hôpitaux :
» attendu que c'est pour faire vivre et employer les pauvres............ Et après
» lesdits arbres plantés voulons et entendons estre faictes inhibitions et défenses, à son de trompe et cry public, à toutes personnes de rompre,
» coupper ny arracher iceux arbres, à peine du fouet, et d'estre marquez
» de la fleur de lys : et pour la seconde fois d'estre pendus et estranglez. »
(ROCHAS, *Biog. du Dauph.*; — CHAMPOLLION-FIGEAC, *Documents hist. inédits*, IV.)

bailliages de Gap, de Briançon et d'Embrun, le Graisivaudan et les terres froides exceptés. On fabrique de la draperie presque partout et des gants en plusieurs endroits.

Les produits de ces manufactures sont généralement de bonne qualité dans leur espèce. On ne connaît pas de meilleures ancres que celles de Vienne. Les gants de Grenoble (1) sont en grande réputation et les draperies, quoique grossières, sont bonnes. On en exportait même autrefois une très-grande quantité dans le Levant (2), mais le peu de fidélité des fabricants, qui, dit-on, emploient à présent de la pelade, ne mettent pas assez de fil dans leurs étoffes et ne les font pas assez fouler, est cause qu'elles ont perdu beaucoup de leur réputation, qu'une exacte observation des règlements pourrait rétablir (3). On ne saurait dire exacte-

----

(1) À l'époque qui nous occuppe, il n'y avait guère d'autres ateliers de ganterie qu'à Grenoble, et ce n'est que vers le milieu du XVIIIe siècle qu'on en établit à Milhau.

Comme point de comparaison, établissons qu'en 1391 une paire de gants blancs valait 4 deniers. Treize ans après, le gantier et varlet de chambre du roi Charles VII, demandait 4 sous de chaque paire de gants de peau de chien, brodés à houppe et à fraise, 6 sous pour ceux en peau de chevreau, également brodés à houppe et à fraise, enfin 23 sous pour des gants de chamois, servant à porter l'épervier. (A. MONTEIL, *Hist. des Français*, t. I, p. 512, 539.)

(2) Chorier, dont les dires sont parfois sujets à conteste, prétend que de son temps les draps de Romans étaient tellement réputés qu'ils servaient en quelque sorte de monnaie en Perse. (*Hist. gén.*, I, 66.)

(3) Ce besoin de règlementer la fabrication des draperies ne se faisait pas sentir qu'en Dauphiné, ainsi qu'on peut s'en convaincre par les procès-verbaux des séances du conseil royal du commerce, dans lesquels on voit, dès 1603, les hommes compétents demander « qu'il y eut gens choisis et » dénommés comme juges ou gardes pour marquer et visiter les draps. » Aucunes mesures ne furent prises cependant avant 1669, et encore celles adoptées à cette époque furent-elles si peu précises qu'elles n'atteignirent pas les draperies dauphinoises. La première règlementation imposée à celles-ci date de février 1698. Aux termes de cet arrêt du Conseil du roi, enregistré le 21 avril de la même année au Parlement de Grenoble, les serges et ratines 3/4 devaient avoir quarante portées à quarante fils, et les étamets de même laine trente-huit portées à trente-deux fils. Quant aux draps, ceux de Saint-Jean-en-Royans devaient être fabriqués avec de la laine de pays ou

ment le nombre d'ouvriers employés dans ces manufactures, parce qu'à l'exception de la fabrique d'ancres, de la fonderie de canons et de quelques moulinages de soie à Vienne, les ouvriers ne sont réunis nulle part. On sait seulement que les draperies occupent la plus grande quantité d'hommes et que les femmes sont plus spécialement employées à la filature de la laine et de la soie et aux gants; mais les uns et les autres ne s'occupent de ces ouvrages que pendant la mauvaise saison, consacrant le reste de l'année à la culture des champs. En somme, les ouvriers de la province suffisent pour les manufactures et fabriques qui y sont : s'il en est venu quelques-uns de Suède, lors de l'établissement de la fonderie de canons de Saint-Gervais, et d'autres d'Allemagne, pour la fabrique de fers blancs qui n'existe plus et dont le rétablissement serait une bonne chose, ce n'a été qu'accidentellement.

---

autre de semblable qualité et avoir au moins quarante-huit portées à trente-deux fils, pour avoir, une fois foulés et apprêtés, la largeur d'une aune. Les draps de Chabeuil seraient faits avec « fleurs ou prime laine du pays » et auraient autant de portées d'autant de fils que les précédents.

Relativement aux cordillats de Crest, les peignés étaient tenus d'avoir vingt-huit portées à quarante fils, et les cordillats enversains ou communs vingt-cinq portées à trente-deux fils. En somme, il était défendu à tous fabricants d'employer ni avoir chez eux de la laine pelade, sous peine de confiscation et vingt livres d'amende.

Un second arrêt, du 11 mars 1732, précise bien davantage encore les obligations imposées aux fabricants de draps et établit pour chaque qualité des marques particulières; mais il serait beaucoup trop long de le résumer, car cet arrêt ne forme pas moins d'un petit volume in-12, imprimé à Grenoble, chez André Faure. (*Recueil des Edits.*, *Documents hist. inédits*, *etc.*)

VII. TAILLES ET GABELLES.

Les tailles (1) sont réelles en Dauphiné et se payent en proportion de l'estime des fonds dont la distinction a été faite par un arrêt du conseil en date du 24 octobre 1639 (2), lequel a

---

(1) Emprunté aux tailles de bois sur lesquelles les premiers péréquateurs marquaient leurs recettes, comme le font encore les bouchers et les boulangers de nos jours, le mot taille, synonyme de contribution et d'impôt, s'appliquait indifféremment autrefois à toutes les redevances et à tous les subsides imposés tant au profit du seigneur en particulier que pour les besoins de la commune ou ceux du pays en général. Il désigne ici l'impôt d'État direct dont l'établissement permanent et régulier dans notre province est plus moderne encore que dans la France proprement dite ; organisation toute militaire, la féodalité n'admettant pas de contribution générale et régulière au profit du souverain qui, quelle que fût son importance, devait se suffire avec les seuls revenus de son domaine.

En somme, la taille qui, dans la plupart des autres provinces, date du règne de Charles VII, fut établie en Dauphiné par le dauphin Louis, son fils, et là, comme ailleurs, son chiffre d'abord restreint s'accrut au fur et à mesure des charges du pouvoir central. Tellement que, montant à peine à 70,000 livres à l'origine, la taille fut de 110,000 sous François Ier, grâce à l'établissement des armées permanentes; puis les troubles civils et religieux du XVIe siècle aidant, elle s'éleva à 258,118 liv., en 1573, et depuis elle suivit rapidement une marche ascendante, concurremment avec une foule d'autres impôts établis ou créés sous divers prétextes.—DOCHIER, *Rech. hist. sur la taille*, Grenoble, 1783, in-8°. *Mém. de l'Estat de France*, II, 569, etc.

(2) Dernière page de ce procès des tailles dont je me propose, Dieu aidant, d'écrire l'histoire, cet arrêt, rendu à Grenoble sur le rapport du contrôleur général des finances Hémery, établissait d'une manière péremptoire que tous biens possédés par des roturiers ou acquis d'eux par des ecclésiastiques ou des nobles, antérieurement au 1er avril 1602, seraient irrévocable-

déclaré quels seraient à l'avenir les fonds nobles, c'est-à-dire francs de tailles, et ceux qui seraient roturiers, c'est-à-dire sujets à l'impôt, et ce perpétuellement en quelque main qu'ils passent et de quelle qualité que soient leurs possesseurs. Cette forme d'imposition exclut les instances en surtaux et autres procès qui accablent les pays de taille personnelle (1). D'ailleurs, l'usage établi dans cette province d'embrigader les contribuants est, quels que soient ses inconvénients, le meilleur (2), parce qu'il retranche la plupart des frais qu'entraînent les exécutions par sergents et est, en somme, bien plus soulageant pour les

---

ment et perpétuellement soumis aux tailles. Et de plus, « pour prévenir les abus qui se pourroient commettre en la cotization des facultez mobiliaires, trafic et industrie des gens du tiers-ordre, » il était ordonné « que les docteurs et avocats ne seroient taxés pour leurs industries, ni les secrétaires et huissiers des cours souveraines, pour raison de leurs offices seulement; et que lesdits gens du tiers estat ne seroient taxés auxdites tailles pour leurs meubles meublants, ains pour leurs obligations, pensions, rentes constituées et autres moyens secrets; ensemble pour leurs bestiaux autres que ceux de labour servant à cultiver les héritages roturiers. Toutefois, la cotization desdites facultés mobiliaires, trafic et industrie, ne pourroit excéder dans les villes le huitième de la somme qui s'imposera, dans les bourgs et villages ayant marchez la dixième, et aux autres paroisses et communautés, la douzième. » — *Recueil des Édits*, 1, p. 194 et suiv.

(1) La taille personnelle était celle qui s'imposait suivant la qualité des personnes et les suivait sans tenir compte du lieu où leurs biens étaient situés. Régime déplorable et souverainement injuste qui a donné lieu à cette formidable querelle entre les privilégiés et le tiers-état qui, sous le nom de procès des tailles, remplit un siècle de l'histoire de notre province.

(2) En Dauphiné, l'imposition des tailles se faisait par feux, mot qui, pris à l'origine pour une maison, signifia dans la suite un assemblage de contribuables ou de terres représentant un revenu fictif qui, en 1639, était de 2,400 livres. Suivant le péréquaire de 1706, notre province comprenait 3,500 feux, dont 279 étaient affranchis, soit 3,220 feux taillables, chiffre qui fut réduit à 3,018 après la cession des vallées vaudoises au roi de Sardaigne. Chaque paroisse était donc taxée suivant la somme afférente au nombre de feux qu'elle représentait, et cette somme était ensuite répartie entre tous les habitants par les officiers locaux, comme la contribution mobilière actuelle.

contribuants, pourvu que l'intendant veille à l'exécution du règlement fait à ce sujet, en 1684, par M. Lebret (1). En 1684, année qui a précédé la dernière guerre, le rôle des tailles était de 1,262,203 livres, savoir :

Élection de	Grenoble . . .	275,010 liv.
—	Vienne. . . .	314,730
—	Romans . . .	186,115
—	Valence . . .	112,107
—	Montélimar . .	141,182
—	Gap.	233,059
Somme égale. . . .		1,262,203

chiffre qui n'a guère été modifié pendant la guerre, la province, qui plus que toute autre a un nombre considérable d'affaires extraordinaires de finance, ayant dû payer en outre pour 400,000 liv. d'ustensiles de cavalerie et supporter les quartiers d'hiver qu'on peut évaluer 300,000 livres.

En Dauphiné, la gabelle (2) est différente des autres, et le sel s'y commerce comme toute autre denrée, ce qui rend la régie extrêmement difficile et ne permet pas de juger de l'augmenta-

---

(1) Pierre Cardin-Lebret, intendant en Dauphiné de 1683 à 1686, le fut ensuite à Lyon, puis premier président du parlement d'Aix.

(2). Le mot gabelle, que quelques étymologistes font venir de l'hébreu *kibbel*, donner, était anciennement pris pour toutes sortes de tributs; mais à partir du XIVe siècle, il fut particulièrement réservé à l'impôt sur le sel qui, jusqu'en 1848, a été l'une des sources du revenu public. Établie en France dès 1286, la gabelle était inconnue dans notre province du temps des Dauphins, et dans quelques villes et bourgs seulement le sel était frappé d'un droit appelé sesterage ou héminal, du sétier ou de l'hémine qui servaient à le mesurer. Charles VII est le premier qui ait étendu cet impôt au Dauphiné, qui cependant fut toujours un pays de *petites gabelles*, c'est-à-dire dans lequel cet impôt était moins élevé qu'ailleurs.

Venant du Midi par le Rhône, le sel était débarqué à Tain, où il était gabellé, et de là distribué dans les divers greniers de la province où venaient se pourvoir les marchands, qui le commerçaient d'ailleurs à leur gré. — VALB., I, 73, 90; II, 293.

tion ou de la diminution du débit de chaque grenier. Néanmoins on peut avancer que la consommation générale de sel, année commune, est de 55,000 minots, qui, à 24 livres 16 sols le minot (1), prix actuel, font 1,364,000 livres, somme de laquelle il faut déduire le prix du sel dans les salines, les frais de voiture et de régie, etc., en sorte que la gabelle du Dauphiné ne rapporte réellement que 1,210,000 livres, compris les bénéfices que le roi accorde aux fermiers (2), en considération des avances qu'ils lui font et du soin qu'ils prennent de faire valoir sa ferme. Tout le sel qui se consomme en Dauphiné est tiré de Peccais en

---

(1) Suivant les temps et les circonstances, le prix du sel a considérablement varié. De 11 flor. ou 6 liv. 12 sols le minot, il fut porté à 7 liv. 5 sols 6 deniers en 1485, et depuis, nouvelle conséquence des dépenses administratives et militaires, il a constamment augmenté jusqu'en 1678, époque à laquelle une augmentation de 30 sous, faite quatre ans auparavant, fut supprimée, mais pour être remplacée en 1689 par deux surcharges de 20 sous, auxquelles s'en ajouta, le 17 novembre 1702, une troisième de 40 sous, ce qui portait alors le prix du sel à 26 livres 16 sols le minot, ou neuf fois à peu près le prix actuel. Un semblable impôt frappant un objet de première nécessité ne pouvait manquer d'exciter la fraude et la contrebande, et celles-ci se firent bientôt dans de telles proportions, qu'un tribunal extraordinaire ayant été établi à Valence en 1733, sous le nom de commission du conseil, pour juger les contrebandiers et faux-sauniers, 77 de ces derniers furent condamnés à être pendus, 57, dont Mandrin, à être rompus vifs et 631 aux galères, dans une période de 38 ans. — *Recueil des Édits*, Arch. de la Drôme, C. 1209 et suiv.

(2) De tout temps le monopole du sel a été donné à ferme, mais jusqu'à Henri II le Dauphiné a eu ses fermiers particuliers. A cette époque seulement la gabelle de notre province fut comprise dans la ferme générale, ce qui donna lieu à de vives et constantes réclamations de la part des États généraux du pays, tant à cause des bénéfices qui de la sorte allaient hors de la province, que parce que ces fermiers, ou plutôt leurs agents, exerçaient leurs fonctions d'une manière vexatoire et arbitraire. Pour se convaincre, du reste, des exigences du fisc relativement au sel, il suffira de dire qu'à la fin du XVII° siècle les receveurs des gabelles en Dauphiné prétendirent percevoir certains droits sur les fromages importés dans cette province, sous prétexte qu'ils étaient salés, et qu'il ne fallut rien moins qu'un arrêt du Parlement pour les faire renoncer à cette ridicule prétention. — GUY-ALLARD, *Dict.*, v.° *Gabelle et Sel*, etc.

Languedoc (1), d'où il est porté à Arles et de là voituré par le Rhône aux principaux greniers de la province.

VIII. DOUANES ET PÉAGES.

Les droits de douane qui se lèvent en Dauphiné sont au nombre de trois : la douane de Valence, celle de Lyon et la foraine.

La douane de Valence est un droit qui se lève sur toutes les marchandises et denrées tant étrangères que regnicoles qui, allant venant par terre ou par eau, passent par Valence, Vienne, Sainte-Colombe ou autres localités riveraines du Rhône. Anciennement ce n'était qu'un péage, établi vers la fin du siècle dernier à Vienne, par le connétable de Montmorency, qui en régla le tarif et qui, rapportant seulement 37,500 livres en 1601, fut affermé vingt ans après 100,000 livres, par le sieur Dupuy. Désireux de favoriser la ville de Valence, le connétable de Lesdiguières y a transféré cette douane, qui depuis lors est appelée douane de Valence (2).

---

(1) Il n'est peut-être pas sans intérêt de rappeler que le roi ayant autorisé quelques étrangers à tirer du sel de France, cette mesure donna lieu à des remontrances de la part des députés de notre province aux États de Blois (1577), observant que « le nouveau sel qui peult estre au Peccais, on ne peult en uzer pour la santé des personnes qu'au préalable il ne soit suranné de deux années, voyre mesme pour en uzer pour les salaires, aultrement il cauzait infinies maladies et gastements de chairs. » — *Arch. de la Drôme*, C. 1204.

(2) César de Martin de Disimieu, gouverneur de Vienne pour la Ligue, ayant consenti à livrer cette place au connétable de Montmorency, moyennant 25,000 écus, celui-ci, pour se procurer cette somme, établit, le 6 mai 1595, un droit de douane sur toutes les marchandises qui passeraient à Vienne ou Sainte-Colombe, et trois jours après arrêta à cet effet un tarif qui fut confirmé par lettres patentes du 19 juillet. Suivant les termes de l'ordonnance d'établissement, cette douane ne devait subsister que le temps nécessaire pour obtenir 25,000 écus ; mais, comme cela arrive d'ordinaire, elle n'en persista pas moins après. Atteints par cette mesure restrictive de leur commerce, les Lyonnais réclamèrent énergiquement et obtinrent la

La douane de Lyon est un droit établi par divers édits et déclarations, ceux de juillet 1542, décembre 1605 et juin 1613 entr'autres, sur les marchandises qui devraient être directement conduites à Lyon. L'établissement de bureaux de cette douane, inutilement ordonné plusieurs fois, a enfin eu lieu ensuite de la déclaration du 17 juin 1662, d'abord pour empêcher l'entrée libre des marchandises étrangères dans le royaume et ensuite pour faciliter les habitants de cette province, auparavant obligés de tirer de Lyon certaines marchandises qu'ils se peuvent procurer au passage. Les bureaux de cette douane sont les mêmes que ceux de la douane de Valence, sauf pour les soies, les draps d'or et d'argent, les drogueries, les épiceries et les marchandises de Genève, qui doivent être présentées aux bureaux de Lyon même (1).

Sous le nom d'imposition de forains sont compris l'imposition foraine, le rêve, le haut passage et le domaine forain, tous droits que le roi Henri II a, par sa déclaration de 1551, réduits en un seul qui se lève sur les marchandises, denrées et bestiaux allant du royaume ou de provinces dans lesquelles ont cours les

---

suppression de la douane de Vienne, le 12 février 1611. Mais ce ne fut que momentané, car dix ans après, Lesdiguières la rétablit à Valence, sous prétexte du siége du Pouzin qu'il faisait alors contre les Huguenots. De nouvelles réclamations s'ensuivirent, et la douane fut supprimée une seconde fois, le 11 mai 1624, par un arrêt établissant en dédommagement un impôt de sept sous sur chaque minot de sel vendu à Lyon et de cinq sous lorsqu'il serait vendu ailleurs en Lyonnais. Ce qui n'empêcha pas Lesdiguières de la rétablir de rechef (23 sept. 1626) à l'occasion du second siége du Pouzin, et cela sans abolir l'impôt compensateur établi sur le sel. Affermée 13,810 écus en 1598, la douane de Valence rapportait en 1630 au Trésor 200,000 livres par an. — *Bulletin de la Société*, II, 63 et suiv.; — Valb., I, 73, 90, 293.

(1) Plus ancienne que la précédente, la douane de Lyon fut établie par Louis XI, dans le but d'assurer aux nombreux ouvriers italiens venus en France pour établir des tissages d'étoffes d'or, d'argent et de soie une prime de 10 livres par apprenti. Fixé d'abord à 5 p. 100 et prélevé seulement sur les étoffes d'or, d'argent et de soie, les fils d'argent, les soies torses, cet impôt, réduit à 2 1/2 p. 100, fut ensuite étendu à toutes les marchandises d'origine étrangère. — *Bulletin*, II, *ibid.*, *ibid.*

aides à l'étranger ou dans des provinces exemptes des aides. Ce n'est, du reste, que pour mémoire que nous parlons ici de ce droit, qui comprend encore ceux de traite domaniale et de denier Saint-André, car régulièrement ces droits devraient être acquittés en Languedoc et en Provence, et ce n'est que par exception qu'un arrêt de l'an 1662 a ordonné l'établissement en Dauphiné des bureaux de cette imposition, qui d'ailleurs sont les mêmes que ceux des douanes de Valence et de Lyon (1).

En somme, je crois bon d'observer que ces diverses douanes donnent lieu à de vives réclamations de la part des commerçants dauphinois, qui se plaignent : 1° Que les fermiers des droits du roi font payer la douane aux marchandises et bestiaux traversant le Rhône pour aller en Languedoc, Lyonnais, Forez, Beaujolais et Auvergne, comme à ceux et celles qui de ces provinces viennent en Dauphiné pour les besoins du pays; 2° Que les gardes préposés par les échevins de Lyon sur les divers passages pour le tiers surtaux et autres imposés par cette ville sur les marchandises obligent celles-ci à passer par cette ville, où on leur fait acquitter la douane de Lyon, sous prétexte qu'elle

---

(1) *Imposition foraine*, droit de un sol par livre sur toutes les marchandises vendues en France, suivant un édit de l'an 1300, réglé par une ordonnance de 1369. *Rêve*, mot qui, suivant Ducange, vient de *roga*, demande, désigne un autre droit frappant toutes les marchandises allant ou venant de France à l'étranger. *Haut passage*, autre droit semblable, de date postérieure. Aucun de ces droits n'était vraisemblablement imposé en Dauphiné avant 1624, époque à laquelle une déclaration royale du 30 juin décida que des bureaux pour l'exaction de l'imposition foraine, qui les comprenait tous, seraient établis dans toutes les provinces où ces droits n'étaient pas perçus. Cependant, il paraît que cet établissement n'eut pas lieu aussitôt, car Guy Allard cite deux arrêts du Parlement de Grenoble, des 5 juillet 1651 et 29 août 1656, qui défendent cet établissement et la perception du droit de traite foraine sur les marchandises qui se voituraient dans la province.

La *traite domaniale* était un nouvel impôt établi par Henri III, en 1577, sur les blés, toiles, vins et pastel transportés hors du royaume.

Le *denier Saint-André* était un droit d'un denier par livre prélevé sur toutes les marchandises allant de Languedoc en Dauphiné, Provence ou Comtat, et *vice versâ*. — Dict. de *Trévoux*, Dict. du *Dauphiné*, etc.

ne peut être acquittée ailleurs, et de plus le tiers surtaux, la subvention, etc., d'où s'ensuit la ruine du commerce dauphinois, qui ne peut supporter de semblables frais; 3° Que le fermier de la douane ne permet pas aux draperies et autres marchandises venant de Hollande, Allemagne ou Suisse, par autre voie que Genève, d'entrer en Dauphiné par le Pont-de-Beauvoisin, mais les contraint d'aller à Lyon, où elles payent les droits de douane et autres qui s'y lèvent, ensuite de quoi, sortant de cette ville, elles sont taxées pour la douane de Valence, ce qui cause un tel préjudice aux marchands que certains les ont abandonnées; 4° Que, sans autre fondement que semblable usage établi en Provence, les bureaux de la douane de Lyon établis en Dauphiné exigent en plus des anciens droits deux sous par livre; 5° Que l'on fait payer la foraine aux marchandises dauphinoises allant d'un point à l'autre de cette province par le Rhône; 6° Enfin, que les bureaux de Condrieu et de Sainte-Colombe font payer la foraine aux marchandises qui de Provence ou de Languedoc vont à Vienne, bien qu'elles ne fassent que passer devant la province de Lyonnais et qu'elles aient déjà été taxées à Villeneuve-d'Avignon ou à Arles (1). Et il faut ajouter que ces

---

(1) Ces plaintes n'étaient d'ailleurs particulières ni au Dauphiné ni au XVII° siècle, car nous empruntons ces passages aux remontrances faites aux États-généraux de Tours, en 1483, par les députés du tiers-état : « *Chapitre touchant le faict de marchandise...* Depuis le trespas du roy Charles VII, les marchans ont esté travaillez de gros acquits qui ont este mis sur les marchandises passans par eaue et par terre, tellement qu'iceulx marchans a grant paine ont peu recouvrer les deniers que leurs coustoient lesdictes marchandises... Et au regard de l'imposition foraine et rève qui se lieve tant à Paris que ailleurs dedans le royaulme semble aux gens desdicts estats que veu le travail et vexation qui se fait aux marchans de cedict royaulme par les commis à cueillir ladicte imposition en contraignans iceulx à payer le droit d'icelle ou bailler caution... Semblablement les haulx et bas passaiges lesquels se baillent à ferme par les fermiers semblablement sont aussi faiz grans travaulx aux marchans semble auxdictz estats que ladicte imposition foraine hault et bas passaiges ne se doilvent bailler à ferme au moins que ce soit à gens de bien... » — *Libertates per illustrissimo*, fol. XXXVII et v.°.

plaintes, auxquelles on pourrait ajouter un grand nombre d'autres dont la rédaction est impossible, paraissent tristes et bien établies (1). Leur cessation rétablirait le commerce en Dauphiné, mais au détriment de celui de Lyon, ville qui de tout temps a été grandement favorisée sur ce point, comme l'un des principaux centres du royaume.

Les péages sont la dernière sorte d'imposition qui se lève en Dauphiné (2). Ils sont de deux sortes, sur l'Isère et sur le Rhône. Les péages établis sur l'Isère sont ceux de Montfleury, appartenant aux religieuses du lieu (3); de Sassenage, au seigneur du lieu (4); de St-Quentin, au marquis de Chaulnes (5); d'Armieu,

---

(1) A ces sujets de plainte notre intendant pourrait ajouter les nombreux péages établis sur le Rhône et l'Isère au profit de particuliers à qui ils avaient été anciennement concédés ou qui les avaient acquis du domaine royal.

(2) Le péage était un droit seigneurial imposé dans certains lieux sur les bestiaux, marchandises et denrées qui y passaient par terre ou par eau, et en retour duquel le seigneur péager était tenu de pourvoir à l'entretien et à la sécurité des voies de communication. En principe, aucun péage ne pouvait être établi sans l'agrément de l'autorité souveraine; mais l'affaiblissement de celle-ci aidant, la plupart des possesseurs de terres voisines des grandes routes ou des rivières navigables usurpèrent peu à peu ce droit, en sorte qu'il fallut maintes fois, et notamment en 1445 et en 1664, règlementer les prétentions des seigneurs, qui rendaient tout commerce impossible.

Le nombre des péages régulièrement établis en Dauphiné était bien plus considérable que celui que donne ici notre intendant, car Guy Allard n'en mentionne pas moins de 79.

(3) Concédé le 16 février 1312 au dauphin Hugues de Bourgogne, par l'empereur Henri VII de Luxembourg, ce péage avait été donné par Humbert II aux religieuses de Montfleury, le 26 juin 1348. — *Inv. de la Ch. des comptes.*

(4) Possédé de toute ancienneté par les barons de Sassenage, ainsi qu'il résulte d'un acte de l'an 1339, ce péage consistait en une livre de poivre que devait chaque radeau montant ou descendant le cours de l'Isère. — *Idem.*

(5) En 1541, 1542 et 1543, les Beaumont, seigneurs de Saint-Quentin, firent aveu au roi pour ce péage. — *Idem.*

au sieur de Garagnol (1); de Saint-Nazaire, au maréchal de Tallart (2), et de Pisançon (3) au sieur de La Croix. Ceux établis sur le Rhône sont : celui de Quirieu, appartenant aux religieuses de Salette (4); celui de Vertrieu (5), au seigneur du lieu; celui d'Anthon, au sieur de Vidaud (6); celui de Jonage, au sieur de Guignard, engagiste du domaine (7); celui de Saint-Symphorien d'Ozon, au sieur de Franquière, également engagiste (8); celui de Vienne et de Valence, au prince de Monaco; celui d'Au-

---

(1) Jugeant un différend entre les seigneurs de Saint-Quentin et d'Armieu, relativement à leurs péages, le dauphin Charles V déclara, le 16 juin 1350, que les habitants de Saint-Quentin devaient être exemptés du péage d'Armieu, et *vice versa*. Acquis des Béranger du Gua, en 1600, par Jean de Gilbert, sieur de Verdun, ce péage, qui consistait en une livre de poivre estimée 16 sous pour chaque radeau autre que ceux construits avec des bois du mandement d'Armieu, était advenu aux Garagnol par héritage. — *Recueil des Édits*, I, 758.

(2) Le 3 juillet 1615, Balthazard d'Hostun dit de Gadagne, seigneur de la Baume-d'Hostun, fut maintenu, par arrêt du Parlement, dans la possession du péage établi à Rochebrune, près Saint-Nazaire, aujourd'hui commune de Saint-Just-de-Claix (Isère). — *Idem*.

(3) C'est à ce péage qu'est due la fondation du Bourg-de-Péage, longtemps appelé Péage de Pisançon. Dépendant de la parerie delphinale de la terre de Pisançon, il en a suivi le sort, et, le 31 décembre 1366, le roi Charles V en confirma l'inféodation, précédemment faite au comte de Valentinois. — *Idem*.

(4) Connu sous le nom de Vingtain de Quirieu, ce péage fut donné à la Chartreuse de Salettes par le dauphin Humbert II, en 1332. — VALB., II, 200.

(5) Ce péage était le même que celui de Saint-Alban, dont les fermiers furent condamnés, le 31 décembre 1330, à une amende de 2,000 marcs d'argent, pour diverses malversations et notamment pour avoir prélevé 5 deniers tournois, au lieu de 3, sur chaque balle de marchandise. — *Idem*.

(6) Établi, le 26 avril 1446, au profit de Louis, marquis de Saluces et seigneur d'Anthon, ensuite de lettres du dauphin Louis XI.

(7) Appelé Vingtain de la Bâtie-Montluel, ce péage avait été vendu par les commissaires du roi, le 27 septembre 1638.

(8) Appartenant, en 1233, au seigneur de Beauvoir de Marc, puis à la maison de Savoie, ce péage se prélevait non-seulement sur les marchandises, bestiaux et denrées, mais encore sur certaines personnes, ainsi qu'il résulte de ce passage d'un inventaire des droits du comte de Savoie, à

berives (1), au sieur de Gouvernet; celui de Serves et de Saint-Vallier, au seigneur des lieux (2); celui de Roussillon, au comte de ce nom (3); celui de la Roche-de-Glun (4), au sieur de la Barge, engagiste; enfin celui de Montélimar et d'Ancône (5), moitié au duc de Ventadour, moitié au sieur de Chabrières, par engagement. Les droits de ces divers péages ont été réglés par une déclaration du roi du 31 janvier 1633, et un arrêt du Conseil en date du 21 avril 1664, en conséquence desquels on a dressé un tarif.

IX. DOMAINE.

Il n'y a de province où le roi ait proportionnellement plus de domaine fixe qu'en Dauphiné (6), mais il est généralement hors

---

Saint-Symphorien, en 1309 : *Quilibet Judæus eques transiens per Villam, debet octo denarios; Judæus pedes quatuor denarios; Judæa gravida octo denarios.* — VALB., I, 98.

(1) Concédé au dauphin Jean II par Henri, roi des Romains, en 1310. — *Recueil des Édits.*

(2) Le péage de Saint-Vallier existait dès 1328, celui de Serves dès 1348.

(3) Concédé à la maison de Roussillon par l'empereur Rodolphe, en 1273. — G. ALLARD, *Dict.*, v.° *Péages.*

(4) Appelé de Confolens, ce péage fut concédé, en 1151, par l'empereur Conrad II à Silvion de Clérieu, dont l'arrière petit-fils Roger s'attira toute la colère du roi Saint Louis, pour avoir voulu soumettre à ce péage ce prince partant pour la 5° croisade. — Voir A. DE GALLIER, *Essai sur la baronnie de Clérieu.*

(5) Le péage de Montélimar, connu sous les noms de Péage de Lène et Anses de Savasse, était une dépendance du domaine des Adhémar à qui il avait été concédé par les empereurs germaniques. En 1575, Henri III donna les revenus de ce péage à Rostaing d'Eurre, seigneur d'Ourches, gendre de Gordes, pour le récompenser de la prise de Montbrun. — *Revue des bibl. dauph.*, p. 10.

(6) Le domaine royal, en Dauphiné, se composait des terres, seigneuries, fiefs, rentes et châteaux cédés et transportés à la couronne de France par le dernier dauphin Humbert II et le dernier comte de Valentinois Louis II, et c'est avec son revenu que nos rois devaient, suivant les lois féodales, pourvoir à toutes les dépenses du pays, administration, justice et guerre. Aussi, l'un des principes les plus absolus du droit public d'alors était-il l'inaliénabilité du domaine. « Ce domaine est sacré, et il n'est pas permis au prince de l'aliéner incommutablement ni de l'assujétir à

de ses mains ensuite des aliénations ordonnées par les édits de 1593 et 1638, lesquelles ont été faites pour la plupart sur le pied du denier trente, et dans la jouissance desquelles les engagistes ont été confirmés pendant trente ans par une déclaration du mois de mai 1696, moyennant un supplément de 136,000 livres, ce qui rend à peu près sans retour pour le roi cette partie du domaine, le prix énorme de 1,700,000 livres payé dès l'origine pour cette aliénation étant déjà supérieur à la valeur réelle des terres; circonstance qui est particulière à cette province et résulte du peu de terres patrimoniales qu'elle renferme. En sorte que la ferme dite du Domaine comprend seulement le quatrième par exploit, les amendes qui s'adjugent dans les cours et justices royales et quelques lods et ventes. Le premier peut valoir, année commune, 27,000 liv., la seconde 3,000 liv., et la troisième 1,500 livres, en somme 31,500 livres.

---

des charges perpétuelles », dit le jurisconsulte dauphinois Guy Pape, et cent ans après nous voyons les députés du tiers-état, aux États de Blois, s'opposer à toute aliénation, disant « que le domaine du roy estoit une colonne qui servoit pour le soustenement de la couronne, laquelle partant il falloit plustost regarder à fortifier qu'à demolir et demembrer ; que le domaine estant aliéné, le moyen estoit osté au roy d'entretenir son Estat et assigner à l'avenir dots, douaires et apanages; que c'estoit chose inaudite que le domaine fust vendu à perpétuité et sans rachapt de laquelle les Estats pourroient estre remarqués par la postérité. » Aussi lorsqu'en de pressantes circonstances le roi ordonnait l'aliénation d'une partie de son domaine, cette aliénation était-elle faite sous faculté de rachat, c'est-à-dire que l'acquéreur était considéré comme le détenteur d'un gage a lui donné pour la garantie de certaine somme avancée au Trésor public, lequel gage pouvait être retiré en remboursant le prêteur, qui s'intitulait seigneur engagiste de la terre domaniale.

Ce que Bouchu avance relativement aux conditions dans lesquelles furent faites les aliénations du domaine en Dauphiné, peut paraître surprenant, car Bodin avance que les terres et rentes aliénées en 1560 par François II, moyennant 16 millions, en valaient plus de cinquante, la plupart l'ayant été au denier dix ou au denier douze, c'est-à-dire à raison de 8 ou 10 %. — *Jurispr. de G. Pape,* annotée par *Chorier,* édit. de 1769, p. 87 et suiv.; — *Recueil génér. des Estats,* Paris, MDCLI, in-4°, p. 342 et suiv.; — BODIN, *Les six livres de la République,* Lyon, MDLXXX, p. 622.

X. PARLEMENT.

Le premier corps judiciaire du Dauphiné est le Parlement de Grenoble, qui est aussi Cour des aides. Il a pour origine le conseil delphinal établi l'an 1337 par le dernier dauphin, Humbert II, qui, l'ayant d'abord composé de sept conseillers sans président, d'un maître-auditeur des comptes et d'un trésorier, l'augmenta peu après d'un avocat fiscal et érigea la présidence en office pour l'un des conseillers (1). Ce conseil fut érigé en

---

(1) Dès le XIIIe siècle, il y avait à la cour des Dauphins, sous les noms de grand conseil, *consilium magnum;* — sage conseil, *consilium sapientium;* — conseil delphinal, *consilium delphinale;* — et consistoire suprême, *consistorium supremum;* — un conseil de jurisconsultes et de chevaliers délibérant sur toutes les affaires de l'État et du Prince, en même temps que sur certaines causes évoquées à son tribunal. Mais, bien que jouissant d'attributions judiciaires, ce conseil, dont les membres devaient être au nombre de quatorze et siéger dans le château delphinal de Beauvoir, suivant une ordonnance de 1336, était plutôt ce que nous appellerions aujourd'hui un conseil d'État ou un conseil privé qu'une cour de justice.

Le premier corps véritablement judiciaire qui ait existé dans notre province est un conseil de sept membres établi à Saint-Marcellin, le 22 février 1337, par le dauphin Humbert II, pour juger en dernier ressort, tant au civil qu'au criminel et en première instance, que par appel des juges inférieurs. Transféré peu après à Grenoble, ce conseil y fut définitivement fixé par une ordonnance du 1er août 1340, qui, dans le but de consolider et de relever cette nouvelle institution, voulait que des conseillers cinq fussent docteurs et quatre professeurs en l'Université de Grenoble, et, de plus, que chaque semaine il y eût au moins une séance dans laquelle, étant appelés : le juge des appellations, le bailli, le juge-mage et le procureur de Graisivodan, l'avocat et le procureur fiscal, le juge de la cour

Parlement par le dauphin Louis, en 1453, et confirmé plus tard par le roi Charles VII. D'où s'en sont suivies de longues con-

commune, le maître rational, les auditeurs des comptes et les trésoriers, on délibèrerait sur les intérêts matériels du pays.

Plus tard, la présidence de ce conseil, d'abord vraisemblablement exercée à tour de rôle par chacun de ses membres, fut érigée en charge pour un des conseillers, et l'État s'y fit représenter par un procureur général ou fiscal; mais le nombre des conseillers resta le même jusqu'au 22 septembre 1422, où il y eut création d'une charge pour l'avocat fiscal Guiffrey Vallier, et telle était encore l'organisation du conseil delphinal lorsqu'il fut érigé en Parlement par le dauphin Louis, pour lors en démêlés avec son père, le roi Charles VII, qui cependant approuva cette érection le 4 août 1455.

Seize ans après cette dernière date, il y eut création de trois nouvelles charges de conseiller, puis de quatre en 1486, et de quatre encore en 1521; nombre qui, grâce à la vénalité des charges et aux besoins croissants du trésor, s'accrut dès lors rapidement et considérablement, car nous trouvons, en 1543, une création de six offices, de six encore en 1553, puis de huit en 1568, de deux en 1573, d'une en 1570, 1574, 1576, 1577, 1579, 1581, 1588, 1593 et 1618, de trois en 1599, dix en 1628, et six enfin en 1659. Toutefois, il est bon d'observer que toutes ces créations de charges, qui eussent porté à soixante-huit le nombre des conseillers au Parlement de Grenoble, n'étaient pas définitives, plusieurs étant à titre extraordinaire et viager, c'est-à-dire établies temporairement au profit de magistrats que le souverain récompensait ainsi de leurs services. Quant à la charge de président, elle fut unique jusqu'en 1539 que celle de second président fut créée pour Michel de Gyves, magistrat qui mourut assez pauvre, en 1558, pour que la cour dût pourvoir à ses funérailles. Le 22 août 1571 il en fut créé une troisième, une quatrième en octobre 1574, une cinquième le 7 août 1578, puis, le 20 janvier 1579, une pour la Chambre de l'Édit, qui en obtint une seconde le 6 août 1599; enfin une autre le 23 juillet 1628.

Lors de la révolution parlementaire de 1771, ce Parlement fut le dernier dissous, par un édit du mois de novembre qui, tout en lui conservant son ancienne dénomination, l'organisait en simple cour de justice, composée de sept présidents, le premier compris, et de vingt-trois conseillers.

Quatre ans après, il était rétabli sur son ancien pied; puis un édit d'avril 1775, enregistré le 2 mai suivant, abrogeant l'usage du roulement des chambres, disait qu'il se composerait à l'avenir d'une grand'chambre, d'une chambre de Tournelle et d'une chambre d'enquête : la première formée du premier président, des huit présidents à mortier, des deux chevaliers d'honneur, charges nouvellement créées, et des trente plus anciens conseillers, dont deux clercs; dans la chambre des enquêtes devaient

…estations relativement à la préséance entre ce Parlement et celui de Bordeaux, dont l'établissement est de l'an 1460; celui-ci prétendant avoir le pas sous prétexte que l'acte de 1453 ne peut avoir d'effet que par rapport au Dauphiné parce qu'il émane du dauphin Louis, antérieurement à son avénement à la couronne de France. Ce qui n'empêche pas que le Parlement de Grenoble a toujours été classé le troisième, notamment dans les assemblées de notables de 1557, 1566 et 1617, et dans la Chambre de justice de 1624 (1).

---

entrer les deux derniers présidents en réception et les vingt-deux derniers conseillers, y compris deux clercs; trois présidents et dix conseillers de la grand'chambre et six des enquêtes devaient composer chaque année la Tournelle.

Ce nouvel état de choses a subsisté jusqu'au 2 septembre 1786, qu'un édit, enregistré le 30 du même mois, rétablit, avec le roulement des chambres, la constitution primitive du Parlement de Grenoble, aboli comme tous les autres en 1790. — VALBONNAIS, I, 14, 309, 319, 357; II, 328, 409, 531. — CHORIER, *Jurispr. de Guy Pape*, 67. — *Recueil des Édits*, XXV, N.° 102; XXVI, N.°° 30, 115 bis. — *Bull. de l'Acad. delphin.*, t. III, p. 541 et suiv. — PILOT DE THOREY, *Préface de l'Invent. des arch. départ. de l'Isère*, etc., etc.

(1) Il y avait en France, à la fin du dernier siècle, treize Parlements, ainsi classés :

1° Paris, dont l'établissement définitif est de 1302.

2° Toulouse, érigé en 1444.

3° Grenoble.

4° Bordeaux, établi en 1460.

5° Dijon, institué par Louis XI en 1480.

6° Rouen, fondé sous le nom d'échiquier, par Philippe-le-Bel, en 1302, érigé en Parlement en 1499.

7° Aix, ancienne cour royale des comtes de Provence, érigée en Parlement le 10 juillet 1501.

8° Rennes, fondé en 1555, rendu sédentaire dans cette ville en 1560.

9° Pau, formé en 1620 du conseil de Pau et de la chancellerie de Navarre.

10° Metz, établi en janvier 1633.

11° Besançon, transféré de Dôle en 1676.

12° Douai, établi en 1709 pour les pays conquis en Flandre, Hainaut et Cambrésis par Louis XIV.

13° Nancy, titré Parlement par édit de septembre 1775.

Composé, à l'origine, d'une seule chambre, il a été accru d'une seconde en 1588, d'une troisième en 1598, d'une quatrième en 1628, et d'une cinquième en 1658, chaque création de chambre étant corroborée par celle d'un certain nombre de présidents et de conseillers pour son service. Deux de ces chambres furent supprimées en 1662, puis en 1679 celle de l'Édit (1), et leurs officiers incorporés dans les trois autres, qui comptèrent alors dix présidents, cinquante-deux conseillers, deux avocats généraux et un procureur général. En 1685, une quatrième chambre a été créée, et sept ans après trois charges de conseiller

---

La principauté de Dombes avait aussi un Parlement, établi en 1523, à Lyon, par François I*er*, puis transféré à Trévoux par Mademoiselle de Montpensier; mais il fut supprimé en 1771 et remplacé par une sénéchaussée.

(1) L'un des principaux griefs des réformés, au XVI*e* siècle, étant le manque de tribunaux qui leur offrissent des garanties au point de vue de leurs croyances, l'édit de Chastenay ou de Beaulieu (mai 1576) ordonna l'établissement de chambres spéciales et souveraines, composées par moitié de catholiques et de protestants, dans les huit Parlements du royaume, et ce sont ces chambres qui, d'abord appelées Chambres mi-parties, furent appelées Chambres de l'Édit, après la publication de l'édit de Nantes, dont elles suivirent le sort. Celle de Grenoble, dont la juridiction s'étendait sur le Dauphiné et la Provence, et à laquelle pouvaient se pourvoir les protestants de la Bourgogne et de Paris, fut établie l'année suivante. Chorier et Guy Allard disent que son premier président fut Jacques Colas, sieur de la Madeleine, personnage qui ne se trouve pas sur la liste donnée par M. Pilot, tandis, au contraire, que nous y voyons figurer, avec la mention : « créé pour le service de la Chambre de l'Édit », et sous la date du 20 janvier 1579, Innocent Gentillet, l'un des plus ardents partisans de la Réforme, que le Parlement refusa d'abord de recevoir, sous prétexte que l'ayant examiné « *tant sur la loi que sur la pratique* », il n'a pas été trouvé « *suffisant pour exercer la charge et estat de président* », mais qu'il reçut ensuite sur lettres de jussion, le 21 juillet 1582. Parmi les autres présidents de la Chambre de l'Édit, pour le service de laquelle il fut créé une seconde charge, le 6 août 1599, nous trouvons : 1591-1606, Soffrey-Calignon, ensuite chancelier de Navarre; 1599-1603, Louis du Vache, sieur d'Estables; 1603-1609, Barthélemy Marquet; 1609-1622, Charles Ducros. — V. DE THOU, VII, 416; CHORIER, *Hist. génér.*, II, 675, 683; GUY ALLARD, *Dictionn.*, I, 235; PILOT DE THOREY, *id.*, 11, 12, 13.

et une de président ; mais celle-ci n'a pas été remplie, les autres présidents l'ayant éteinte en en payant la finance (1). De telle

---

(1) Pour l'intelligence de ce membre de phrase, il est bon de rappeler que les charges de magistrature, conférées, à l'origine comme aujourd'hui, par le chef de l'État, devinrent peu à peu, par tolérance, la propriété de leurs titulaires, qui s'en démettaient moyennant finance au profit de personnes qui recevaient l'investiture du prince, ainsi que cela se pratique encore pour les offices ministériels et les greffes. Sur les représentations réitérées des États-Généraux, nos rois interdirent d'abord cette pratique abusive ; mais, sous François Ier, les malheurs publics aidant la vénalité des charges devint un fait permanent et régulier, en même temps qu'une ressource pour l'État, qui, dans les moments de gêne, battait monnaie par la création de charges et d'offices qu'il vendait ensuite. Ces charges devenaient, comme nous l'avons dit, la propriété de l'acquéreur, qui les pouvait vendre à son tour, mais à la condition cependant que ce fût quarante jours au moins avant son décès, car, dans le cas contraire, l'État prenait la place du résignataire ou vendeur au détriment de ses héritiers. Seulement, comme en définitive le trésor profitait peu de ce droit, la plupart des charges acquises de la sorte étant ensuite gratuitement cédées à de grands personnages pour leurs créatures, un édit de 1604 porta ce terme de quarante jours à un an, frappant en retour toutes les charges de magistrature et autres offices d'un droit annuel équivalant au soixantième de leur valeur. Difficilement accepté par le Parlement, ce droit, appelé *Paulette*, du nom de son premier fermier, Charles Paulet, fut perçu jusqu'en décembre 1709, qu'un édit de Louis XIV en ordonna le rachat par les intéressés ; ce qui n'empêcha pas son successeur de le rétablir en août 1722.

De cela il ne faudrait pas cependant conclure que la seule acquisition d'une charge constituait un magistrat, car, au Parlement, par exemple, nul ne pouvait se porter acquéreur d'un office quelconque sans avoir préalablement obtenu du Parlement l'autorisation de l'acquérir ; puis, cette acquisition faite et la nomination par le roi obtenue, le candidat (car il n'était encore que cela) devait être examiné par une commission prise encore dans le sein du Parlement, laquelle ne se contentait pas de s'assurer s'il était convenablement instruit et capable, ou, comme on disait alors, « suffisant et idoine », mais encore s'enquérait de sa conduite, de sa moralité, de son honorabilité et de celles de sa famille, ainsi que de ses opinions et de ses croyances. Alors seulement, s'il réunissait les conditions nécessaires, il pouvait être mis en possession de sa charge, et dans le cas contraire il était renvoyé et le roi prié d'y pourvoir autrement, ce qu'il faisait volontiers, à moins que le refus du Parlement ne lui parût pas suffisamment motivé, auquel cas il lui adressait des lettres de jussion,

sorte que le Parlement de Grenoble se compose actuellement de dix présidents, le premier compris, de cinquante-cinq conseillers, y compris quatre conseillers clercs et le garde des sceaux, qui a voix instructive et délibérative, sans rapport ni émolument, d'un procureur général et de trois avocats généraux.

Toutes les chambres sont égales entre elles et simplement distinguées par première, seconde, troisième et quatrième, n'y ayant ni enquêtes, ni requêtes; de telle sorte que la première d'une année est la quatrième de l'année suivante. Toutes connaissent indifféremment de matières civiles et criminelles, les affaires de police et de bien public étant cependant attribuées à la première aussi bien que les requêtes qui ne viennent point, en exécution d'arrêt, lesquelles y ayant été portées sont distribuées ensuite par le premier président.

Les conseillers de chaque chambre ne se séparent pas, mais les présidents optent à chaque rentrée pour la chambre dans laquelle ils désirent servir, savoir : quatre dans la première, y toujours compris le premier, que suit le garde des sceaux, et deux dans chacune des autres.

Le costume des présidents est d'écarlate et d'hermine; leur traitement est de 6,204 livres 18 sous 9 deniers pour le premier, qui jouit en outre de 4,500 livres d'appointements sur les finances, et d'une somme qui varie de 3,015 à 2,342 livres pour les autres.

---

c'est-à-dire un ordre réitéré d'admettre le postulant. De plus, il fallait avoir vingt-sept, puis vingt-cinq ans au moins, et n'être ni père, ni fils, ni frère, ni oncle, ni neveu, ni cousin germain, ni gendre, ni beau-père de l'un des magistrats de la Cour; et pour être président, avoir quarante ans d'âge et rempli pendant dix ans la charge de conseiller. Toutefois, il faut dire qu'aux XVIIe et XVIIIe siècles les dispenses d'âge, de parenté et de services étaient accordées avec une telle facilité que l'on peut dire qu'il n'y avait plus de conditions de cette nature. — A. THIERRY, *Essai sur l'histoire du Tiers-État*, I, 96, 97. — ISAMBERT, *Recueil des anciennes lois françaises*, XI, 323. — MÉZERAY, *Histoire de France*. — PILOT, *Notice sur les séries A et B des archives départ. de l'Isère*. — *Recueil des Édits*, I, p. 4 et 5 de l'*Ord. d'Abbeville*.

Quant aux conseillers, ils ont chacun 900 livres, les avocats généraux 2,250 livres, et le procureur général 2,508 livres 15 sous 11 deniers, plus 2,250 livres sur les finances et 1,800 livres à titre de supplément (1).

Ce Parlement n'a pas de requêtes au palais, ses officiers, aussi bien que ceux de la Chambre des comptes et du Bureau des finances, ayant pour juge le vibailli de Graisivodan.

La juridiction des aides, qui lui appartenait de toute ancienneté, lui fut retirée en 1638; mais la Cour des aides, alors établie à Vienne, ayant été supprimée vingt ans après, celle-là lui a fait retour (2).

Le gouverneur et le lieutenant général de la province ont séance dans le Parlement de Grenoble avant le premier président, qu'ils précèdent également dans les processions et autres cérémonies publiques (3); comme aussi tous les archevêques et

---

(1) Le traitement des conseillers delphinaux, qui était premièrement de 120 florins, fut porté à 200 par l'ordonnance du 1ᵉʳ août 1334.

(2) La Cour des aides était une juridiction souveraine pour tous les différends relatifs aux impôts votés par les États du pays, et appelés *aides* parce qu'ils étaient destinés à venir en aide au trésor. Il y avait en France quatre Cours des aides distinctes, savoir : à Paris, Montpellier, Bordeaux et Clermont. En Dauphiné, comme dans bon nombre d'autres provinces, cette juridiction appartenait au Parlement. Elle lui fut enlevée en 1638 au profit d'une cour spéciale, alors établie à Vienne, et composée de trois présidents, le premier compris, avec 3,000 et 2,000 livres de gages, de quinze conseillers ayant 1,000 livres, d'un avocat et d'un procureur général avec 1,700 livres, de deux substituts du procureur général avec 100 livres, et d'autres officiers inférieurs. Cette Cour des aides fut supprimée le 24 décembre 1658, et sa juridiction restituée au Parlement. — CHORIER, *Estat politique*, 1, 38 et suiv. — PILOT DE THOREY, *ibid.*, 26, 27.

(3) Le Parlement de Grenoble était le seul où le gouverneur de la province eût séance, et cette singularité s'explique par l'importance toute particulière de cet officier qui, représentant du roi dans un pays qui avait la prétention de ne faire partie du royaume, mais d'être simplement uni à la couronne, y jouissait d'attributions quasi souveraines : tellement que plusieurs siècles durant les arrêts du Conseil delphinal, puis du Parlement ont été rendus en son nom.

évêques du royaume, qui eux y ont voix instructive, seul celui de Grenoble, dont le siége est après les présidents et au-dessus du doyen, y ayant voix délibérative.

Les grandes audiences du Parlement se tiennent le lundi et le jeudi de chaque semaine, ou jours suivants, s'il y a férie. Les grandes vacances commencent le 9 septembre et finissent à la Saint-Martin, jour auquel le Parlement assiste en corps à la messe, écoute une harangue du premier président et reçoit le serment du vibailli de Graisivodan, du juge royal de Grenoble et des avocats et procureurs en la cour. Pendant les vacances, une chambre des vacations, composée de deux présidents et de vingt-deux conseillers nommés chaque année par le roi, juge toutes les causes criminelles et provisoires, ainsi que les causes civiles jusqu'à 300 livres de principal (1).

---

(1) Nous ne savons à quelle époque s'est établi l'usage de faire la rentrée le 11 novembre; en tout cas, elle se faisait à l'origine comme aujourd'hui, le 3, ainsi qu'il résulte d'une ordonnance ou règlement émané du gouverneur Guillaume de l'Aire, le 7 octobre 1400. Aux termes de cet acte, tous les conseillers, avocats, secrétaires et procureurs qui voulaient faire de la patrocine — *qui aut patrocinium præstare voluerint,* — devaient assister, le lendemain de la fête des morts de chaque année, à une messe solennelle célébrée à cet effet dans l'église collégiale de Saint-André, puis se rendre à l'auditoire pour y écouter la lecture des statuts et règlements intérieurs et entendre une mercuriale du président; ensuite de quoi, chacun dans son ordre et par rang d'ancienneté, avocats, secrétaires et procureurs étaient appelés à renouveler le serment professionnel. Quant aux magistrats, ils ne le prêtaient, paraît-il, qu'en prenant possession de leurs charges; et, à ce sujet, il faut remarquer que la formule du serment, qui était en latin pour les conseillers, secrétaires, avocats, procureurs et notaires, était en français pour les officiers des Comptes, qui étaient censés ignorer le latin; usage qui s'est continué fort tard et jusque dans les mandements d'arrêts, où il était parlé latin et à la seconde personne du pluriel au magistrat du parquet ou autres officiers judiciaires : *vobis mandamus et ordinamus,* tandis que les huissiers étaient interpellés en français et même en les tutoyant : *Et toi, huissier ou sergent royal, te mandons et commandons.* — *Libertates per illustrissimo,* édit gothique, XI, v.° et suiv. — FAUCHÉ-PRUNELLE, *Origine de la messe du Saint-Esprit,* dans la Revue des Alpes, N.° 233.

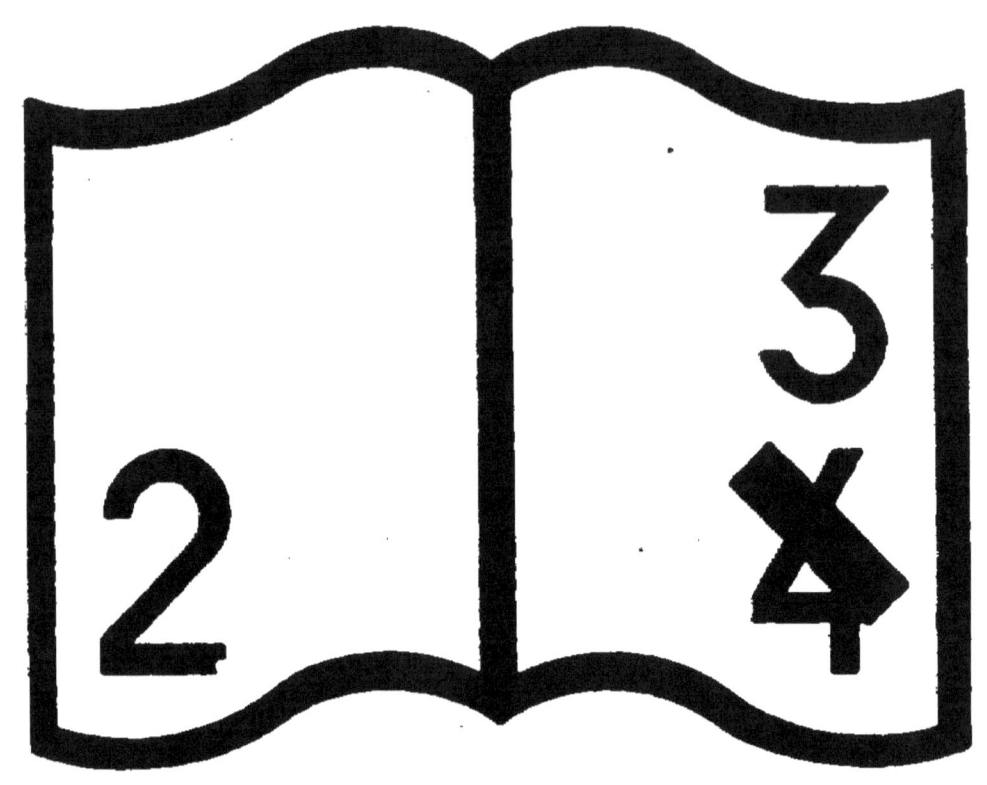

Pagination incorrecte — date incorrecte
NF Z 43-120-12

LIRE PAGE(S) 112
AU LIEU DE PAGE(S) 102

Ajoutons qu'avant l'érection du conseil delphinal, il y avait en Dauphiné un juge mage des appellations auquel étaient appellables tous les vibaillis et autres juges delphinaux, et que ledit juge fut supprimé par un édit du dauphin Louis, qui unit sa juridiction au Parlement (1).

---

(1) Ce magistrat, appelé dans les chartes *judex major appellationum et nullitatum totius Delphinatus*, siégeait à Grenoble. Après l'établissement du Conseil delphinal, dont il avait vraisemblablement auparavant toutes les attributions judiciaires à lui seul, il continua d'exister, mais à un rang et avec des attributions qu'il nous serait impossible de préciser. De ceux qui ont rempli cette charge, nous connaissons :

1340. Étienne de Roux, chevalier, qui était en même temps juge de l'hôtel du Dauphin. — VALBONNAIS, II, 41.

1345. François de Fredulphe de Parme, licencié en droit, qui avait pour lieutenant Hugues de Bernard, docteur et chevalier, que le dauphin Humbert II appelle à prendre part aux délibérations du Conseil delphinal pendant son voyage en Orient. — VALBONNAIS, II, 505, 520.

1351. Raymond de Theys, ensuite conseiller delphinal. — GUY ALLARD, *Dictionn. du Dauph.*, I, 701.

1362. Renaud Roudy. — CHORIER, *Hist. gén.*, I, 848.

1385. Bergadac de Mercules ou de Miericulis, conseiller delphinal. — *Bibl. du Dauph.*, I, 170.

1396. Soffrey de Tholon, licencié ès-lois, ancien conseiller delphinal. — PILOT, *Invent. des arch.*, II, 20.

1399. Jean de Vieux, licencié. — *Statuta Delphinatus*, XII.

1431. Jus ou Juste de Meuze. — Idem, *Estat polit.*, III, 375.

1465. Claude de Lattier, docteur ès-lois. — *Arch. de la Drôme*, E, 294.

1499. Jean du Mottet. — GUY ALLARD, *Dictionn.*, I, 700.

Avant 1508. Jean Cid, ensuite conseiller au Parlement. — PILOT, *Invent.*, II, 22.

XI. PRÉSIDIAL DE VALENCE.

Le second tribunal de cette province est le présidial de Valence, dont l'établissement est de 1636. Il se compose d'un sénéchal, de deux présidents, dont l'un est lieutenant général, de trois autres lieutenants, l'un criminel, le second principal et le troisième particulier, de vingt-un conseillers, dont le premier est assesseur criminel, d'un chevalier d'honneur, deux conseillers honoraires, deux avocats et un procureur du roi. Sa juridiction est la même que celle des autres présidiaux, et son ressort comprend les bailliages de Saint-Marcellin, le Buis, Montélimar, Crest, Saint-Paul-trois-Châteaux et les judicatures de Valence, Romans et Die. L'édit de création lui attribuait la juridiction du Vivarais, mais elle lui a été depuis ôtée, et ses officiers ont reçu en dédommagement une augmentation de gages. Pour la connaissance des causes concernant les officiers du présidial, une judicature royale des conventions a été établie dans le même temps que le présidial lui-même. Elle n'a pas d'autre juridiction (1).

---

(1) Généralement parlant, un présidial était un tribunal de première instance qui, suivant un édit de 1551, pouvait juger en dernier ressort jusqu'à la somme de 250 livres ou 10 livres de rente, et par provision jusqu'à 500 livres et 20 livres de rente, comme aussi connaître et se prononcer irrévocablement sur les crimes commis par vagabonds, gens sans aveu ou soldats en marche; les faits de vols sur grands chemins, ports d'armes, fausse monnaie et autres du ressort des prévôts des maréchaux. Celui de Valence, bien qu'établi (octobre 1636) « à l'instar des autres » sénéchaussées et siéges présidiaux du royaume », devait avoir une bien plus grande importance dans l'esprit de son fondateur, car, à la faculté de « connoître, juger et décider en première instance et présidialement » de toutes matières civiles et criminelles des siéges et ressorts de Va- » lence, Die, Chabeuil et Étoile et leurs dépendances », il ajoute celle de

XII. BAILLIAGES ET SÉNÉCHAUSSÉES.

Il y avait autrefois autant de baillis ou sénéchaux que de bailliages ou sénéchaussées, mais un édit du dauphin Louis a

---

se prononcer sur « appellations des visénéchaux de Montélimar et de
» Crest, des baillis de Saint-Marcellin et du Buis, ensemble des juges du
» Vivarais, depuis la rivière d'Ardèche jusqu'au Lyonnois et Forez, comme
» aussi de toutes matières bénéficiales et des causes de l'Université ». En
d'autres termes, il s'agit d'un tribunal intermédiaire entre le Parlement,
cour suprême et les vibailliages ou visénéchaussées, dont nous trouvons à
peu près l'équivalent dans nos tribunaux de première instance.

En tout cas, cet établissement ne pouvait être vu de bon œil par l'évêque, qui, seigneur temporel de Valence et de Die, y était en quelque sorte maître absolu de toute juridiction, l'éloignement du parlement de Toulouse, qui, par une anomalie singulière, pouvait seul connaître des sentences des juges épiscopaux, rendant tout appel à peu près impossible Il protesta donc, et, grâce à de pressantes sollicitations, obtint, le 23 mai 1639, des lettres patentes déclarant que par ledit établissement S. M. n'entendait nullement « innover ni diminuer en aucune façon la juridiction » de baillis et juges de l'évêque ». Les officiers du présidial, appuyés sur l'Université et la ville, qui ne négligeaient aucune occasion de s'affranchir du prélat, en appelèrent au Grand Conseil, qui, le 27 mars 1641, rendit un arrêt aux termes duquel les juges présidiaux étaient maintenus dans le droit de connaître exclusivement des cas royaux et prévôtaux, des matières bénéficiales, exécutions d'arrêts, mandements et commissions, causes et priviléges de l'Université, mais qui, par contre, donnait à l'évêque le droit d'établir dans chacune de ses villes deux sièges de juridiction, l'un de première instance, l'autre d'appel; d'où l'on pouvait encore, suivant les cas, appeler au présidial. Cet arrêt, qui donnait encore au lieutenant général du présidial la présidence des assemblées municipales, fut suivi d'une transaction imposée aux parties par le cardinal de Richelieu, « dont il est notoire que le respect et l'autorité ne pouvoient point » recevoir de contradiction dans le royaume », laquelle ne satisfit personne et fut cassée six ans après. Enfin, après vingt-deux ans de querelles, intervint un nouvel arrêt ou plutôt une nouvelle transaction, suivant laquelle l'évêque, maintenu dans son ancien droit de présider les assemblées municipales et mis en possession des greffes civils du présidial

réduit le nombre des baillis à deux : un dit de Viennois, pour les siéges de Graisivaudan, Vienne et Saint-Marcellin (1), et un

---

et des conventions et du contrôle des greffes, acquis du duc de Sully, qui les avait achetés lui-même 61,000 livres, plus des offices de greffier criminel et de maîtres clercs, consentit à l'exécution des arrêts antérieurs et notamment de celui du 27 mars 1641.

D'autre part, à la suite de réclamations et de plaintes de la part des habitants de la rive droite du Rhône, ceux-ci avaient été distraits de la juridiction du présidial de Valence en 1650.

Pour ce qui regarde la charge de sénéchal, elle a été remplie par :

1639. Jacques de Simiane, sieur de Vènes ou d'Èvènes (*Archives de la Drôme*, B. 1).

1642. Edme-Claude de Simiane, comte de Montcha, gouverneur de Valence (PITHON-CURT, III, 312).

1680. François-Louis-Claude-Edme de Simiane, comte de Montcha, gouverneur de Valence *(idem)*.

1699. N. de Moyria-Châtillon *(Papiers du présidial)*.

1732. Alexandre de Moyria *(idem)*.

1758. Ferdinand de Moyria de Châtillon (*Arch. de la Drôme*, B. 591). — Voy. LACROIX, *Archives civiles de la Drôme*, p. 2 et suiv.

(1) Lieutenants du Prince dans une certaine étendue de territoire appelée bailliage ou sénéchaussée, — *baillivia, senescallia*, — les baillis et sénéchaux avaient à l'origine pour principales fonctions de recevoir et de faire exécuter ses ordres dans leur ressort, comme aussi d'en rassembler et commander les milices, et bien qu'on les présente quelquefois avec le caractère des magistrats de l'ordre judiciaire, il ne paraît pas qu'ils eussent du temps des Dauphins une juridiction contentieuse comme en France, où les mots de bailli et de juge étaient en quelque sorte synonymes. Aussi les charges de bailli et de sénéchal étaient-elles toujours occupées par des personnes d'une noblesse distinguée. Cependant, il faut observer que sous les derniers Dauphins de la troisième race, ils avaient des attributions judiciaires, et que, pour parer alors à leur ignorance du droit, ils avaient des lieutenants gradués, véritables magistrats désignés sous le nom de juges mages.

Le dernier Dauphin, Humbert II, voulant faire de chaque siége de bailli une véritable cour de justice, adjoignit à chacun d'eux douze conseillers laïques ou clercs, dont quatre au moins devaient s'assembler chaque semaine pour décider des affaires courantes; mais il ne paraît pas que ces conseils, qui, du reste, étaient moins judiciaires que politiques, aient eu une longue durée. Dans la suite, du reste, l'importance des baillis et sénéchaux s'amoindrit progressivement, de telle sorte qu'en dernier lieu ce n'étaient plus à proprement parler que des charges honorifiques.

dit des Montagnes, pour les siéges du Buis, Gap, Briançon et

Il y avait premièrement autant de baillis que de bailliages, mais en juillet 1447 le dauphin Louis, pour lors à Valence, rendit une ordonnance qui, réduisant à deux le nombre de ces hauts fonctionnaires, — un pour le Graisivaudan, le Viennois, terre de La Tour et Saint-Marcellin, sous le nom de bailli de Viennois; l'autre pour le Briançonnais, l'Embrunais et le Gapençais et les Baronnies, sous le nom de bailli des Montagnes, — les remplaçait en tant que magistrats de l'ordre judiciaire par des vibaillis, dont l'importance et les fonctions correspondaient à peu de chose près à celles d'un président de tribunal de première instance de nos jours.

Voici la liste la plus complète qu'il nous a été possible de faire des baillis de Viennois, dont l'autorité ne s'étendait à l'origine que sur ce qui fut appelé plus tard Viennois-Valentinois ou bailliage de Saint-Marcellin, du nom de son chef-lieu, mais que l'ordonnance de juillet 1447 mit à la tête des trois bailliages du plat pays, ce qui les a fait appeler quelquefois depuis grands baillis :

1281. Gilet-Alleman (CHORIER, *Hist. gén.*, I, 848).
1315-1317. Guillaume de Roque (VALB., II, 162).
1319. Graton de Clérieu (*idem*, II, 183).
1337-1343. Amédée de Roussillon, coseigneur du Bouchage (*idem*, II, 465).
1345. Amblard de Briord (G. ALLARD, *Dict.*, I, 108).
1356. Aynard de la Tour (*idem*).
1366. Guy Coppier, seigneur d'Hières (PILOT, *Statist. de l'Isère*, III, 585).
1389. Jean de Faucherand, gouverneur de Vienne (GIRAUD, *Essai sur Romans*, II, 307).
1397. Jean de Saint-Senin (G. ALLARD, *Dict.*, I, 108).
1413. Antoine de Lay, chevalier (VALB., I, 222).
1427. Siboud de Rivoire (G. ALLARD, *Dict.*, I, 108).
1441. Jean Coppier, nommé le 9 octobre par le gouverneur Raoul de Gaucour (*Bibl. du Dauph.*, I, 175).
1443. Jean de Gaste, chambellan de Charles VIII (PITHON-CURT, IV, 532).
1447. Guillaume de Fordun, nommé le 24 juillet par le gouverneur Raoul de Loupy (*Bibl. du Dauph.*, I, 176).
Env. 1495. Antoine de Montchenu (ROCHAS, *Biog. du Dauph.*, II, 157).
1515. Marin de Montchenu, sénéchal de Limousin, etc., enterré à Saint-Denis (*idem*).
1519. François le Bourcier, maître d'hôtel du Roi (*Arch. de la Drôme*, E. 221).
1520-1539. Antoine de Clermont (ANSELME, VIII, 913).
1545. Claude de Montchenu (*Arch. de l'Isère*, B. 2270).
1545. Nicolas Henri, écuyer, seigneur de Crémieu (*idem*).

Embrun (1), plus un sénéchal pour les siéges de Crest, Valence et Montélimar, non comprise, bien entendu, la charge de séné-

---

1562-1590. Annet de Maugiron, seigneur de Leyssins (DE LA BATIE, *Arm. du Dauph.*).

1596. Louis de Montlaur, nommé le 18 mai *(idem)*.

160... Charles, sire de Crequi et de Canaples, prince de Poix (*Arch. de l'Isère*, B. 2270).

1629. Gaspard, baron de Sassenage (CHORIER, *Hist. de Sassenage*, 78).

1636. Jérôme Martin, seigneur de Disimieu, gouverneur de Vienne (*Biogr. du Dauph.)*.

1671. Louis de Maugiron, grand-maître des eaux et forêts de Dauphiné (CHORIER, *Est. pol.*, III, 369).

1691-1694. François de Maugiron, comte de Montléans (*Arch. de l'Isère*, B. 1389).

1698-1767. Louis-François, comte de Maugiron (*États de la France*).

1783-1790. de Boffin, marquis de la Sône (*Alman. dauph.)*.

(1) Nous n'avons pu recueillir qu'un petit nombre de noms de baillis des Montagnes du Dauphiné, magistrats qui, répétons-le, avaient dans leur dépendance les bailliages de Gap, Embrun, Briançon et le Buis.

1449-1454. Jean de Villaines, capitaine de Romans (CHORIER, *Hist. gén.*, II, 44; — GIRAUD, *Essai sur Romans*, II, 307).

1462. Guillaume de Viennois, gouverneur de Crest *(Invent. de la Chambre des comptes)*.

Pierre de Courcillon (*Antiq. de Vienne*, 234).

1482-1499. Étienne de Poisieu, seigneur d'Hauterive et de Septeines (CHORIER, *Hist. gén.*, II, 480, 497).

Louis de Poisieu, seigneur de Pusignan (*Ant. de Vienne*, 234).

1535. Aymar de Grolée-Meuillon (G. ALLARD, *Nobil.*).

1553. Nicolas du Choul, auteur du *Discours de la Religion des anciens Romains*.

Hector de Monteynard, sieur de Tallaron (*Arch. de l'Isère*, 2271).

1583. Rostaing de la Baume-Suze, comte de Rochefort, maréchal de camp (PITHON-CURT, I, 135).

1597-1618. Gaspard de Montauban-Jarjayes, gouverneur de Gap (*Biogr. du Dauph.*, II, 156).

1671. Louis-François de la Baume-Suze, marquis de Bressieux (*État pol.*, III, 9).

1691. Léon de Valbelle-Montfuron, comte de Ribiers (MOREI).

1691-1702. Bruno de Valbelle-Montfuron, commandeur de la Trouquière *(idem)*.

1702-1750. Côme-Alphonse de Valbelle, marquis de Montfuron, etc. *(id.)*.

chal créée, comme il a été dit plus haut, pour le présidial (1).

1752. Charles-François, marquis de Calvière, lieutenant général et commandeur de Saint-Louis (*Arch. de l'Isère*, B. 2295).
Cette charge n'était pas remplie en 1790.

(1) Les anciens comtes de Valentinois et Diois de la maison de Poitiers avaient à Crest pour toutes leurs terres une cour majeure, — *curia major comitatuum Valentinensis et Diensis*, — dont le chef ou président était appelé juge mage et quelquefois bailli du Valentinois et du Diois. L'acquisition du domaine des Adhémar ayant sensiblement augmenté l'étendue du ressort de ce tribunal d'appel, le dauphin Louis XI remplaça ce juge mage par un sénéchal, magistrat d'épée sans juridiction effective, et comme tribunaux de première instance établit, à Crest pour l'ancien domaine des comtes de Valentinois en deçà du Rhône, à Montélimar pour cette ville et le pays de Valdaine, à Chalançon pour les dépendances du Valentinois en Vivarais, trois visénéchaussées, dont la première, celle de Crest, conserva toujours le titre de *siége principal*, en souvenir de son importance primitive. A l'article visénéchaux de Crest, nous donnerons la liste des anciens juges mages; voici celle des sénéchaux de Valentinois et Diois, charge qui, du reste, était absolument la même que celle de bailli, dont nous avons parlé.

10 août 1450-1473. Jean d'Aidie, bâtard d'Armagnac, gouverneur du Dauphiné en 1457 et maréchal de France en 1461 (*Biol. du Dauph.*, I, 176).

1494-1511. Philibert de Clermont, seigneur de Montoison, le héros de Fornoue (ANSELME, VIII, 919).

1526. Guy de Maugiron, seigneur d'Ampuis, Beauvoir, Leyssins, etc., à qui François Iᵉʳ donna cette charge pour l'indemniser de la somme de 2,000 écus d'or qu'il avait été obligé de donner pour sa rançon, ayant été fait prisonnier avec lui à Pavie (*Biogr. du Dauph.*, I, 130).

1544. Jean Varnier (*Arch. de l'Isère*, B. 2024).

1546-1566. Claude de Clermont, seigneur de Montoison, Montmiral et Vaunavès (*Arch. de la Drôme*, E. 516).

Laurent de Maugiron (*Arch. de l'Isère*, B. 2270).

1575. Gabriel de Morges, seigneur de la Motte-Verdeyer, chevalier de l'ordre du Roi (*idem*, B. 722, et ARNAUD, *Manuscrits capuc. de Montélimar*).

1580-1619. René de la Tour, seigneur de Gouvernet (*Arch. de la Drôme*, B. 726; — *idem de l'Isère*, B. 372).

1671-1698. Charles de la Tour, seigneur de Gouvernet, baron d'Aix, d'Auberive, etc. (*État pol.*, III, 564).

1702. Louis du Maine, comte du Bourg, maréchal de camp (*État de la France*).

1738-1776. Charles-Frédéric de la Tour de Bourellon de Murcs, marquis de Gouvernet (*Arch. de l'Isère*, B. 1713).

Le bailliage de Graisivaudan, qui, suivant l'ordonnance d'Abbeville, juge en première instance les causes des officiers du Parlement, de la Chambre des comptes et du bureau des finances, a son siége dans la ville de Grenoble, et se compose d'un vibailli, d'un lieutenant particulier, de deux conseillers assesseurs, d'un avocat et d'un procureur du roi (1).

Il ne faut pas confondre cette charge avec celle de sénéchal de *robe-courte* du Valentinois et du Diois, charge toute militaire, qui, créée aux XVIe et XVIIe siècles, a eu pour titulaires :

1562. Félix Bourjac, que le baron des Adrets nomma cette année-là gouverneur de Lyon (*Biogr. du Dauph.*, I, 98).

1576. Nicolas Mulet, seigneur de Bagnols (G. ALLARD, *Dict.*, II, 206).

1582-1592. Louis Adhémar de Monteil, comte de Grignan (*Arch. de la Drôme*, B. 715; — *idem de l'Isère*, B. 256).

1592. Antoine de Tibotot, lieutenant de la compagnie du prince de Dombes (*idem*).

1615. Louis-François de Castellanne-Adhémar, comte de Grignan (PITHON-CURT, III, 371).

(1) Voici une liste à peu près complète des anciens baillis de Graisivaudan, suivie de celle des vibaillis, qui leur succédèrent en 1447. Toutefois, observons que même avant cette date on trouve des vibaillis de Graisivaudan, qui, vraisemblablement, n'étaient que des lieutenants accidentellement établis par les baillis eux-mêmes pour les suppléer.

1281. Gilet-Alleman.
1309. Leuzon-Bérard, châtelain d'Avallon (VALB., I, 102).
1313. Guers de Beaumont (BRIZARD, II, 330).
1318. Guigues d'Avallon (G. ALLARD, *Dict.*, I, 108).
1321. Hugues de Commiers (*Invent. de la Chambre des comptes*).
1324. Guillaume de Veynes (*idem*).
1327. Guy de Grolée (*idem*).
1335. Pierre de Loyes (VALB., I, 103).
— Amblard de Briord, seigneur de la Serra (*idem*).
1339. Amédée de Roussillon, chevalier (*idem*, I, 65).
1342-48. Amblard de Briord, châtelain d'Avallon (*idem*, I, 94).
1352. Jean de Grolée, seigneur de Neyrieu (*Inv. de la Ch. des comptes*).
1359. Guigues de Commiers (BRIZARD, II, 62).
1367. Didier de Sassenage (CHORIER, *Hist. gén.*, I, 848).
1379. Rodolphe de Commiers (G. ALLARD, *Dict.*, I, 108).
1404. Aymeric de Brizay (*Us. des fiefs*, I, 268).
1406. Giron de Laire (CHORIER, *Hist. gén.*, II, 404).

Celui de Saint-Marcellin, autrement dit bailliage de Viennois, siége de Saint-Marcellin, a le même nombre d'officiers (1).

1408. Yves de Laire, seigneur de Cornillon, chambellan du Roi (PITHON-CURT, III, 425).

1413-1418. Jean d'Eurre, capitaine de gens d'armes (idem, III, 620).

1425. Guyonnet de Loras (BAIZARD, I, 93).

1440. François de Beaumont (CHORIER, Hist. gén., II, 434).

1441. Jean Grinde, seigneur du Molard, nommé par le gouverneur Raoul de Gaucour (Invent. de la Chambre des comptes).

1446. Antoine Vallier (G. ALLARD, Dict., I, 108).

1450 env. Guigues du Rivail (GIRAUD, A. du Rivail, 92).

1450-1472. Roux de Commiers (CHORIER, Estat pol., IV, 150).

Vibaillis de Graisivaudan.

1335. François de Teyria (VALB., I, 103).

1337-1339. Guillaume de Briord, frère du bailli Amblard (idem).

1458. Pierre Galbert (Rôle des nobles de Graisivaudan).

1504. Claude Falconis (MAGNIEN, Gén. et arm. dauph., 46).

1547-1562. Abel de Buffevent (Arch. de l'Isère, B. 105, 225).

1563. Guillaume Berger (CHORIER, Hist. gén., II, 592).

1569-1590. Gaspard Baro (Arch. de l'Isère, B. 116, et Arm. du Dauph.).

1595-1609. François de Micha (idem, 2283).

12 juin 1609-1614. Thomas de Boffin, baron d'Uriage (idem).

24 avril 1614-1632. Jean de Micha, sieur de Burcin (Jurisp. de G. Pape, 71).

1632. François de Micha (Arch. de l'Isère, B. 2283).

6 février 1632-1637. Denis de Salvaing de Boissieu (idem).

3 avril 1637-1651. Antoine du Vivier (idem).

9 avril 1651-1665. Pierre Perrot (idem).

21 mars 1665-1675. Antoine Copin, ensuite conseiller au Parlement (idem).

1683. N. de Petitchet (GARIEL, Bibl. du Dauph., I, 43).

1698. N. Joubert (idem, I, 148).

1770-1790. François Sadin, écuyer, conseiller du Roi, vibailli de Viennois, lieutenant général civil et criminel au siége royal et présidial de Graisivaudan.

(1) Le bailliage de Saint-Marcellin, officiellement dénommé de Viennois-Valentinois, était, à proprement parler, l'ancien bailliage de Viennois avant l'annexion du Viennois septentrional au bailliage de la Tour. Ayant donné plus haut la liste des titulaires de ce bailliage, nous nous bornerons donc à donner ici celle des vibaillis, empruntée pour la plus grande partie à un cartulaire de la ville de Saint-Marcellin qui est aux archives de l'Isère.

Celui de Vienne a de plus un conseiller-rapporteur des défauts. Il prend le titre de bailliage de Viennois et terres de la Tour, et a à sa tête le bailli général de Viennois, qui peut y présider sur un siége élevé, l'épée au côté, et y a voix délibérative, aussi bien que dans les bailliages précédents, quoique le prononcé du jugement appartienne au vibailli, qui le formule en ces termes : « Nous, de l'avis du conseil, où était le sieur bailli de Viennois, etc. ». Quant aux lettres exécutoriales, elles portent tantôt le nom du bailli, tantôt celui du vibailli (1).

1314. Bergadan de Muriculis de Papia.
1332. Pierre des Herbeys.
1358. Jean du Bois.
1362. Jean de Fredulphe de Parme, qui fut ensuite chancelier du Dauphiné.
1369. François de Lagny.
1376. Aynard de Châlon.
1423. François de Brognac ou de Brogny.
1435. Noble Pierre Marchand.
1460. Noble Étienne Deagent, fils d'Antoine, coseigneur de Sigottier (GIRAUD, *A. du Rivail*, 79).
1467. Noble Pierre Galbert.
1469. Noble Jean d'Allières.
1476. Antoine Mulet.
1480. Guillaume Feyssan.
7 août 1486-1493. Guy du Rivail (GIRAUD, *A. du Rivail*, 15).
1493. François Mulet.
1533. Guillaume d'Arzag (CHEVALIER, *Hôp. de Romans*, 49).
1554. Joachim d'Arzag (*Arch. de l'Isère*, B. 90).
27 juin 1567-1622. Antoine de Garagnol (*idem*, B. 365, 2283).
1627-1665. Henri de Garagnol (*idem*, B. 637, et *Arch. de la Drôme*, B. 11).
10 avril 1665-1673. Melchior-Nicolas de Garagnol de Verdun, fils du précédent (*Arch. de l'Isère*, B. 2283).
23 juin 1690-1720. Jacques de Beaumont (*idem*, B. 1731, et *Arch. de la Drôme*, B. 517).
1751. Melchior de Beaumont, seigneur de Coppier (*Arch. de l'Isère*, B. 1517).
1769-1790. Reynaud Vallier.

(1) Les comtes de Savoie, qui, de leur côté, avaient un bailli pour leurs possessions d'en deçà le Guiers, et divers autres seigneurs possédant souverainement à l'origine la plus grande partie du territoire de ce bail-

Les bailliages de Briançon, Embrun et Gap ont le même nombre d'officiers. Toutefois, il faut observer que le premier est le

---

liage, dont l'étendue correspondait approximativement à celle des arrondissements de Vienne et de la Tour-du-Pin, les Dauphins avaient un bailli pour la baronnie de la Tour et un pour la partie du Viennois qui leur appartenait, c'est-à-dire quelques communes de l'arrondissement de Vienne, la presque totalité de celui de Saint-Marcellin et toute la partie du département qui est sur la rive droite de l'Isère. Puis cet état de choses ayant été considérablement modifié par la soumission de la plupart de ces seigneurs au fief delphinal et l'acquisition du domaine de la maison de Savoie en Dauphiné, le bailliage de la Tour fut alors uni à celui de Viennois, ou plutôt il n'y eut alors qu'un seul bailli, dit de Viennois, mais toujours deux vibaillis : l'un, dit de Viennois-terre de la Tour, dont le ressort comprenait en outre de l'ancien bailliage de la Tour la plupart des terres nouvelles acquises, et qui, pendant longtemps fixé à Bourgoin, transféra son siège dans Vienne quelques années après le traité de pariage qui associait le Dauphin aux droits de l'archevêque sur cette ville ; l'autre, appelé par opposition de Viennois-Valentinois, établi à Saint-Marcellin. De telle sorte que le point de départ de ce qu'on appelle ici bailliage de Vienne est en réalité l'ancien bailliage de la Tour. Pour cette raison, nous ferons donc précéder ici de la liste des baillis de la Tour celle des vibaillis de Vienne.

Baillis de la Tour.

1277. Jacques Borgarel (CHORIER, *Hist. gén.*, I, 848).
1310. Arthaud de Claveyson *(idem)*.
1319. Jocelin Liatard (VALB., II, 183).
1322. Jean Alleman, châtelain de Crémieu *(idem, I, 102)*.
1325. Turpin de la Tour, seigneur de Vinay *(idem, I, 210)*.
1328. Guigues de Ruins ou de Royn *(idem, II, 227)*.
1336. Amédée de Roussillon *(idem, II, 281)*.
1343. Didier de Sassenage, seigneur d'Iseron *(idem, II, 462)*.
1344. Bertrand de Lagnieu, après qui la charge fut supprimée.

Vibaillis de la Tour, puis de Viennois-terre de la Tour et enfin de Vienne.

1302. Bertrand de Veyserac.
1344. Pierre de Pierre.
1371. Leuzon de Leutzon.
1389. Antoine Tholozan.
1395. Aymeri de Verfay, appelé bailli (CHORIER, *Antiq. de Vienne*, 480).

plus important, toutes les terres, à l'exception de deux, relevant uniment du roi (1); tandis que celui d'Embrun est au contraire

---

1460. Henri de Gauteron, qualifié dans les actes *Egregius Henricus Gauteronis, legum doctor, vice baillivus majoris Viennesii et Terræ Turris* (CHORIER, *Estat pol.*, I, 104).

1461. Étienne Bertal, qui fit la révision des feux de son bailliage (*idem*, *Hist. gén.*, II, 463).

1490. Antoine de Chaponnay (*Estat pol.*, I, 104).

1499. Martin la Chayne (*Gall. Christ.*, XVI, 160).

1511-1550. Jean Palmier, seigneur de Ternay (*Arch. de la Drôme*, E. 1358; — *Estat pol.*, III, 645).

1548-1562. Antoine de la Tour, seigneur de la Tour-du-Buis, docteur ès-lois (COLLOMBET, II, 537).

1562. Jean Gabet, juge royal, nommé vibailli par des Adrets (*idem*, II, 572).

Septembre 1562-1563. Antoine de la Tour, rétabli par Maugiron (*idem*).

Juillet 1563. Jean Carrier, nommé sur la présentation des consuls de Vienne (*idem*, II, 595).

1574. Jean de Buffevent, qui, le 24 septembre de cette année, fut nommé président au Parlement (*Arch. de l'Isère*, B. 2271).

1576. Claude Mitalier, savant helléniste (CHARVET, *Hist. de Vienne*, 568).

— Pierre de Boissat, seigneur d'Avernais, gendre du précédent (CHORIER, *Estat pol.*, IV, 117).

1584-1612. Pierre de Boissat, seigneur de Licieu, fils du précédent (*idem*).

1612-1613. Georges de Musy, qui fut ensuite procureur général au Parlement (*Estat pol.*, III, 407).

9 juillet 1613-1632. Humbert de Chaponnay (*Arch. de l'Isère*, B. 2283).

12 février 1632. Gaspard de Salles (*idem*).

1652. Claude de Salles (*idem*, B. 889).

27 janvier 1652-1655. Louis de Bazemont, seigneur de Fiançayes, ensuite conseiller au Parlement (*idem*, B. 2283).

13 février 1655-1670. Jean-François de Lescot, sieur de Chasselay (*idem*).

20 avril 1670-1692. N. de Berger de Moidieu (*idem*).

28 juillet 1692. Jean-Marie de Martel de Laget (*idem*).

1756. Antoine de Montleron (BAIZARD, *Gén. de Beaumont*).

1790. N. Chevalier de Rivoire.

(1) Le bailliage de Briançon se composait autrefois, en outre, du Briançonnais proprement dit, des vallées d'Oulx, de Pragelas et de Cesanne, sur le versant oriental des Alpes; mais celles-ci ayant été cédées au Piémont par le traité d'Utrecht (1713), il ne comprenait en dernier lieu que 19 communautés ou paroisses, au lieu de 51.

diminué de toutes les terres de l'archevêché, qui sont nombreuses et ont un juge particulier ressortissant au Parlement (1).

Baillis de Briançonnais.

1303. Jordan de Bardonenche (VALB., I, 203).
1304. Jean Bonfils (G. ALLARD, *Dict.*, I, 108).
1309-1310. Raybaud d'Aspres (VALB., I, 102).
1316. Ponce Claret (G. ALLARD, *Dict.*, I, 108).
1334. Guillaume de Besignan, châtelain d'Oulx (VALB., II, 251).
1334. Hugues d'Hières, chevalier (*idem*, II, 265).
1339. Soffrey d'Arces, maréchal du Dauphiné.
1343. Guillaume Grinde, châtelain d'Exilles (VALB., II, 464).
1346. Drouet ou Drovet de Vaux, membre du conseil delphinal (*idem*, II, 623).
1350. Guillaume Bigot, châtelain d'Exilles *(Arm. du Dauph.)*.
1359. Guy de la Tour (G. ALLARD, *Dict.*, I, 108).
1374. Pierre de Galles *(idem)*.
1406. Guillaume de Meuillon (PILOT, *Statist. de l'Isère*, III, 586).
1417-1440. Soffrey ou Siffred d'Arces (CHORIER, *Hist. gén.*, I, 848; II, 434).

Vibaillis de Briançon.

1568. Guillaume Émé, ensuite conseiller au Parlement (PILOT, *Invent. de l'Isère*).
1617. François de Chaillol (*Arch. de l'Isère*, B. 2283).
1620. Claude de Chaillol *(idem)*.
3 avril 1648. François de Chaillol *(idem)*.
7 avril 1677. Charles de Chaillol *(idem)*.
— Jean-Antoine-Joseph Gardon de Perricau *(idem)*.
1783-1790. N. Alphand.

Baillis de l'Embrunais.

(1) 1319. Guillaume Artaud, seigneur de la Val de Beauchêne (CHORIER, *Hist. gén.*, I, 848).
1334. Hugues de Bressieux (VALB., II, 261).
1336. Guigues Borel (*idem*, II, 326).
1345-1346. Jean d'Hauteville, membre du conseil delphinal (*idem*, II, 623; — CHORIER, *Hist. gén.*, II, 316).
1350. Henri Gras.
1356. Jacques du Mottet *(Invent. de la Chambre des comptes)*.
1372. Artaud d'Arces.
1376. Raymond Aynard.

A Gap (1) et Embrun les charges de conseiller sont vacantes, nul ne s'étant présenté pour lever les charges, à cause du peu d'affaires qui y sont portées.

1387. Aymon de Saint-Pierre.
1443. Guinet de Cauvillon, nommé le 9 octobre par Raoul de Gaucour (GARIEL, *Bibl. du Dauph.*, I, 175).

Vibaillis d'Embrun.

Oronce Émé.
1535. Barthélemy Émé, alors nommé président du sénat de Turin par François Ier (*Biog. du Dauph.*, I, 356).
1580. Guillaume Finé (*Arch. de l'Isère*, B. 2283).
16 avril 1580. Jacques Finé *(idem)*.
1636. Humbert de Chaponay, ensuite conseiller au Parlement *(idem)*.
1648. Benoît Amat *(idem)*.
14 juillet 1648. Jacques Silvestre *(idem)*.
21 mai 1681. Jacques Silvestre, fils du précédent *(idem)*.
1790. N. de Cressy.

(1) Le siége du bailliage de Gapençais était premièrement à Upaix. En 1298 il fut transféré à Serres, et ce n'est qu'en 1513 qu'il fut établi à Gap.

Baillis de Gapençais.

1247. Silvion de Clérieu (CHORIER, *Hist. gén.*, I, 848).
1256-1273. Odon Alleman *(idem)*.
1290. Joffrey de Castelanne (G. ALLARD, *Dict.*, I, 108).
1302. Guillaume Grinde (VALB., I, 102).
1319. Jacques Rivier *(Invent. de la Chambre des comptes)*.
1322. Guillaume de Rame (G. ALLARD, *Dict.*, I, 108).
1334. Pierre de Painchaud, ensuite châtelain de Beauvoir *(idem)*.
1343. Arnaud Flotte, seigneur de la Roche-des-Arnauds (VALB., II, 464).
1381. Raymond Aynard (G. ALLARD, *Dict.*, I, 108).
1385. Perceval de Bardonnesche (VALB., I, 102).
1399. Guillaume de Meuillon, bailli de Gapençais et d'Embrunais (CHORIER, *Hist. gén.*, II, 396).
1443. Guinet de Cauvillon, nommé le 9 octobre par Raoul de Gaucour (*Bibl. du Dauph.*, I, 175).

Vibaillis de Gap.

1507-1549. Claude Ollier (*Arch. de l'Isère*, B. 76).
1549-1595. Benoît Ollier de Montjeu (ROMAN, *Sigil. de Gap*, 185).
16 février 1595-1611. Claude Ollier, fils (*Arch. de l'Isère*, B. 2283).

Le bailliage du Buis, autrement dit des Baronnies, qui sont Mévouillon et Montauban, a encore le même nombre d'officiers (1), lesquels sont nommés par le prince de Monaco, duc

---

22 décembre 1611. Alexandre de Phillibert (*Arch. de l'Isère*, B. 2283).
1615. Claude Ollier, sieur de Montjeu, écuyer (*idem*, B. 2411).
1648. Daniel de Phillibert, sieur de Sainte-Marguerite (*idem*, B. 2429).
18 février 1658-1664. Jacques d'Yse de Saléon, ensuite conseiller au Parlement (*idem*, B. 2283).
22 décembre 1664. Mathieu Bertrand (*idem*).
1672. Joseph-Mathieu Bertrand du Fresne (*idem*, B. 1205).
1707. Louis de Bertrand (*idem*, B. 2107).
1744. Antoine Flour de Saint-Genis (*Arch. de la Drôme*, E. 2034).
1789. N. Phillibert.

(1) Ce bailliage étant formé de deux baronnies distinctes à l'origine, on trouve quelquefois simultanément deux baillis, l'un pour la baronnie de Montauban, l'autre pour celle de Meuillon ou Mévouillon. Voici les noms de quelques-uns :
1300. Odon de Châtillon, bailli du Buis ou de Mévouillon (Valb., II, 102).
1302. Hugues du Puy, bailli de Montauban (*idem*, II, 115).
1333. Albert de Sassenage (*Invent. de la Chambre des comptes*).
1334. Guigues de Morges, bailli des deux baronnies (Valb., II, 203).
1336. Henri de Dreins (*Invent. de la Chambre des comptes*).
1343. Ponce Claret (Valb., II, 462).
1378. Amédée de la Motte (*Cartulaire de Montélimar*, ch. 70).
1382. Didier de Besignan (*Papiers de Saint-André de Grenoble*).
1406. Guillaume d'Hostun (Chorier, *Hist. gén.*, II, 404).
1426-1427. Antoine d'Hostun, seigneur de la Baume, nommé le 5 novembre par Raoul de Gaucour, résigna l'année suivante au profit du suivant (Anselme, V, 252).
1427. Guillaume Artaud, seigneur de la Roche-sur-Buis (*idem*).

Vibaillis du Buis.

1597. Louis Cayrel (*Arch. de l'Isère*, B. 2283).
22 décembre 1597. Charles Cayrel (*idem*).
1680. François-Thomas de Cheylus (*idem*, B. 2170).
1628. Antoine de Galles (*Arch. de la Drôme*, B. 983; — *idem de l'Isère*, B. 764).
1643. Annibal de Galles (*Arch. de l'Isère*, B. 2283).
1er septembre 1643. Pierre de Galles, sieur de Vor (*idem*).
1665. Henri de Cheylus (*Arch. de la Drôme*, B. 264).

de Valentinois, et pourvus par le roi. Car il est bon d'observer à cette occasion que le roi Louis XIII, désirant indemniser le prince de Monaco de la perte de biens au royaume de Naples, confisqués sur lui par les Espagnols en représailles de ce qu'il avait reçu garnison française chez lui, s'engagea, par traité de l'an 1641, à lui assigner, tant en Dauphiné qu'en Auvergne et Provence, 80,000 livres de rentes en terres, et que pour ce il lui céda la ville de Valence, les sénéchaussées de Crest et de Montélimar, le bailliage du Buis et la judicature royale de Romans; lesquels furent érigés en duché-pairie sous le nom de Valentinois, avec droit de présenter aux charges de toute justice. En sorte qu'il a tous les revenus casuels, amendes et émoluments des greffes. Cela dit, ajoutons que les sénéchaussées de Montélimar (1) et de Crest (2) sont composées d'un visénéchal

---

8 août 1691-1720. François-Thomas de Cheylus de Propiac (*Arch. de l'Isère*, B. 2283).

1730. Denis Moreau de Véronne, seigneur de Vinsobres (*idem*, B. 990).

1769-1789. Louis-Antoine-François de Bertrand de Montfort (*Biogr. du Dauph.*, I, 132).

(1) Montélimar ayant tour à tour appartenu en tout ou en partie aux Adhémar, au Pape, aux comtes de Valentinois et au Dauphin, les uns et les autres ont eu leur juge ou bailli résidant à Montélimar, celui du comte de Valentinois excepté, dont le siége était à Savasse, suivant une charte d'Aimar VI, en date du 15 avril 1360; et c'est pour remplacer ces divers magistrats que le dauphin Louis XI, corroborant son ordonnance de juillet 1447, établit, par lettres du 17 mai 1449, dans cette ville une cour ou visénéchaussée ayant dans son ressort tous les « subjetz du pays de Vau- » daine et autres places voysines ». Partant, nous joindrons à la liste des visénéchaux de Montélimar celle des juges et baillis dont le nom est arrivé jusqu'à nous.

1347. Jean Patard ou Pacaud, juge de Giraud Adhémar (*Cart. de Montélimar*, ch. 53).

1352. Durand Odoard, bailli du même (*idem*, ch. 55).

1354. Guigues Ponce, juge, et Hugues, damoiseau, bailli pour le même (*idem*, ch. 56).

1369. Ricon de Mauriac, chevalier d'armes, bailli pour le Pape (*idem*, ch. 63).

1378. Aymon de Rochemaure, bailli du comte de Valentinois (*idem*, ch. 72).

1395. Guillaume de Flor ou de Florin, bailli pour le Pape (*idem*, ch. 83).

juge, d'un lieutenant particulier, d'un avocat et d'un procureur du roi pour chaque siége, et que le sénéchal commun est le marquis de Gouvernet.

1396. Ayner ou Ainier du Puy, seigneur d'Odeffred, bailli du comte (*Cartul. de Montélimar*, ch. 87).

1396. Pierre Bergondion, bailli du Dauphin *(idem)*.

1422. Hugues Peyrol, bailli et juge pour le comte de Valentinois (*idem*, ch. 101).

1427-1437. Paulet Ruffi, notaire et bailli pour le Pape (*idem*, ch. 107, 116).

1437-1438. Antoine d'Hostun, seigneur de la Baume-d'Hostun, bailli et juge delphinal (*idem*, ch. 114-116).

1449. Arnaud Odoard, lieutenant du sénéchal de Valentinois et Diois au siége de Montélimar (*Arch. de la Drôme*, E. 1555).

1466. Nicolas de Pracontal, damoiseau, visénéchal (CHEVALIER, *Cartul. de Montélimar*, p. 301).

1491. Hippolyte Alzéas, licencié ès-lois (*idem*, ch. 144).

1509. Jean Giraud, licencié en droit (*idem*, ch. 150).

1513. Armand Pertuis, bachelier en droit (*idem*, ch. 158).

1527. Théodore Mulet, docteur en droit (*idem*, ch. 155).

1540. Giraud de Monteil *(Pap. de la sénéch.)*.

1563-1570. André d'Exéa (CHORIER, *Hist. gén.*, II, 669).

1576-1602. Jacques Colas, capitaine des gardes du duc de Mayenne et comte de la Fère, en l'absence de qui furent commis pour remplir la charge de visénéchal :

1° 14 septembre 1591. Louis de Villette, coseigneur d'Eurre (ARNAUD, *Manuscrits des Capucins de Montélimar*, et *Arch. de l'Isère*, B. 2283).

2° 11 août 1594. Louis de Villette (*Arch. de l'Isère*, B. 2283).

24 mars 1602. Pierre Cholier *(idem)*.

— 1611. Jean Cholier *(idem)*.

2 décembre 1611. Jean d'Armand *(idem)*.

3 décembre 1625-1651. Jacques Durand, seigneur de Blacons (*id.*, B. 905).

12 décembre 1651-1678. Paul Durand, sieur de Pontaujard (*idem*, et *Arch. de la Drôme*, B. 988).

1680. N. Baile (G. ALLARD, *Dict.*, II, 620).

1765-1778. Barthélemy Faujas de Saint-Fond, le naturaliste (*Arch. de la Drôme*, B. 955).

1778-1790. Alphonse-Antoine-Laurent Salamon, baron de Salamon, maire de Lyon en 1794 (*Biogr. du Dauphiné*, I, 375).

(2) Nous avons dit qu'il y avait à Crest, sous les Poitiers, une cour majeure, — *curia major*, — pour les comtes de Valentinois et Diois, cour suprême de laquelle relevaient tous les juges subalternes et même le tribunal

établi à Savasse par Aymar VI. Ajoutons que cette cour ne se composait vraisemblablement que du juge ou bailli, ainsi qu'il résulte d'une sentence de l'an 1420, que nous avons sous les yeux et dont le préambule est assez original pour mériter d'être cité : « *Nous Giraud Chabas, licencié aux lois, régissant la iudicature et la cour majeure des contés du Valantinoys et du Dyois : Veu et diligemment regardé et considéré l'importance de ceste cause.........., veues, aussi ruminées les aultres choses contenues dans ladicte cause, les escriptures sainctes mises devant nous, afin que de la veüe ou face de Dieu sorte nostre iugement et que nos yeux voyent l'équité, ne penchant ny à droicte ny à gauche, mais pesant la cause dans la balance iuste, après avoir invocqué le nom de Dieu et nous estre prémuni du signe vénérable de la croix, disant : Au nom du Père, du Fils et du Saint-Esprit, amen. En la présence des procureurs des parties susdictes assistants icy devant nous par ceste sentence définitive que nous sortons sur ces escripts, nous prononçons, décrétons, disons et déclarons* », etc.

Voici les noms des juges mages et baillis de Valentinois qu'il nous a été permis de recueillir, suivis de ceux des visénéchaux de Crest :

1184. Denslegart, bailli de Guillaume, comte de Valence *(Inventaire de Saint-Ruf)*.

1313. Guillaume de Rochemaure, bailli de Valentinois et Diois *(Arch. de la Drôme, E. 1349)*.

1329. Pierre Sabatier, licencié ès-lois, juge mage *(Cartul. de N. D. de Beaumont)*.

1332. Pierre de Scudero *(idem)*.

1355. Barthélemy Aytard, docteur et chevalier d'armes, bailli et juge mage *(Arch. de la Drôme, E. 458)*.

1414. Berthon Barnaud, clerc, notaire, régent de la judicature des comtes de Valentinois et de Diois *(Pap. de la sénéchaussée)*.

1420. Giraud Chabas, licencié ès-lois *(idem)*.

1425. Hugues Grand *(idem)*.

24 octobre 1427. N. Marc, juge mage, nommé par Mathieu de Foix *(Papiers de la Chambre des comptes)*.

1427. Antoine d'Hostun, seigneur de la Baume *(Cart. de Mont., ch. 107)*.

1449. Guillaume, bâtard de Poitiers *(Arch. de la Drôme, E. 1555)*.

1460. Ferrand Dyeys, juge mage de Valentinois et Diois (BRIZARD, II, 119).

1465. Jean Rabot, visénéchal *(Invent. de la Chambre des comptes)*.

1489. Hippolyte Alzéas *(idem)*.

1516. Jean Giraud *(Pap. de la sénéchaussée)*.

1526. Raymond de Coquet *(Pap. de l'évêché de Valence)*.

1531. Noble Sébastien Bruyère *(Arch. de la Drôme)*.

— Pierre Travaisii *(Pap. de l'évêché de Valence)*.

12 novembre 1562-1572. Jacques Pellissier *(Arch. de l'Isère, B. 2283)*.

10 mai 1577-1602. Jean Barnaud *(Arch. de l'Isère, B. 2283)*.

1ᵉʳ janvier 1603. Phillibert Allian *(idem)*.

XIII. JUDICATURES ROYALES, ÉPISCOPALES ET SEIGNEURIALES.

A Grenoble, capitale de la province, il y a, suivant une transaction de l'an 1292, une judicature ou siége royal et un épiscopal, lesquels rendent alternativement et d'année en année la justice dans cette ville (1). Chacun de ces siéges est

---

1620. Sébastien de Pourroy, ensuite conseiller au Parlement *(Pap. de la sénéchaussée)*.
1647. François de Pourroy *(idem)*.
4 juin 1647. Aymar de Pourroy *(Arch. de l'Isère, B. 2283)*.
1657-1687. Pol de Pourroy *(idem, B. 984)*.
1687-1715. Pierre de Richard *(Pap. de la sénéchaussée)*.
1715. Jean-Claude Jacquemet *(idem)*.
1756. Jean de Richard *(idem)*.
1756-1790. François-Étienne de Lambert *(idem)*.

(1) Notre auteur entend parler ici du traité de septembre 1293 entre le dauphin Humbert Ier et Guillaume de Sassenage, évêque de Grenoble; traité suivant lequel l'évêque et le Dauphin, seigneurs par égale part de la ville de Grenoble, devaient avoir, non pas, ainsi que paraît l'insinuer Bouchu, chacun un juge; mais, comme par le passé, un juge commun ayant pour ressort tout le territoire compris entre la maladrerie de dessous la Balme, la commanderie d'Échirolles, la fontaine de Jayllin sous le château de Gières et le lieu appelé Soliers près la fontaine de Saint-Jean. C'est ce juge que nous voyons sous le nom de juge de la cour commune parmi les officiers que l'ordonnance du 1er août 1340 appelle à prendre part à certaines délibérations du conseil delphinal. Son tribunal avait pour sceau les armes de l'évêque et du Dauphin accolées, avec la légende : *Signum majus curiæ civitatis Gratianopolis*; et toutes ses sentences étaient rendues au nom des deux coseigneurs.

Quant à l'établissement de deux juges distincts exerçant chacun leur année, il ne paraît pas être antérieur à la seconde moitié du XVIe siècle. En tout cas, il est postérieur à 1494, époque à laquelle nous trouvons une sentence de la Chambre des comptes établissant que des amendes infligées par la cour commune un tiers devait appartenir au Dauphin, un tiers à l'évêque, et le reste aux véhiers chargés de la recette.

Le plus ancien juge de la cour commune de Grenoble dont le nom soit arrivé jusqu'à nous est Jean de Goncelin, qui fit en 1292 un règlement pour les droits de fournage, et le dernier juge royal est Jean-Joseph

composé d'un juge, d'un lieutenant et d'un procureur, nommés les uns par le roi-dauphin, les autres par l'évêque. Leur juridiction s'étend sur tous les habitants de Grenoble, les officiers ayant droit de *committimus* exceptés. Leurs appels vont recta au Parlement, et leurs greffiers se partagent les droits et émoluments.

A Romans, la justice est également partagée entre le prince de Monaco, à la place du roi-dauphin, et le chapitre de Saint-Barnard, qui ont l'un et l'autre leur juge. Les appels du juge du chapitre vont au bailliage de Saint-Marcellin, et ceux du juge royal au Parlement, depuis l'union de cette judicature au duché de Valentinois (1).

Il en est de même à Vienne, où un juge royal et un juge archiépiscopal rendent alternativement la justice, étant l'un et l'autre appellables au bailliage de cette ville, tandis que les émoluments et amendes appartiennent une année à l'engagiste du greffe royal et l'année suivante à l'archevêque (2).

Mounier, le célèbre député à la Constituante et l'une des plus belles figures de la Révolution de 1789. Le juge épiscopal était alors Alexis-François Pison du Galland, qui fut aussi député à la Constituante (VALBONNAYS, I, 8, 143, 379; II, 70; *Bibl. du Dauph.*, I, 281; — ROCHAS, *Biogr. du Dauph.*, II, 174, 252).

(1) A l'origine et pendant plusieurs siècles, l'archevêque de Vienne, en sa qualité d'abbé de Saint-Barnard de Romans, et le chapitre de ce nom possédaient en totalité la seigneurie et partant les droits de juridiction dans cette ville; mais, à la suite d'événements qu'il serait trop long de rapporter ici, il intervint, entre le pape Clément VI, qui, sans titres sérieux, prétendait avoir le droit de haute justice dans Romans, le dauphin Humbert II et le chapitre de Saint-Barnard, un traité, dit de pariage, suivant lequel toutes les fonctions judiciaires devaient être exercées par un même juge alternativement nommé par le chapitre et le Dauphin (VALB., I, 333; II, 407).

(2) L'archevêque de Vienne est resté seul seigneur justicier dans cette ville jusqu'au 31 octobre 1449. Pour mettre fin à de longs démêlés, le dauphin Louis XI et l'archevêque Jean de Poitiers firent un traité, suivant lequel ils devaient avoir désormais l'un et l'autre dans cette ville leur juge et leurs officiers égaux en autorité et exerçant alternativement; le seul ressort supérieur étant exclusivement réservé au Dauphin, qui trans-

Saint-Paul-trois-Châteaux a aussi deux siéges, l'un royal, l'autre épiscopal, chacun d'eux composé d'un juge ou bailli, d'un lieutenant et d'un procureur. Toutefois, il faut observer que ce titre de bailli ne tire pas à conséquence, car il n'a qu'une très-petite juridiction et ne reçoit aucun appel (1).

On pourrait en dire autant de la ville d'Embrun, où le roi et l'archevêque avaient autrefois chacun leur juge particulier, mais où la charge de juge royal a été par Louis XI unie à celle de vibailli.

A Valence, Die et Gap, la justice appartient entièrement aux évêques, le présidial de Valence et le vibailli de Gap n'ayant aucune juridiction sur les habitants desdites villes. Les juges épiscopaux de Valence et de Die (2) se qualifient juges mages, parce qu'ils ont les appels des juges particuliers des terres

---

féra aussitôt de Bourgoin à Vienne le siége du bailliage pour y recevoir les appellations autrefois portées devant l'official (CHORIER, *Hist. gén.*, II, 440; — COLLOMBET, II, 372, etc.).

(1) Par acte du 25 septembre 1408, Dieudonné d'Estaing, évêque de Saint-Paul-trois-Châteaux, associa le roi-dauphin à tous les droits de juridiction et autres qu'il avait dans sa ville épiscopale et les terres en dépendant suivant diverses concessions faites à ses prédécesseurs par les empereurs Charles, Louis et Lothaire. L'un et l'autre devaient s'entendre pour choisir un bailli commun, et s'ils ne le pouvaient, l'évêque en nommait un qui exerçait les deux premières années, et le roi un autre pour les deux années suivantes (SAINTE-MARTHE, *Hist. de l'église de Saint-Paul*, 160, 328; — LACROIX, *Invent. de la Drôme*, p. 7).

(2) Antérieurement à 1456, les évêques de Valence et de Die possédaient toute juridiction dans ces deux villes et les autres terres de leur domaine; mais, à cette époque, l'évêque Henri de Poitiers fit avec le dauphin Louis XI un traité aux termes duquel les appels de leurs juges devaient être portés au Parlement. Cependant, il y avait encore au XVIe siècle un juge d'appel de l'évêché de Die, et nous voyons en 1565 seulement l'évêque Jean de Montluc supprimer la « cour des appeaux » de Valence, pour que les appellations des sentences de ses juge mage et autres ressortissent « nue- » ment et sans moyen à la cour souveraine de ce païs de Dauphiné »; puis, ce qui est plus extraordinaire encore, l'évêque Charles de Leberon pourvoit en 1599 un nommé la Boisse de la charge de juge des appellations (*Arch. de la Drôme*, B. 996, 997, etc.).

épiscopales. Leurs appels vont directement au Parlement. Il y a dans le bourg de Chabeuil un juge royal des conventions, dont la charge est vacante aux parties casuelles depuis longtemps, l'avocat du roi étant le seul officier de ce siége dont la juridiction ne s'étend que sur ceux qui s'y sont soumis par actes. Il a, de même que celui de Saint-Marcellin, un style ou usage particulier, suivant lequel on ne peut s'opposer à l'exécution d'une obligation qu'en produisant la quittance. Ajoutons que les visénéchaux de Montélimar et de Crest et les vibaillis de Saint-Marcellin, de Briançon et du Buis sont juges en première instance des habitants desdites villes.

Quant aux judicatures seigneuriales, elles sont fort nombreuses, la plupart ne comprenant qu'un seul village (1). Celle de Tallard, qui appartient à M. le Maréchal de Tallard, et celle de Roussillon, qui appartient à M. le comte de Chatte, relèvent

---

(1) Bien que diversement qualifiés juges royaux, juges épiscopaux et juges seigneuriaux, c'étaient, sauf une certaine extension d'attributions des premiers dans quelques villes, des magistrats du même ordre, rappelant par plus d'un trait les fonctions de nos juges de paix, avec cette différence que, sauf de bien rares exceptions, leur ressort ne comprenait guère qu'une paroisse, chaque fief pouvant avoir son juge. De telle sorte qu'au dernier siècle il y avait en Dauphiné huit ou neuf cents judicatures seigneuriales, épiscopales ou royales. Je dis judicatures et non pas juges, parce que ces dernières fonctions étaient remplies comme nos suppléances de juges de paix, ayant chacune au moins un juge, un lieutenant de juge, un procureur juridictionnel et un greffier, nommés les uns et les autres par le seigneur de la terre, qui, bénéficiant des amendes, ne voyait le plus souvent dans la distribution de la justice qu'un moyen de grossir ses revenus. Aussi, ces modestes fonctions judiciaires n'étaient-elles pas remplies par des magistrats en titre, mais par les avocats, les procureurs ou les notaires du chef-lieu du bailliage ou d'une autre ville ou bourg voisin, qui, tout en se les partageant, cumulaient à l'infini. Tellement qu'en 1789 Pison du Galland était tout à la fois juge épiscopal de Grenoble, juge seigneurial d'une cinquantaine de terres et lieutenant de six ou sept autres.

En principe, toutes ces judicatures devaient avoir leur siége dans la terre même pour laquelle elles avaient été créées; mais Charles VII, en 1437, et François Ier, le 24 avril 1542, autorisèrent par lettres leur établissement dans les chefs-lieux de bailliage ou à Grenoble.

directement du Parlement. Les autres, dont les principales sont celles de : Vizille, le Touvet, la Baume-d'Hostun, Pont-en-Royans, Auberives, Maubec, Serrières, Chabrillan, Montbrun, Pusignan, Anthon, Heyrieux, Saint-Chef, Clermont, Ornacieux, Illins, etc., relèvent des bailliages et sénéchaussées. D'après le statut delphinal, toutes peuvent être exercées dans la ville de Grenoble; mais, à cause de l'éloignement, presque toutes ont leur siége dans le chef-lieu de chaque bailliage.

XIV. CHAMBRE DES COMPTES, BUREAU DES FINANCES, ETC.

La Chambre des comptes, dont la juridiction appartenait autrefois au Parlement, est le premier tribunal de finance de cette province. Elle fut établie en 1628 et se compose de six présidents, le premier compris, de dix-huit maîtres des comptes, deux correcteurs, six auditeurs, d'un avocat et d'un procureur général. Chargée de recevoir et de juger les comptes des receveurs des tailles et du domaine, elle reçoit les aveux et dénombrements des terres qui relèvent du roi et a l'économat des bénéfices vacants en régale, par suite de l'acquisition des offices d'économes nouvellement créés. De plus, elle prétend avoir le droit d'enregistrer les provisions des évêques et leur serment de fidélité, ce qui lui est contesté par la Cour des comptes de Paris; comme aussi elle avait autrefois la connaissance des affaires du domaine et la liquidation des lods et ventes échéant au roi, qu'un arrêt de l'an 1691 a adjugées aux trésoriers de France. Dans les cérémonies publiques, la Chambre des comptes suit le Parlement (1).

---

(1) L'établissement d'officiers ayant charge de surveiller la recette et l'emploi des deniers du prince est fort ancien en Dauphiné, car on voit, dès 1302, le châtelain de Montbonnod rendre compte de ce qu'il a perçu devant les auditeurs des comptes, fonctionnaires qu'un acte de 1315 nous montre organisés en compagnie, ayant un sceau particulier, sous le nom de cour nouvelle, — *curia nova Domini Dalphini.* — Humber III augmenta considérablement le nombre de ces officiers, dont il fixa le siége à

De même que les officiers de la Chambre des comptes, les trésoriers de France en la généralité de Grenoble ont également fait partie du Parlement de Grenoble jusqu'en 1628, époque à laquelle ils furent établis en corps distincts. Avant et même longtemps après l'union de cette province à la France, il n'y avait qu'un trésorier général en Dauphiné, et même vers 1471 les quatre trésoriers généraux du royaume commencèrent à y exercer leurs fonctions par l'entremise de commis. Mais, Henri II ayant plus tard divisé le royaume en dix-sept

---

Grenoble et dont les quatre premiers, spécialement chargés de juger les contestations relatives aux comptes, dont les simples auditeurs n'avaient que l'examen, prirent place dans le conseil delphinal sous le nom de *maîtres rationaux*. Dans ce conseil et dans le Parlement ensuite, ils formèrent bientôt une chambre particulière, ayant, dès 1434, son président, auquel on en adjoignit un second en 1544, puis un encore chaque fois en 1560, 1603 et 1615, et dans laquelle maîtres rationaux et auditeurs des comptes devinrent des conseillers maîtres et des conseillers auditeurs, de telle sorte que l'édit de mars 1628 qui l'érigea en cour souveraine à l'instar de la Chambre des comptes de Paris, ne fit en définitive que consacrer ce qui existait déjà en fait, sinon en droit. A l'origine, les auditeurs des comptes n'avaient pas de traitement fixe, étant rétribués suivant leurs services; mais les maîtres rationaux eurent tout d'abord 60 florins de gages, portés à 100 florins lorsqu'ils n'habitaient pas Grenoble, afin de les indemniser de leurs frais de déplacement. En 1702, le premier président avait 3,075 livres, les présidents, 1,800 livres chacun, les conseillers maîtres et conseillers correcteurs, — charge créée vers le milieu du XVIe siècle, — 1,128 livres 2 sous 6 deniers, et les conseillers auditeurs, 750 livres. Quant au procureur général et à l'avocat général, ils avaient le premier 1,975 livres et l'autre 900 livres, et deux chevaliers d'honneur, institués cette même année (1702), touchaient 1,000 livres chacun.

Ajoutons qu'en 1633 il fut créé un cinquième office de président, — le premier non compris, — à la Chambre des comptes de Grenoble et que celle-ci, qui dans les cérémonies publiques suivait le Parlement, avait la droite dans le chœur de l'église de Saint-André, en mémoire de son antériorité sur celui-là; enfin que, par le fait des aveux et dénombrements qui devaient être fournis devant elle, ses archives, dont l'inventaire, fait au dernier siècle par l'avocat François Marcellier, ne comporte pas moins de trente-deux volumes in-folio, sont incontestablement le trésor le plus important et le plus précieux pour l'histoire féodale du Dauphiné (VALB., I, 78, 99; II, 286, 402; — PILOT DE THOREY, *Inv. des arch.*, 10 et suiv.).

généralités ou recettes ayant chacune un trésorier de France général des finances, il en fut établi un à Grenoble, et depuis diverses créations ont successivement augmenté le nombre de ces officiers, en sorte que le bureau de Grenoble se compose actuellement d'un premier président en titre, de quatre présidents par commission, de vingt trésoriers généraux, d'un avocat et d'un procureur du roi. Comme les autres bureaux du royaume, celui-ci a la direction des finances et celle des terres du domaine, avant qu'elles fussent engagées. Il connaît de toutes les affaires du domaine, des adjudications, des lods et de la grande et petite voirie. Chaque année, deux de ses membres sont nommés pour procéder avec MM. les Intendants à l'imposition des tailles, et il y en a également toujours un, choisi par le roi, qui assiste aux marchés concernant les ponts et chaussées. Ajoutons qu'un édit de 1497 a créé deux trésoriers généraux de France vérificateurs et commissaires pour les comptes des étapes et que ces offices ont été acquis par le corps dudit bureau (1).

---

(1) A côté des gens des comptes il y avait naturellement d'autres officiers chargés de centraliser les revenus du prince, c'est-à-dire des trésoriers. Du temps des premiers Dauphins, il n'y en avait qu'un pour tous leurs états; mais Humbert II, qui, pour se débarrasser d'un soin incommode, avait un moment supprimé cette charge et donné à forfait celle de pourvoir à toutes les dépenses de sa maison en retour de l'abandon intégral de ses revenus, établit en avril 1340 trois trésoriers ayant entrée au conseil delphinal et séant après les officiers des comptes, à qui ils étaient assimilés pour les gages. Ces trois trésoriers ne tardèrent pas à être remplacés à leur tour par un seul, joignant à ce titre celui de procureur général du fisc, lequel a fonctionné jusqu'aux dernières années du XVe siècle, époque à laquelle les trésoriers généraux de France commencèrent à exercer en Dauphiné par l'entremise de commis.

Henri II établit en 1553 un trésorier général pour chaque province et par suite un pour le Dauphiné, dont la charge fut un moment partagée en celles de trésorier et de général des finances, puis réunie sur la même tête en 1574, avec cette différence que le nombre des titulaires avait été augmenté de deux dans l'intervalle, nombre qui, du reste, ne fit dès lors que s'accroître rapidement. De telle sorte qu'il y en avait cinq sous

Pour les gabelles, il y a un contrôleur à Grenoble, un visiteur à Valence et un à Briançon, juges qui n'ont ni lieutenants, ni procureurs du roi dans leurs siéges.

Louis XIII, qui, par édit d'octobre 1621, créa sept offices, puis six en décembre 1627 par un nouvel édit organisant les titulaires en compagnie sous le nom de Bureau des finances. Un troisième édit, en date de septembre 1628 et confirmatif du précédent, augmenta de deux encore le nombre des trésoriers des finances du Dauphiné, dont quatre reçurent alors le titre de président et qui, suivant autres édits de mai 1633, mai 1635 et août 1637, furent portés à vingt-cinq par suite de la création de cinq nouveaux offices, dont l'un de garde-scel.

Cela dit, il n'est peut-être pas sans intérêt de rappeler ici la formule du serment imposé par le règlement de Guillaume de L'Aire (7 octobre 1400) au trésorier général de Dauphiné. « Vous jurets et promettes par la » foy et serment de vostre corps et sur les saints évangiles de Dieu : que » vous serez bon et loyal au roy daulphin, nostre souverain, et à ses » successeurs; son bien et son proffit procurerez, et son domaige à vostre » pouvoir éviterez; son domaine et ses deniers delphinaux tant ordinaires » que extraordinaires bien loyalement gouvernerez, administrerez et re- » cevrez avec toute diligence, et audit seigneur comme son trésorier et » receveur général de tout ce pays icy du Daulphiné les conserverez et » garderez et les [délivrerez, et distribuerez, ainsy que par luy ou par » aultres ayant à ce puissance vous sera appoincté et ordonné, et en » telle valleur que les recevrez, les payerez et deslivrerez, sans y faire » fraude aulcune préjudiciable audit seigneur et à la chose publique ; » dons illicites ne recevrez et les gaiges des officiers tant de la Court, du » Parlement et de la Chambre des comptes que des aultres vous payerez » par quartons de troys moys en troys moys et ce sur l'obligation de » vostre corps et de vos biens en manière de debtes fiscaulx, ainsy » qu'en tel cas est accoustumé, et pour faire les choses dessus dictes » baillerez bonne et suffisante caucion jusques à la somme de IIII mille » livres. » (VALB., I, 78, 319, 338; II, 271, 404; *Libert. per illustr.*, XVI, v°; *Est. pol.*, I, 93; — GUY ALLARD, *Dict.*, II, 690.)

Voici, maintenant, les noms de quelques-uns des possesseurs de cette charge alors qu'elle était unique :

Sous Guigues VIII, Jacques de Dye, dit Lappo (VALB., I, 78).
— Guy Meliorosus (*idem*, II, 287).
1333. Jean de Poncy, archidiacre de Capoue (*idem*).

6 avril 1340. { Jacquemin de Mallebail (*idem*, 408).
{ Pierre de Canaveys (*idem*).
{ Humbert de Villet (*idem*).

Pour les douanes, il y a six tribunaux : à Grenoble, Veynes, Valence, le Buis, Montélimar et Briançon, chacun d'eux composé d'un juge de la douane, d'un lieutenant, d'un procureur du roi et d'un greffier, et, depuis peu, d'un substitut du procureur du roi.

Rappelons encore ici qu'un siége de maîtrise des eaux et forêts, dont la juridiction s'étend sur toute la province, a été créé par l'édit de novembre 1689. Il se compose d'un maître particulier, d'un lieutenant, d'un procureur du roi, d'un garde-marteau, d'un greffier et de quatre sergents garde-bois (1).

1345. Pierre Durand, de Chabeuil (VALB., II, 529).
1351. Bertrand Duclaux (G. ALLARD, Dict., II, 691).
1360. Philippe de Gilliers (idem).
1383. Jean de Vallin (idem).
1385. Jean de Brabant, receveur général (CHEVALIER, Invent. de Saint-André, 498).
1421. Jean de la Barre (G. ALLARD, idem).
1436-1439. Nicolas Erlant ou d'Erlaud (CHORIER, Hist. gén., II, 431-34).
1439. Cassin de Chasse (idem).
1450. Antoine Bolomier, seigneur de Montelier (Invent. de la Chambre des comptes).
1462. Hugues Coct (CHORIER, Hist. gén., II, 461).
1478. Nicolas Ailloud (Révision de feux).
1496. Jean Guyon ou Guion (G. ALLARD, idem).
1520. Aymar de la Colombière (idem).
1546. François de la Colombière, seigneur de Peyrins (Arch. de la Drôme, E. 556).
1557. Artus Prunier, gendre du précédent (Biogr. du Dauph., II, 311).

(1) Aux XVIe et XVIIe siècles, il y avait un grand maître des eaux et forêts de Dauphiné, tels Pierre de Vesc, seigneur de Comps en 1503, et César Martin, comte de Disimieu en 1625; mais ce n'était vraisemblablement qu'un office sans juridiction. Par l'édit de novembre 1689 il en était établi une; mais le Parlement, qui se trouvait atteint dans ses prérogatives, s'opposa énergiquement à ce que les officiers nouvellement créés remplissent leur mandat; de telle sorte que, jusqu'en 1724, toutes choses restèrent en l'état. Alors, une commission de trois membres, dont était l'intendant Fontanieu, fut chargée de faire la visite des bois et forêts de la province et d'élaborer un règlement pour leur garde et conservation. Puis, en mai 1729, un nouvel édit, abrogeant celui de 1689, établit à Gre-

XV. ÉLECTIONS.

Le Dauphiné était autrefois un pays d'États, mais en 1628 ceux-ci furent suspendus et la province divisée en six Élections, dont les bureaux sont à Grenoble, Vienne, Valence, Romans, Montélimar et Gap, ayant le chacun d'eux une recette particulière, excepté celui de Gap, qui, vu l'étendue de son ressort, en a deux, une pour le Gapençais et l'Embrunais, l'autre pour le Briançonnais.

Ces bureaux assistent à l'imposition des tailles avec MM. les Intendants et les deux commissaires du bureau des finances; connaissent du fait des tailles en première instance, puis des affaires des communautés et encore des contraventions à la ferme du tabac et à la marque de l'or, de l'argent et de l'étain. Enfin, chaque bureau se compose d'un président, d'un lieutenant, d'un premier assesseur, de quatre élus, d'un procureur du roi et d'un greffier, les offices de lieutenant criminel vérificateur des rôles, de tiers référendaires, de taxateurs des dépens, de commissaires, examinateurs-enquêteurs et de rapporteurs des défauts nouvellement créés ayant été éteints par le corps des officiers de chaque siége, à l'exception de celui de rapporteur des défauts au bureau de Grenoble, acquis par le sieur Chamet. Il en a été de même de l'office de garde-scel (1).

---

noble, Die et Saint-Marcellin trois maîtrises, composées chacune d'un maître particulier, ayant 300 livres de gages ou de chauffage, d'un lieutenant, ayant 200 livres, d'un procureur, ayant pareils émoluments, d'un garde-marteau, avec 150 livres, d'un huissier et d'un arpenteur, ayant 30 livres chaque, et d'un certain nombre de gardes généraux, ayant 50 livres (*Arch. de la Drôme*, B. 2087; — *Règlement général des comm. du Roy...... pour la réform. des eaux et forêts de Dauph.*, Grenoble, 1732, in-12; — *Recueil des édits*, t. XVIII, XIX).

(1) Il y avait autrefois en France des pays d'États, c'est-à-dire s'administrant eux-mêmes sous l'autorité du roi, et des pays d'Élections ou de droit commun. Le Dauphiné, après avoir été pendant trois siècles au nombre des premiers, devint en 1628 un pays d'Élections par le fait de la suspension de ses États, autrement de l'assemblée particulière qui, élue par

XVI. LES MAGISTRATS.

Pour ce qui regarde la valeur intellectuelle et morale des divers magistrats, MM. de la Poippe (1), Allois (2) et Boffin de la Sône (3) méritent d'être distingués entre les présidents au Parlement, les deux premiers surtout à cause de leurs grands biens et de leurs grands talents. M. de la Poippe, qui est d'une très-ancienne famille d'épée, excelle dans la judicature et les belles-lettres. Quant à M. Allois, quoique très-fort dans la

---

les trois ordres du pays, discutait et votait chaque année les impôts. Pour ce qui regarde l'étymologie du mot *Élection*, nous l'ignorons tout à fait, et tout ce qu'il nous est permis de dire à ce sujet, c'est qu'il s'appliquait à une certaine étendue de territoire relevant d'un tribunal particulier où des juges appelés *élus* jugeaient toutes les contestations relatives aux impôts, recevaient le serment des magistrats municipaux, punissaient les délits de contrebande, etc. L'édit de mars 1628 divisa le Dauphiné en dix Élections, dont les chefs-lieux étaient Grenoble, Vienne, Valence, Romans, Montélimar, Gap, Briançon, Embrun, Die et Crest; mais ces quatre dernières ayant été presque aussitôt supprimées, il n'en resta que six, comprenant approximativement : celle de Grenoble, l'arrondissement actuel de ce nom; celle de Vienne, les arrondissements de Vienne et de la Tour-du-Pin; celle de Romans, l'arrondissement de Saint-Marcellin et toute la partie du département de la Drôme qui est sur la rive droite de l'Isère; celle de Valence, le reste de l'arrondissement de ce nom; celle de Montélimar, les trois arrondissements de Montélimar, de Die et de Nyons; enfin, celle de Gap, tout le département des Hautes-Alpes.

Chaque Élection était divisée elle-même en subdélégations, autre circonscription territoriale ayant à sa tête un subdélégué de l'intendant, autrement un magistrat administratif qui a servi de modèle pour nos sous-préfets.

(1) Artus-Joseph de la Poype-Saint-Julin de Gramont, conseiller au Parlement de Metz, nommé président en survivance de son père, avec dispense d'âge, de services et de parenté, le 16 février 1682, devenu premier président en 1730.

(2) Claude Allois, seigneur d'Herculais, conseiller du 5 mai 1687, président, avec dispense de services, le 10 mai 1696, mort le 29 juin 1698.

(3) Jean-Baptiste-Félicien de Boffin, seigneur d'Argenson et de la Sône, conseiller du 22 avril 1677, président le 16 août 1696.

science du droit, il a surtout la connaissance des affaires publiques.

MM. de Barral (1), de Beegue (2), Saint-Marcel (3), Pelisson (4), Canel et Chaléon (5) méritent d'être remarqués parmi les anciens conseillers de la même cour, et MM. Pourroy de la Mairie (6), Regnault de Sollier (7), de Bardonenche (8) et Duclot de Beaulieu (9), parmi ceux qui, jeunes encore, font prévoir pour l'avenir d'excellents magistrats. Quant à MM. Grattet de Brangues (10) et d'Yse de Saléon (11), autres présidents à mortier, et du Pilhon (12), conseiller-clerc, ils mé-

---

(1) François de Barral, avocat en la cour, reçu conseiller le 21 mars 1661, résignataire en faveur de son fils.

(2) Louis de Grimand, sieur de Beegue, avocat en la cour, reçu conseiller le 30 avril 1670.

(3) Étienne Eyraud de Saint-Marcel, assesseur au bailliage de Graisivaudan, reçu conseiller le 16 décembre 1664.

(4) Charles Pelisson, avocat, nommé conseiller le 17 octobre 1675, mort le 10 mars 1698.

(5) Laurent de Chaléon, avocat, nommé conseiller le 25 janvier 1668, mort le 26 octobre 1699.

(6) François-Louis de Pourroy de la Mairie, avocat, conseiller le 6 avril 1690.

(7) Louis Regnault de Sollier, seigneur de Chatellard, avocat, nommé conseiller le 13 octobre 1692, puis premier président du sénat de Nice pendant l'occupation française en 1710.

(8) Réné de Bardonnenche, avocat, conseiller du 2 octobre 1693, ensuite chevalier d'honneur en la cour.

(9) Claude du Clot, sieur de Beaulieu, avocat, nommé conseiller le 14 juin 1696, mort le 10 mai 1711.

(10) François-Pierre de Grattet de Brangues, seigneur du Bouchage, avocat, nommé conseiller le 26 septembre 1692, puis président, sur la résignation de son père, le 16 août 1696.

(11) Jacques d'Yse de Saléon, seigneur de Châteauneuf-de-Mazenc, vibailli de Gap, conseiller au Parlement le 10 mars 1661, président le 17 mai 1696, avec dispense de parenté, résignataire en faveur de son fils en 1701.

(12) Alexandre du Pilhon, chanoine de Grenoble, prieur de Taulignan, Glandage, Luc, Guignaise et Miscon, reçu conseiller au Parlement le 16 janvier 1654, mort en 1710.

ritent également d'être distingués, mais d'une toute autre manière, étant les deux derniers gens de naissance, point sans capacités, mais pétulants, emportés et capables de résolutions extrêmes : en un mot, ce qu'on peut appeler des parlementaires, et M. de Brangues, un emporté sans capacité ni mérite.

M. de Bourchenu de Valbonnays, premier président (1), et M. de Manissy de Ferrières (2), président, sont gens de mérite, ayant biens considérables et fort accrédités dans la Chambre des comptes, où MM. de Guiffrey et de la Colombière (3) se distinguent parmi les conseillers.

M. Basset, premier président du Bureau des finances, est un officier d'une profonde littérature et excellent jurisconsulte. Il a exercé pendant longtemps la charge de juge royal de Grenoble, où il a laissé une grande réputation de droiture, de désintéressement et de savoir (4).

XVII. UNIVERSITÉ DE VALENCE.

L'Université de Valence, fondée à Grenoble l'an 1339 par le dauphin Humbert II, a été transférée dans cette ville par Louis XI. Elle comprend trois facultés : une de théologie, avec deux professeurs et cinq agrégés ; une de droit civil et canonique, avec quatre professeurs, plus un pour le droit français

---

(1) Jean-Pierre de Moret de Bourchenu, seigneur de Treminis et de Valbonnays, avocat, nommé conseiller au Parlement le 11 mars 1677, sur la résignation de son père, premier président de la Chambre des comptes en 1690, mort le 2 mars 1730. C'est le savant historien du Dauphiné.

(2) François de Manissy, comte de Ferrières, fils de Claude et petit-fils d'Aymar, tous les deux conseillers au Parlement, président en la Chambre des comptes dès 1675.

(3) Pierre de Guiffrey du Frency et Humbert de la Colombière, conseillers-maîtres.

(4) Il était fils de l'avocat Jean-Guy Basset, qui nous a laissé, entr'autres ouvrages, un in-folio de plaidoyers et d'arrêts, et qui fut anobli en 1642.

et neuf agrégés; la troisième enfin avec deux professeurs et cinq agrégés (1).

Nombre de professeurs célèbres ou estimés par leurs ouvrages ont enseigné dans cette Université, entr'autres: Phillippe Decius, Antoine Govea, Jacques Cujas, François Hottoman et Jules Pacius.

XVIII. ÉTAT ECCLÉSIASTIQUE.

Il y a deux archevêchés et cinq évêchés en Dauphiné, et de plus un assez grand nombre de paroisses appartiennent aux diocèses de Lyon, de Belley, de Vaison, de Sisteron et de Turin.

---

(1) Notre intendant commet ici plusieurs erreurs. En premier lieu, l'Université de Grenoble et celle de Valence étaient le résultat de fondations complètement distinctes l'une de l'autre; puis, aux trois facultés dont il parle, il faut en ajouter une quatrième pour la philosophie et les arts libéraux, laquelle avait deux professeurs, sans agrégés. Précisons du reste. L'Université de Grenoble, dans laquelle ont professé les plus grands personnages de la cour de Humbert II, le protonotaire Amblard de Beaumont et le président Guillaume du Mas entr'autres, fut fondée peu avant 1339, avec l'approbation du pape Benoît XII, par ce prince, qui lui accorda de nombreux priviléges, exemptant les écoliers du service militaire, voulant que de ses professeurs quatre fussent membres du conseil delphinal et, singularité inexplicable, ordonnant la destruction de toutes les forges voisines de Grenoble, afin d'éviter l'enchérissement du bois, attendu, dit Chorier, que « le froid est ennemi des fonctions de l'esprit ».

Combien de temps dura cette Université? Nous l'ignorons complètement. Tout ce que l'on sait, c'est qu'elle n'existait plus en 1542, époque à laquelle François de Bourbon, comte de Saint-Pol, gouverneur du Dauphiné, la rétablit à la demande des Grenoblois, et qu'à la suite de démarches réitérées de la part de l'Université de Valence, elle fut définitivement supprimée et unie à cette dernière par édit en date d'avril 1565.

L'Université de Valence, dont M. le chanoine Nadal a écrit l'histoire, date du 26 juillet 1452, si nous nous en tenons aux lettres patentes du dauphin Louis XI, son fondateur, et du 3 mai 1459, si l'on s'arrête à la bulle confirmative du pape Pie II. Elle n'avait pas, du reste, de fondations et était à la charge de la ville, qui, rétribuant les professeurs, les choisit jusqu'en 1638, qu'un arrêt du conseil donna ce droit à l'évêque, qui joignait

Diocèse de Vienne.

Le diocèse de Vienne renferme 414 paroisses, dont 334 en Dauphiné. Son église, dédiée premièrement aux Macchabées, puis à Saint-Maurice, est une des plus anciennes du monde, saint Crescent, disciple de saint Paul, ayant été son premier évêque (1). Cette ancienneté la fait considérer comme la métropole des Gaules jusqu'au temps de Constantin, que ce rang lui fut disputé par l'évêque d'Arles, et, bien qu'elle ne soit pas reconnue aujourd'hui dans toute son étendue, sa primatie a été confirmée par le pape Callixte II, qui a de beaucoup augmenté ses privilèges (2). Elle a été gouvernée par cent six archevêques ou évêques jusqu'à M. de Montmorin, prélat d'une piété exemplaire, grand aumônier et fort rigide pour lui-même, et dans ce nombre il y a eu plusieurs cardinaux et autres grands personnages.

à ses titres celui de chancelier de l'Université (CHORIER, *Hist. gén.*, II, 288; — VALB., II, 246, 310, 401, 411; — BERRIAT SAINT-PRIX, *Hist. de l'anc. Univ. de Grenoble*, 1821, in-8°; — NADAL, *Hist. de l'Univ. de Valence*, 1861, in-8°, etc.).

(1) Quelques historiens, Collombet entr'autres, révoquent en doute cette origine de l'église de Vienne et pensent que saint Martin, évêque contemporain d'Hadrien, est le premier dont l'existence soit authentiquement établie (voy. COLLOMBET, *Hist. de la sainte église de Vienne*).

(2) Guy, sixième fils de Guillaume-le-Grand, comte de Bourgogne, archevêque de Vienne de 1088 à 1119, élevé au souverain pontificat sous le nom de Callixte II le 9 février de cette dernière année, publia, le 5 des calendes de mars 1120, étant à Valence, une bulle établissant d'une manière irrévocable la primatie de l'église de Vienne sur les provinces d'Aix, d'Auch, de Bourges, de Bordeaux, d'Embrun, de Narbonne et de Tarentaise, conférant à son archevêque les titre et privilèges de légat et vice-gérant du souverain pontife, avec les droits de métropolitain sur les diocèses de Grenoble, de Valence, de Genève, de Viviers, de Maurienne et de Die; plaçant enfin sous sa juridiction diverses abbayes qui s'en prétendaient exemptes. C'est à partir de cette époque que les archevêques de Vienne se sont intitulés primats des primats des Gaules, en regard de ceux de Bordeaux et de Bourges, qui, l'un et l'autre, prenaient le titre de primats d'Aquitaine (voy. BARONIUS, *Annales....*, ad ann. 1119, LABBÉ, *Concil.*, II, 89 et suiv.; — les divers hist. de l'église de Vienne; — JEAN. A. BOSCO, *Antiquit. Viennæ*, p. 78).

Quatre conciles ont été tenus dans cette ville : un en 474 (1), où furent instituées les Rogations; un en 1113 (2), un en 1119 (3), et, enfin, le dernier en 1311, présidé par le pape Clément V, où furent supprimé l'ordre du Temple et instituée la fête du Saint-Sacrement, et auquel assistèrent les rois de France, d'Angleterre et d'Arragon, le patriarche d'Alexandrie et d'Antioche, et plus de trois cents évêques (4).

---

(1) Quelques auteurs le placent en 472; d'autres en 477; le P. Longueval en 468 (voy. LABBÉ, *Concil. synod. Gallix*, III, 1040).

(2) Ouvert le 16 septembre sous la présidence de Godefroi, évêque d'Amiens, aux lieu et place de l'archevêque Guy de Bourgogne, qui en était empêché par une difficulté d'énonciation, ce concile annula le traité arraché au pape Pascal II par l'empereur Henri V touchant les investitures et excommunia ce dernier (LABBÉ, X, 784).

(3) Ce concile, dont les actes sont perdus, fut tenu par le pape Gélase II, chassé de Rome par l'antipape Bourdin (LABBÉ, X, 825; — COLLOMBET, II, 18-23).

(4) Quinzième œcuménique, ce concile est fameux dans l'histoire par la suppression de l'ordre des Templiers et l'institution de la fête du Saint-Sacrement. Ouvert le 16 octobre 1311 et clos le 7 mai 1312, il fut présidé par le pape Clément V et compta parmi ses assistants le roi de France Philippe-le-Bel, son frère Louis, roi de Navarre, et ses trois fils et plus de trois cents patriarches, archevêques ou évêques, auxquels il faudrait ajouter les rois d'Angleterre et d'Arragon, suivant quelques historiens, ce que nie le continuateur de Baronius.

Ces quatre conciles ne sont, du reste, pas les seuls qui aient été tenus à Vienne, car on en compte sept autres : 1° Un en 1192, par ordre du pape Formose et dans lequel on fit quatre canons sur la discipline; 2° un en 907, où furent réglés quelques différends; 3° un tenu en 1123 par les légats Grégoire de Saint-Ange et Pierre de Léon, envoyés en France pour faire exécuter les décrets du premier concile de Latran; 4° un en 1289, présidé par l'archevêque Guillaume de Valence et dans lequel on fit 168 canons sur la discipline; 5° celui de 1530, ouvert le 3 mai par l'archevêque Pierre Palmier; 6° un présidé par l'archevêque Jean de la Brosse et ouvert le 1ᵉʳ novembre 1561; 7° enfin, celui que les évêques de la province tinrent les 30 et 31 mai 1699. Toutefois, il est bon d'observer que l'avant-dernier fut plutôt un synode diocésain (voy. LABBÉ, IX, 433; X, 908; XI,

Les premiers Dauphins ont tenu à honneur d'être reçus chanoines de l'église de Vienne, et chaque fois qu'ils venaient en cette ville, ils y prenaient séance au chœur, sous protestations de la part du chapitre que ladite séance ne préjudiciait nullement à l'hommage qu'ils devaient à l'église de Vienne comme comtes d'Albon; hommage que, du reste, les Dauphins prêtaient ou faisaient prêter chaque année par quelqu'un de leurs officiers et qui se pratique encore aujourd'hui. Tous les ans, en effet, le juge royal, accompagné du gardier, offre un cierge au nom du roi, disant que c'est par dévotion, à quoi le chapitre répond que c'est par hommage (1).

Il y avait autrefois trois cents ecclésiastiques pour le service de cette église, qui, bien que saccagée pendant les guerres de religion, reste l'une des plus belles du royaume et où l'office

---

1353 et 1537; — DE BOUQUET, IX, 820; — COLLOMBET, I, 326; II, 40, 222-229 et 262-286; III, 15-17, 109-111 et 311-325; — *Statuta synodalia concilii Viennensis a Petro Palmier*, edito anno 1532, Lugduni; — CHORIER, *Antiq. de Vienne*, édit. Cochard, 243, et les divers hist. de l'église de Vienne et de l'ordre des Templiers.

(1) Ayant dit ailleurs comment le haut domaine du comté de Vienne était advenu à l'église de cette ville, nous nous bornerons à dire que c'est en qualité de comtes d'Albon, c'est-à-dire d'une partie du Viennois, que les Dauphins étaient feudataires de cette église, comme l'étaient du reste les comtes de Savoie pour tout ce qu'ils possédaient sur la rive gauche du Guier. Quant au titre de chanoine de la métropole de Vienne, il fut accordé au dauphin Humbert II l'an 1338, ensuite d'un traité d'alliance fait avec le chapitre de Saint-Maurice à l'encontre de l'archevêque. Les Dauphins avaient du reste le même titre dans les églises d'Embrun, le Puy et Romans; car, soit désir de s'assurer un protecteur, soit pure vanité de leur part, les chapitres et collégiales avaient assez l'usage de conférer le titre, tout honorifique, de chanoine aux grands seigneurs de leur voisinage et même au roi de France. Plus ambitieux qu'aucun autre, le chapitre cathédral d'Orléans reconnaissait Jésus-Christ pour son premier chanoine, et cette singularité avait pour bon côté que dans le partage des revenus une double part attribuée à ce canonicat revenait aux pauvres. (VALBONNAIS, I, 231, 313, 315; II, 368; — R. DE HESSELN, *Dict.* v, 18.)

divin se célèbre avec le plus de régularité, d'exactitude et de pompe ; mais en 1385 une diminution considérable de ses revenus fit réduire ce nombre à cent, dont vingt chanoines, y compris le doyen, un précenteur, un chantre, un capiscol, un sacristain, quatre archidiacres, un chancelier, deux chevaliers, quatre quarteniers, six coadjuteurs, trente prêtres, quatre diacres, quatre sous-diacres, dix-huit clercs et douze clergeons incorporés et inamovibles, lesquels jouissent actuellement de 30,000 livres de revenu, non compris les 22,000 appartenant à l'archevêque (1).

Celui-ci confère les offices de sacristain, de chevaliers et d'archidiacres, plus deux petites chapellenies. Le chapitre en corps confère toutes les autres dignités canoniales et offices, moins celle de capiscol, qui est de la collation du doyen, comme aussi les dix-huit places de clercs, lorsqu'elles viennent à vaquer sans avoir été résignées en cour de Rome, et moins encore les douze places de clergeons, conférées par le capiscol dans les mêmes conditions. C'est par ces places de clercs et de clergeons seulement qu'on peut entrer dans l'église de Vienne et se rendre capable d'y posséder des bénéfices.

Outre ce chapitre, la ville de Vienne en possède encore trois autres. Premièrement celui de Saint-Pierre, ancienne abbaye de Bénédictins sécularisée en 1612 et qui se compose actuellement d'un abbé, qui est M. Rose, neveu du secrétaire du cabinet ; d'un doyen mis à la place du grand prieur et de vingt-quatre chanoines, y compris les officiers claustraux, dont les titres ont survécu à la sécularisation. L'abbé, qui officie avec la mitre et la crosse dans son église, porte la croix pectorale dans ses cloîtres et le rochet et le camail partout ailleurs, jouit de 6,000 livres de revenu brut non compris ceux du chapitre. Seul il a la collation de tous les offices et

---

(1) Les revenus de l'archevêque et ceux du chapitre, autrement dits la mense archiépiscopale et la mense capitulaire, n'ont été séparés qu'en 1285. En 1789, les revenus de l'archevêque étaient évalués à 35,000 livres.

dignités, comme aussi celle de plusieurs prieurés d'hommes, ayant de 300 à 12,000 livres de revenu, et du prieuré de filles de Sainte-Colombe. Alternativement avec le chapitre, il est collateur des canonicats, dont nul ne peut être pourvu s'il ne fait preuve de trois degrés de noblesse de père et de mère (1).

L'abbaye bénédictine de Saint-André-le-Bas, qui doit être également classée parmi les chapitres, ses religieux vivant séparément à la manière des chanoines, est la seconde. Son abbé commendataire, qui a 2,000 livres de revenu et dispose de tous les offices et places monacales, au nombre de douze, est M. de Saintot. Les religieux ou chanoines ont 4,000 livres, et c'est dans l'église, qui est paroissiale depuis la démolition de Saint-Pierre-entre-Juifs, qu'a été célébrée par le pape Clément V la première fête du Saint-Sacrement (2).

---

(1) Fondée au V° siècle et comptant, suivant les Bollandistes, 500 moines vers le milieu du VII° siècle, cette abbaye fut ruinée du temps de Charles-Martel puis rétablie en 860. Convertie en un chapitre collégial le 5 février 1612, elle se fit unir celui de Saint-André-le-Bas vers 1776, puis celui de Saint-Chef l'année suivante, époque à laquelle une bulle du pape Pie VI, confirmée par lettres patentes du roi en 1781, confondit ces trois anciennes abbayes en un chapitre, dit de Saint-Pierre et de Saint-Chef, dont les membres, au nombre de trente-six, nommés les deux tiers par le roi et le reste par le doyen et soumis à des preuves de noblesse, portaient comme les prélats une soutanelle ou soutane noire agrémentée de violet, plus une croix d'or à six pointes, émaillée de blanc et portant en cœur d'un côté l'image de saint Pierre, avec la légende : *Ecclesia comitum SS^{ti} Petri et Theodori Viennæ*, et de l'autre l'image de saint Théodore et la légende : *Bonis atque honoribus auxit Lud. XVI.* Cette croix suspendue par un ruban bleu liseré de violet. (*Almanach de Dauphiné pour 1787*, p. 121, 140, et les hist. de l'église de Vienne.)

(2) L'abbaye de Saint-André-le-Bas fut fondée avec les libéralités du duc Ancemond par saint Léonien, l'an 542; détruite, puis rétablie par Boson, roi de Bourgogne, qui la rendit à l'archevêque Otraum, le 18 janvier 881. Guy de Bourgogne, autre archevêque, la soumit à l'abbaye de la Chaise-Dieu, en 1099; mais, devenu pape sous le nom de Callixte II, il la restitua à l'église de Vienne. L'abbé dont il est ici question était Étienne de Sainctot, frère de Nicolas, maître des cérémonies, puis l'un des secrétaires du cabinet du roi, que Saint-Simon malmène étrangement dans ses mémoires.

Saint-Severt, église dans laquelle les archevêques de Vienne allant prendre possession de leur siége prêtent serment, en présence du clergé métropolitain venu à leur rencontre, est la troisième collégiale. Desservie au VIIe siècle par soixante ecclésiastiques, elle ne compte plus, en outre du curé, que quatre chanoines, ayant 500 livres de revenu (1).

Saint-Martin, autre église paroissiale, est un prieuré de l'ordre de Saint-Ruf, valant 300 livres net et où il n'y a plus que le prieur et le sacristain (2).

Les autres paroisses sont : Saint-Ferréol, Saint-Georges, Saint-André-le-Haut et N. D. de la Vie. A l'exception du dernier, qui a 790 ou 800 livres de revenu en biens-fonds, tous leurs curés sont à portion congrue, aussi bien que ceux de Saint-André-le-Bas, de Saint-Severt et de Saint-Martin (3).

Quant aux couvents d'hommes, il y en a : un de dix An-

---

(1) Bâtie au IVe siècle et dédiée premièrement à saint Étienne, puis à son fondateur, saint Sévère, dont les reliques y ont reposé pendant longtemps, cette église collégiale avait compté jusqu'à soixante prêtres, réduits à quatre par suite de l'insuffisance des revenus en 1639.

(2) Fondé, dit-on, au Ve siècle par saint Nizier, évêque de Vienne, le prieuré de Saint-Martin fut donné à l'abbaye de Saint-Ruf, vers 1115, par l'archevêque Guy de Bourgogne, qui, devenu pape sous le nom de Calliste II, confirma cette donation en 1125. (Voy. notre *Notice sur l'abbaye de Saint-Ruf*, p. 6.)

(3) Saint-Ferréol était une petite abbaye de la dépendance des archevêques de Vienne, fondée en 1083 sur la rive droite du Rhône, puis transférée dans la ville même, où son église fut convertie en paroisse et le titre abbatial ainsi que ses revenus unis à la sacristie de l'église métropolitaine, en 1600.

Saint-Georges, église contiguë à celle de Saint-Pierre, renfermant les tombeaux de trois archevêques de Vienne, servait, il y a quelque temps, d'atelier de charronnage.

N. D. de la Vie, ancien temple d'Auguste et de Livie, sert aujourd'hui de musée. (CHEVALIER, *Cart. de Saint-André*, etc., 83; — CHARVET, 591, etc.)

tonins (1), un de six Jacobins (2), un de Carmes, au nombre de dix (3), un de Capucins, avec vingt religieux (4), un d'Au-

---

(1) Le prieuré de Saint-Barthélemy, à Vienne, fut donné en 1270 par l'archevêque Guy d'Auvergne aux Antonins, qui l'année suivante l'érigèrent en commanderie générale. (A. FALCO., *Ant. hist. comp.*)

(2) Fondé en 1383 pour douze religieux et un prieur de l'Ordre de Saint-Dominique par les habitants de Vienne, ce couvent, dont il ne reste pas de traces, était contigu à l'antique église paroissiale de N. D. d'Outre-Gère, qui devint alors conventuelle, ensuite d'une bulle du pape Clément VII. Toutefois, l'abbé de Saint-André-le-Bas et le recteur de Saint-Severt ayant quelques droits sur cette église, ce changement fut le sujet de vives contestations, terminées, le 12 juin et le 21 octobre 1385, par deux transactions, aux termes desquelles les Frères Prêcheurs devaient donner chaque année à l'abbé de Saint-André une obole d'or, lui fournir quatre fois l'an un prédicateur et le recevoir lui et ses religieux dans leur église pour les Rameaux, les Rogations et l'Assomption, enfin lui remettre le tiers des droits de sépulture qu'ils pourraient percevoir dans la paroisse de Saint-Pierre-entre-Juifs. Quant au recteur de Saint-Severt, il se désista, moyennant la promesse qui lui fut faite d'unir à son bénéfice l'archiprêtré de Saint-Vallier et l'abandon du quart des droits de sépulture que les Dominicains pourraient retirer des paroissiens de son église. Ruinée en 1567 par les Huguenots, l'église de N. D. d'Outre-Gère était encore à moitié debout en 1669. (CHORIER, *Recherches sur les ant. de Vienne*, édit. Cochard, 56 et suiv.; — COLLOMBET, II, 326-28.)

(3) L'an 1394 et le 3 octobre, Pierre de Rivail, seigneur de Lieudieu, ayant donné à E. Rostaing Ferrand, provincial des Carmes, la maison d'habitation qu'il avait dans Vienne pour une maison de cet Ordre, ce premier établissement fut agrandi et complété vers la fin du siècle suivant par les soins de deux frères du nom de La Porte. Pierre, seigneur de Ternay, fit bâtir le chœur de l'église et donna une vaste maison servant d'hôtellerie sous le nom de Logis de la Pierre, d'où le couvent fut appelé : *N. D. de la Pierre*. Joachim, son frère, citoyen viennois, fit construire le cloître, dans lequel il fut inhumé le 9 juillet 1482. Brûlé en 1567 par les Huguenots, le couvent des Carmes, vulgairement appelé les *Grands Carmes*, fut ensuite rétabli. Vendu pendant la Révolution, il servait d'atelier pour la draperie il y a quarante ans. (CHORIER, *Antiq. de Vienne*, 410, 412; — COLLOMBET, II, 337-340; — GIRAUD, *Aymar du Rivail et sa famille*.)

(4) Ce couvent, qui est le premier de Capucins en Dauphiné, fut établi le 11 juin 1600 par l'archevêque Jérôme de Villars sur les ruines de l'ancien

gustins, qui y sont sept (1), et un de Minimes, ayant quatre religieux (2).

Le collége, où les Jésuites professent toutes les classes jusqu'à la théologie, a été fondé il y a soixante-dix ans environ par les trois ordres, qui le dotèrent de 7,000 livres de rente (3).

Le séminaire, dont les revenus ne sont que de 1,500 livres, est aux mains des Oratoriens, qui y ont quatre Pères et un Frère. Il a été bâti par M. de Villars.

Les monastères de femmes sont : l'abbaye de Saint-André-le-Haut, fondée au VIe siècle, dont les religieuses, au nombre de vingt, doivent être nobles et dont les revenus sont de 3,000 livres (4); l'abbaye de Sainte-Claire, transférée de Sainte-

---

palais impérial, acquis au XIIIe siècle avec les droits de la maison de Vienne sur le comté de ce nom par l'archevêque Jean de Bernin. Il était sous le vocable de Saint-François et de Saint-Jérôme. (CHORIER, *Antiq.*, 466-68; — COLLOMBET, III, 252-53.)

(1) Fondé en 1644 par Marguerite de la Baume-Suze, fille de Georges, seigneur de Plaisians, et de Jeanne de Maugiron, veuve sans enfants (1632) de Charles de Bourbon-Busset, baron de Vesineul.

(2) Ce couvent, qui était tout proche de l'église de Saint-Pierre et dont la suppression est antérieure à la Révolution, avait été établi en 1633, « avec un applaudissement universel, » dans une maison acquise de la famille de Poisieu. (CHORIER, *Antiq.*, 329.)

(3) Établi par lettres patentes d'Henri IV en date du 28 février 1604, ce collége fut réorganisé le 10 juillet 1766 par autres lettres patentes, portant union des prieurés de Saint-Claude de Soleyse et de N. D. de l'Isle, sous charge d'une pension annuelle de 3,000 livres au profit du collége de Grenoble, et suivant lesquelles il devait y avoir un principal, avec 900 livres d'appointements annuels, un sous-principal et deux professeurs de philosophie, ayant 800 livres chaque; un professeur de rhétorique, touchant 700 livres; un régent de seconde, avec 650 livres; un de troisième, avec 600 livres; enfin, trois pour les classes inférieures, avec 550 livres chacun. (*Recueil des édits*, XXV, 12.)

(4) L'abbaye bénédictine de Saint-André-le-Haut, qui a laissé son nom à l'une des paroisses de la ville de Vienne, devait sa fondation au moine saint Léonien, qui, l'an 592, y établit cent vierges avec les libéralités d'Eubonne, sœur du duc d'Ancemond, dont la fille, Eugenia-Remilia, fut une des professes. Ruiné une première fois en 736 par les Sarrasins, puis en

Colombe au delà le Rhône, où il y a quinze religieuses, ayant 1,000 livres de revenu (1); un couvent de trente Ursulines, ayant 4,000 livres (2); un de vingt Bernardines, avec 2,000 livres (3); enfin un de l'Annonciation ou Célestes bleues, ayant quinze religieuses et un revenu de 1,500 livres (4).

---

870 par Charles-le-Chauve, ce monastère fut rétabli avec des religieuses de Saint-Césaire d'Arles, le 25 août 1031, par la reine Hermengarde, seconde femme de Rodolphe III, dernier roi d'Arles et de Bourgogne; et depuis lors jusqu'à sa suppression, en 1789, époque à laquelle il n'y restait que douze religieuses, qui toutes déclarèrent vouloir garder leurs vœux, on compte trente-deux abbesses de Saint-André-le-Haut, appartenant pour la plupart à de grandes familles du Lyonnais ou du Dauphiné et parmi elles Jullienne de Savoie, fille du comte Amé II, morte en 1194. (Voy. les divers historiens de l'église de Vienne.)

(1) Cette abbaye, dont la fondation est antérieure à la seconde moitié du XIIIe siècle, fut d'abord établie à Sainte-Colombe, petit bourg en face de Vienne sur la rive droite du Rhône, et s'appelait alors *Sancta Maria ultra Rhodanum*. Chorier, dans ses *Recherches sur les antiquités de Vienne*, dit que le chapitre de Saint-Maurice y allait chaque année en procession, suivant une ordonnance de l'archevêque Guillaume de Valence en date de 1240; et son annotateur, M. Cochard, ajoute qu'un autre archevêque, Guy d'Auvergne, autorisa, dès le 13 des calendes de mai 1281, la translation de ce monastère dans Vienne. Laissant de côté ces dates, qui sont fausses, nous avons tenu à relater ces faits. En tout cas, les religieuses bénédictines de Sainte-Marie restèrent à Sainte-Colombe jusqu'au 10 mars 1584, époque à laquelle, leurs bâtiments ayant été incendiés, elles vinrent s'établir à Vienne, sur la place du Charnevol.

En 1736, l'abbaye de Saint-Geoire, également de l'Ordre de Saint-Benoît, fut unie à celle de Sainte-Claire ou de N. D. des Colonnes, qui renfermait en 1789 onze religieuses de chœur et une converse. (Chorier, *Antiq.*, 166-169 et 489; — *Almanach de Dauphiné pour* 1789, p. 262.)

(2) Fondé en 1616 par Huguette de Mallemort, veuve de Jullien de Leusse, sieur du Puy, ce couvent comptait en 1789 douze religieuses, dont deux seulement renoncèrent au cloître. (Chorier, *idem*, 456; — *Alman.*, idem.)

(3) Fondé en 1631 dans la rue Cuvières par Louise Alleman du Pasquier, transféré peu avant la Révolution dans le monastère des Antonins, sur le quai du Rhône. (Chorier, 474.)

(4) Fondé en 1644 avec des religieuses Annonciades, qui, chassées de Saint-Claude, en Franche-Comté, par le duc de Weymar, se réfugièrent

Dans le bourg de Saint-Chef, à sept lieues de Vienne, est un chapitre, ancienne abbaye de Bénédictins fondée au VIe siècle par saint Théodore et sécularisée par François Ier. Compris le doyen, qui, choisi par le chapitre, confère lui-même les offices claustraux, il se compose de vingt-huit chanoines ayant fait preuve de quatre quartiers de noblesse de père et de mère et nommés par l'archevêque de Vienne, qui ne peut les prendre que parmi les habitués, dont le nombre est illimité. Ce chapitre, dont la dignité abbatiale est unie à celle d'archevêque de Vienne, est seigneur du bourg de Saint-Chef (1) et jouit de 15,000 livres de revenu, dont la moitié appartient aux officiers.

---

d'abord à Chavanay (Rhône), d'où elles vinrent peu après s'établir à Vienne, sous la conduite de Marie-Prospère de Precy, cet établissement, confirmé par lettres patentes de 1750, renfermait en 1789 dix-sept religieuses et quatre converses, qui toutes gardèrent leurs vœux. (CHORIER, 413; — COLLOMBET, III, 399, etc.)

(1) Fondée, comme il vient d'être dit, par saint Theudère, pénitencier de l'église de Vienne, environ l'an 567, dans un lieu alors appelé *Alarone* et depuis Saint-Chef, à cause de la tête ou chef de son fondateur, qui était exposée dans son église, cette abbaye fut ruinée au IXe siècle, puis rétablie en 892, avec l'assentiment du pape Formose, par Barnouin, archevêque de Vienne, qui y appela dans ce but des moines de Montier-en-Der en Champagne. Restaurée au Xe siècle par saint Thibaut, autre archevêque de Vienne, et derechef au siècle suivant par un troisième archevêque, saint Léger, cette abbaye, dont les possessions territoriales étaient considérables, subsista puissante jusqu'en 1320, époque à laquelle de graves désordres s'y étant introduits et les religieux n'ayant pu s'entendre pour le choix d'un abbé, en remplacement d'Aimon, qui venait de mourir, le pape Jean XXII fulmina le 20 août une bulle qui, enlevant aux moines le droit de se choisir un supérieur, unissait à perpétuité le titre et les prérogatives d'abbé de Saint-Chef à l'archevêché de Vienne. Toutefois, les religieux conservèrent la règle de Saint-Benoît jusqu'en 1536, qu'une bulle du pape Paul III les sécularisa et érigea en chapitre noble, avec l'agrément du roi François Ier. Transféré à Vienne, dans les bâtiments de l'abbaye de Saint-André-le-Bas, en 1765, ce chapitre fut uni à celui de Saint-Pierre en 1777. Saint-Chef est actuellement un simple bourg du canton de Bourgoin (Isère), avec une fort belle église romano-byzantine. (FOCHIER, *Recherches hist. sur les environs de Bourgoin*, p. 33 et suiv.; — *Souvenirs hist. sur Bourgoin, Saint-Chef et Maubec*, par L. F., 1853, in-12, p. 115 et suiv., etc.)

Un autre chapitre, ancienne abbaye de Bénédictins fondée au VIII⁰ siècle par saint Barnard, archevêque de Vienne, sécularisée depuis et placée sous le vocable de son fondateur, existe dans la ville de Romans. La dignité abbatiale étant encore unie à l'archevêché de Vienne, il se compose d'un sacristain, qui est M. de Lionne de Leyssins (1), de deux chanoines, d'un maître ou capiscol, d'un théologal et de six prêtres incorporés, plus de six clercs. L'archevêque pourvoit à tous les offices et dignités; les canonicats sont à la nomination du chapitre, qui a 10,000 livres de revenu en somme (2).

Cette ville renferme en outre : un couvent de trente Capucins (3), un de vingt Récollets (4), un de vingt Ursulines,

---

(1) Charles de Lyonne de Leyssins, seigneur de Triors, Génissieux, Saint-Paul, etc., conseiller du roi en tous ses conseils, abbé commendataire de Saint-Calais, prieur de Saint-Marcel-de-Sauzet, de Saint-Roman-de-Gravoine, de Ballons, etc., fils de Hugues, conseiller au Parlement de Grenoble, et de Laurence de Claveyson.

(2) L'abbaye de Saint-Barnard, sur laquelle on ne peut rien dire sans renvoyer au magnifique travail de M. P. E. Giraud, et qui vraisemblablement est le point de départ de la ville de Romans, fut comme Saint-Chef décapitée au profit de l'archevêque de Vienne, qui unit à son titre et à ses droits ceux d'abbé de Saint-Barnard vers le XI⁰ siècle. Quant à la sécularisation de ses religieux, elle est également fort ancienne, car elle est attribuée à l'archevêque Sobon, vivant en 931-952; mais il est bon d'observer qu'en unissant le titre abbatial à celui d'archevêque, les chanoines de Romans acquirent le droit de participer à l'élection de ce dernier. (Voy. GIRAUD, *Essai hist. sur l'abbaye de Saint-Barnard et sur la ville de Romans*, 2 vol. de texte et 3 de preuves, Lyon, Perrin, 1856, 1866 et 1869, in-8°.)

(3) Fondé par les habitants en 1609 et approuvé par lettres patentes de décembre 1610, ce couvent fut bâti sur l'emplacement de la citadelle.

(4) Fondé au XVI⁰ siècle par Félicien de Boffin, seigneur d'Argenson, avocat général au Parlement de Grenoble, transféré en 1612 dans les bâtiments du Mont-Calvaire, couvent donné en 1517 par Romanet Boffin, père de Félicien, aux Cordeliers Observantins et saccagé pendant les guerres de religion. Ce dernier établissement, vendu comme propriété nationale en 1793, sert aujourd'hui de grand-séminaire.

ayant 2,000 livres (1), un de vingt Visitandines, ayant 2,500 livres (2), et une abbaye royale de filles de l'ordre de Citeaux, dite de Saint-Just, où sont vingt religieuses, avec 3,000 livres de revenu (3).

Au bourg de Saint-Antoine est l'abbaye chef d'Ordre de ce nom (4), simple maison d'Hospitaliers établie au XIIe siècle,

---

(1) En février 1621, quelques filles de Sainte-Ursule furent établies en congrégation dans cette ville par brevet du roi Louis XIII, ce qui fut corroboré par un bref du pape Paul V en date du 13 juin suivant et confirmé par lettres patentes de décembre de la même année; mais elles ne furent cloîtrées que le 22 avril 1635 par l'archevêque de Vienne Pierre de Villars.

(2) Ce couvent, qui subsiste encore, doit sa fondation à François de Gaste, Françoise Livat, sa femme, et leur fils, Pierre de Gaste, qui, par acte du 18 juin 1632, donnèrent leur maison d'habitation pour cet établissement, dont la première supérieure fut Hélène Guérin, tante du cardinal et de la trop célèbre Mme de Tencin.

(3) L'abbaye de filles dite de Saint-Just, autrement N. D. des Anges, Ordre de Citeaux, filiation de Bonnevaux, fut fondée le 13 octobre 1349 à Saint-Just-de-Claix (Isère) par le dauphin Humbert II, qui se proposait de créer ainsi à sa mère une résidence voisine de son château de Beauvoir, celle-ci, qui avait embrassé la vie religieuse dans l'abbaye de Laval-Bressieux, lors de son veuvage, s'étant démise depuis du gouvernement de ce monastère pour se fixer auprès de son fils. Saccagée en 1565 par les Huguenots, elle fut transférée le 25 avril 1600 dans les bâtiments qui servent actuellement de maison-mère aux dames du Saint-Sacrement, vulgairement appelées de Saint-Just. (Voy. notre *Lettre sur l'hist. eccl. du Dauphiné*, p. 6.)

(4) Le petit bourg de Saint-Antoine en Viennois, auparavant appelé la Motte-aux-Bois, *Motta Nemorosa*, puis la Motte-Saint-Didier, doit son nom actuel à un prieuré de Bénédictins, filiation de Montmajour, fondé dans les dernières années du XIe siècle, et dans lequel reposaient les reliques de saint Antoine apportées d'Orient. Côte à côte de ce prieuré s'éleva dans le même temps un hôpital fondé par un Gaston, seigneur de la Valloire, et son fils Gérin, à l'intention des malades qui venaient en pèlerinage au tombeau du patriarche des cénobites; lequel hôpital était desservi par des Frères séculiers, ayant à leur tête un chef appelé d'abord simplement « maître de l'aumône », puis grand maître. Grâce à de nombreuses libéralités, cet hôpital acquit bientôt une importance considé-

aujourd'hui puissant monastère comptant soixante religieux prêtres, non compris les Frères, dont on ignore les revenus et dont l'abbé est M. de Langeron-Maulevrier (1).

Dans le bourg de Saint-Marcellin, la paroisse est desservie par quatre Antonins (2), et il y a de plus une maison de Carmes, où sont douze religieux sans Frère (3), un couvent de vingt Récollets (4), un de quinze Visitandines, ayant 1,500

---

rable, absorba le prieuré de Bénédictins qui lui était contigu et devint en 1297 une abbaye de chanoines réguliers de Saint-Augustin, comptant dans sa dépendance un grand nombre de prieurés ou commanderies, non-seulement en France, mais encore en Italie, en Espagne, en Allemagne, en Flandre et en Hongrie. Incendiée et pillée pendant les guerres de religion, tombée en commende comme tant d'autres au XVI° siècle, l'abbaye de Saint-Antoine ne fit alors que déchoir jusqu'en 1775, qu'une bulle de Pie VI unit l'Ordre des Antonins, qui comptait encore quarante-deux maisons, à celui de Saint-Jean-de-Jérusalem. Celui-ci y établit quelques années après un chapitre de chanoinesses nobles, presqu'aussitôt supprimé par la Révolution. Aujourd'hui, les immenses bâtiments abbatiaux sont à peu près abandonnés, après avoir servi d'ateliers pour le moulinage de la soie, et l'église seule reste intacte et l'une des merveilles du style ogival. (Voy. *L'Abbaye de Saint-Antoine........, par un prêtre de N.-D. de l'Osier (l'abbé Dassy)*, Grenoble, 1844, in-8°.)

(1) Georges-Paul Andrault de Langeron-Maulevrier, qui, après une administration déplorable et continuellement en lutte avec ses religieux, consentit à se démettre de l'abbaye en 1701, moyennant une rente de 6,000 livres.

(2) Saint-Marcellin était une dépendance de l'ancien prieuré de Bénédictins de Saint-Antoine. Passée aux Antonins, avec toutes les possessions de ce dernier, son église fut desservie par des chanoines de l'Ordre de Malte après l'union de l'abbaye de Saint-Antoine à cet Ordre, en 1775.

(3) Fondé vers 1450 par Étienne Deagent, vibailli du Viennois-Valentinois, dont un descendant, vibailli comme lui, Guichard Deagent, donna en 1626 aux Carmes de Saint-Marcellin une rente de 180 livres et les fonds nécessaires pour reconstruire le clocher et réparer le chœur; puis, seize ans après, une autre rente de 450 livres pour l'établissement d'un collége annexé à leur couvent. (Voy. GIRAUD, *Aymar du Rivail*, p. 78.)

(4) Fondé en 1619, sous le titre de N.-D. des Anges, par Jean du Vache, seigneur de l'Albenc, président de la Chambre des comptes de Dauphiné.

livres de rente (1), et un de vingt Ursulines, avec 2,000 livres (2).

A Saint-Vallier, autre bourg à sept lieues de Vienne : un prieuré de collation royale de l'ordre de Saint-Ruf, où sont dix chanoines, y compris les officiers, et dont le prieur, qui a la collation de tous les offices et places monacales, est M. le Cardinal d'Estrées. Les revenus totaux y sont de 5,000 livres (3).

A Beaurepaire : un couvent de grands Augustins, où sont six religieux, et une abbaye royale de filles de Cîteaux, appelée de Saint-Paul, ayant dix-huit religieuses et un revenu de 3,000 livres (4).

A la Côte-Saint-André : un prieuré de l'Ordre de Saint-Ruf, ayant 3,000 livres de revenu; lequel est composé d'un prieur, à

---

(1) Ce couvent de Visitandines a les mêmes fondateurs que celui de Romans : François de Gaste, sa femme, Françoise Livat, et leur fils, Pierre de Gaste. Il date de 1645. (*Alm. de* 1788.)

(2) Fondé en 1630 par dame Marie Petit.

(3) Ce prieuré, connu dès 890, époque à laquelle il reçut quelques biens de Barnoin, archevêque de Vienne, paraît avoir été pendant longtemps le chef d'Ordre d'une petite congrégation d'Augustins. Par bulle du 19 mars 1364, le pape Urbain V le plaça dans la dépendance de l'abbé de Saint-Ruf, à la mense duquel les revenus prieuraux furent unis par le pape Clément XI, le 17 novembre 1717, soit après la mort du titulaire mentionné par Bouchu : César d'Estrées, ancien évêque-duc de Laon, cardinal-évêque d'Albano, abbé de Saint-Claude, de Longpont, du Mont-Saint-Éloy, de Saint-Nicolas-aux-Bois, d'Anchin, de Saint-Germain-des-Prés, de Staffarde, etc., doyen de l'Académie française. Érigés en chapitre, les religieux continuèrent à desservir l'église paroissiale jusqu'à la suppression de la congrégation de Saint-Ruf en 1779. (Voy. notre *Notice hist. sur l'abbaye de Saint-Ruf*, Valence, 1869, in-8°, p. 12.)

(4) Abbaye de religieuses Cisterciennes connue dès le XIII° siècle à Saint-Paul-d'Izeaux, petite commune du canton de Tullins, transférée à Beaurepaire après les guerres de religion, pendant lesquelles elle fut ruinée. De fondation delphinale, suivant une tradition écrite, ce monastère jouissait de nombreux privilèges, confirmés en 1210 par le dauphin Jean, en 1623 par Louis XIII, et en 1667 par Louis XIV. Sa véritable dénomination était N.-D. de Bonnecombe. (*Arch. de l'Isère*, B. 1138, et *autres papiers*.)

la collation de l'abbé de Saint-Ruf, d'un sacristain et de sept chanoines, nommés par le prieur (1) ; puis un couvent de vingt Récollets (2), une abbaye de filles de Cîteaux, dite de Laval, avec quinze religieuses et 2,000 livres de revenu (3), et un couvent de trente Ursulines, jouissant de 3,000 livres de rente (4).

---

(1) Le prieuré de Saint-André de la Côte appartenait, dès les premières années du XIIIe siècle, à la congrégation de Saint-Ruf, ainsi qu'il résulte d'une bulle du pape Innocent III confirmant à l'abbé de ce dernier monastère entr'autres possessions celle de l'église *Saint-Andree de Costa*. Lors de la suppression de la congrégation de Saint-Ruf, il fut du nombre de ceux que la bulle d'extinction exceptait de la mesure générale et dont la collation était réservée au roi de France. Ajoutons que celui-ci ne jouit pas de son droit, le titulaire d'alors, Jacques-André Chaix de Chanlong, qui fut l'un des députés du clergé aux États de Romans, ayant survécu à la suppression totale des Ordres religieux en 1790. (Voy. notre *Notice hist. sur l'abbaye de Saint-Ruf*, p. 9.)

(2) L'an 1514, Pierre de Varces établit à Chèvre-Noire un certain nombre de Cordeliers, qui, ne pouvant y vivre à cause de l'éloignement du village, demandèrent et obtinrent l'autorisation de se fixer à la Côte-Saint-André ; ce à quoi s'opposa le prieur de l'Ordre de Saint-Ruf, d'où s'ensuivirent de longs démêlés, que le roi François Ier termina en fondant, au nom de son fils le dauphin, dans ce bourg un nouveau couvent de Cordeliers, qui fut placé sous le vocable de N.-D. de Grâces. Ruiné pendant les guerres de religion, ce couvent fut cédé, vers 1612, à une colonie de Récollets qui s'établit avec l'agrément du roi Louis XIII. (*Annales des Frères Mineurs*, VIII, 223 et suiv.)

(3) Cette abbaye de religieuses Cisterciennes, dépendance de Bonnevaux, fut fondée au lieu de Laval, paroisse de Bressieux, l'an 1161, par Aymar, seigneur de cette terre, avec l'agrément du pape Alexandre III, qui confirma cette fondation le 15 mai de la même année. Exemptée de toutes dîmes et dotée de nombreux priviléges et biens par les papes Innocent III et Jean XXI en 1201 et 1270, la dauphine Anne en 1291 et 1302, Guillaume, comte de Valentinois, en 1298, le dauphin Louis en 1450, etc., elle fut ruinée au XVIe siècle et transférée par suite dans le bourg de la Côte-Saint-André, en vertu de lettres patentes de Louis XIII datées de mars 1633. (*Gallia Christ.*, XVI, et divers papiers aux *Archives de la Drôme et de l'Isère*.)

(4) Établissement fondé en 1623, approuvé par lettres patentes de Louis XIII en date de juin 1626.

Entre ce bourg et la ville de Vienne, il y a l'abbaye cistercienne de Bonnevaux, ayant 6,000 livres de revenu, dont 2,000 appartiennent à l'abbé et le reste aux religieux, qui sont au nombre de huit (1).

A huit lieues de Grenoble est la Chartreuse de Silve-Bénite, où sont quinze religieux, ayant annuellement 1,200 livres (2).

Dans le bourg de Saint-Geoire il y a une abbaye de l'Ordre de Saint-Benoît, où sont douze religieux, avec 1,000 livres de revenu (3) ; plus un couvent de quatre Ursulines, jouissant de 400 livres de rente (4).

A la Tour-du-Pin est un couvent de vingt Récollets (5).

A Crémieu : un couvent de grands Augustins, avec douze

---

(2) Dépendance de Cîteaux sur la commune de Lieudieu et sous le vocable de N.-D., l'abbaye de Bonnevaux fut fondée vers 1117 avec les libéralités des seigneurs de Pinet, de Beauvoir et de Châtillon, en un lieu dépendant du prieuré de Saint-Julien-de-Lerm. Dévastée pendant les guerres de religion, ses derniers débris ont servi à la construction de l'église paroissiale de Villeneuve-de-Marc. Il n'y avait plus en 1789 que quatre religieux, qui renoncèrent à leurs vœux. (COLLOMBET, II, 27 et suiv.; III, 400; — *Gall. Christ.*, XVI.)

(2) La Chartreuse de Silve-Bénite, commune de Valencogne, eut pour fondateur un fils naturel de Frédéric Barberousse, Terric ou Theric, qui établit en cet endroit une colonie de religieux de Saint-Bruno, avec les libéralités de son père, vers l'an 1167. Son église renfermait les tombeaux de la maison de Clermont. (Voy. A. MACÉ, *Traduction d'Aymar du Rivail*, 27-28, et la *Note sur le lac de Paladru*.)

(3) Nous ne savons absolument rien sur ce monastère, sinon qu'il était de l'Ordre de Saint-Benoît, sous le vocable de Saint-André, que son nom ne se trouve pas dans le pouillé de 1523 et que, par suite, sa fondation est postérieure à cette date; enfin qu'en 1736 il fut uni à l'abbaye de N.-D. des Colonnes de Vienne.

(4) Fondé en 1670, approuvé par lettres patentes en 1678.

(5) Fondé en 1618 par les habitants et placé sous le vocable de Saint-Jérôme.

religieux et 6,000 livres de revenu (1) ; plus un d'Ursulines (2) et un de trente religieuses Visitandines, avec 4,000 livres (3).

A Bourgoin : un couvent de quinze Augustins (4) et un de quatre Ursulines, ayant annuellement 400 livres (5).

A une lieue de ce bourg : un couvent dit de Paterno, fondé par le marquis de Maubec, où sont quatre religieux, ayant un revenu de 800 livres (6).

A Pinet, village à deux lieues de Vienne, est un couvent de six Carmes, dont les revenus s'élèvent à 800 livres (7), et le diocèse de Vienne renferme en outre quarante-trois prieurés, ayant de 40 à 1,500 livres de revenu, non comprises celles de la cathédrale et des collégiales, et deux cent quarante-cinq chapelles, ayant un revenu total d'environ 10,000 livres. Quant aux curés, il n'y en a guère qu'une trentaine dont le revenu dépasse les 300 livres de la portion congrue.

---

(1) Commencé par le dauphin Jean II, vers 1317, ce couvent fut terminé par Humbert II, qui de dix porta à trente le nombre de ses religieux, auxquels il donna entr'autres biens une rente de cent florins sur diverses terres. En 1789 il n'y avait plus à Crémieu que sept Augustins, dont un seul déclara vouloir garder la conventualité. (CHORIER, II, 231 ; — VAL-BONNAIS, 1, 317, etc.)

(2) Ce couvent fut fondé en 1623 par Bertrand du Breuil de la Bâtie, seigneur du Châtelard.

(3) Fondé en 1627 par Melchior de La Poippe-Saint-Julin, capitaine de cavalerie, et sa femme, du nom de Granet.

(4) Fondé en 1621, ce couvent fut converti dans la suite en un collége tenu par des religieux de Saint-Augustin. (*Souvenirs sur Bourgoin*, 93, etc.)

(5) Cette maison, dont nous ne connaissons pas la date de fondation, fut établie en 1646 dans les bâtiments d'une ancienne commanderie de Saint-Antoine, revendus le 12 mai 1727 par les Ursulines qui furent alors établies à Saint-Marcellin. (*Souvenirs......*, 43-44.)

(6) Ce couvent, sis à Paleysin, commune de Maubec, fut, suivant l'*Almanach du Dauphiné*, fondé en 1465 par un notaire ayant nom Pierre Hazard.

(7) Cette maison fut supprimée et réunie à celle de Vienne avant 1789.

Diocèse de Grenoble.

Ce diocèse renferme 304 paroisses, dont 64 en Savoie et le reste en Dauphiné. L'évêché, suffragant de Vienne, a 22,000 livres de rente, y compris 2,500 livres tirées de Savoie (1). L'évêque, qui est M. le cardinal Le Camus, dont la vie est assez connue pour qu'il n'y ait rien à en dire (2), se qualifie prince

---

(1) La partie française de l'ancien diocèse de Grenoble correspondait à l'arrondissement actuel de ce nom, moins les cantons de Clelles, Corps, Mens et le Monestier, plus les communes de Château-Bernard et Miribel-l'Enchâtre, le canton de Pont-en-Royans, moins Chatelus, et celui de la Grave (Hautes-Alpes). Quant à la partie savoisienne, appelée d'abord archiprêtré, puis décanat de Savoie, elle forma le diocèse de Chambéry, érigé le 18 août 1779 par le pape Pie VI, nonobstant l'opposition de l'évêque de Grenoble, qui reçut en dédommagement la collation de tous les bénéfices dépendant en France de l'abbaye piémontaise de Saint-Michel de la Cluse et plus tard l'abbaye de Saint-André de Villeneuve, dont la mense fut unie à la sienne. (SAINT-GENIS, *Hist. de Savoie*, III, 99; *Stat. de l'Isère*, III, 372-373.)

(2) Étienne Le Camus, fils de Nicolas, procureur général de la Cour des aides de Paris et frère de Charles, seigneur de Montaudier et de Puypin, gouverneur de Mévouillon en Dauphiné, évêque de Grenoble le 6 janvier 1671 et cardinal le 2 septembre 1686, mort le 12 septembre 1707, après une résidence de trente-six ans dans son diocèse, qu'il dota de nombreux établissements. Ayant accepté à grand peine l'évêché de Grenoble, « il s'y confina, — dit Saint-Simon, qui le malmène cependant, — » et s'y donna tout entier au gouvernement de son diocèse, sans quitter » ce qu'il put de sa pénitence. Il s'était condamné aux légumes pour le » reste de sa vie. Il les continua et mangeait chez lui au réfectoire avec » tous ses domestiques, même sa livrée, et la lecture s'y faisait pendant » tout le repas. »

de Grenoble, dont il est seigneur en pariage avec le Roi, a une rente de 60 sétiers de blé sur la leyde, le droit de régale et la garde des matrices des poids et mesures, celles du vin exceptées. Il avait autrefois les relaissées de l'Isère depuis Bellecombe jusqu'à Romans; mais ce droit est tombé en désuétude.

Le chapitre cathédral, auquel sont unis celui de la Madeleine, dont les Cordeliers conventuels ont pris la place, et un autre petit chapitre de quatre chanoines résidant à la Rivière (1), se compose du doyen, seul dignitaire nommé par le chapitre et dont les revenus s'élèvent à 2,700 livres, du théologal, du précenteur, du chantre, du sacristain et de treize chanoines. Les prébendes, pour lesquelles ces derniers optent suivant leur rang d'ancienneté, valent : les quatre premières 800 livres chaque, les huit suivantes 500 à 600 livres et les autres 300 au plus (2). Elles sont toutes de la collation du chapitre, qui élit les titulaires sous la présidence de l'évêque; mais les maisons canoniales sont à la disposition du doyen. Quant aux

---

(1) Le chapitre de la Madeleine, appelé aussi prieuré de l'aumône de Saint-Hugues, doit son origine à un hôpital fondé l'an 1082 par saint Hugues, évêque de Grenoble. Falques, l'un des successeurs de ce prélat, fonda dans l'église de cet hôpital un petit chapitre de deux chanoines, ayant à leur tête un prieur, qui devait être pris parmi les chanoines de la cathédrale; nombre porté peu après à trois chanoines, plus un sacristain. Lors de la ruine du couvent des Cordeliers pendant les guerres de religion, ces religieux s'établirent provisoirement en 1591 dans le prieuré de la Madeleine, qu'ils finirent par acheter 8,300 livres, le 7 mars 1732. Pour le bénéfice appelé ici chapitre de la Rivière, il s'agit d'un prieuré de chanoines de Saint-Augustin, dépendance de Saint-Martin-de-Miséré, établi en 1422 par le pape Martin V à Revesti, commune de la Rivière, aux lieu et place d'un couvent de Chartreusines, qui lui-même avait succédé à l'ancienne Chartreuse des Écouges. Ce chapitre ou prieuré n'eut que peu d'années d'existence et fut uni l'an 1445 au chapitre cathédral de Grenoble, qui en affecta les revenus à la prébende du doyen. (VALB., II, 135; — *Archives de l'évêché de Grenoble;* — AUVERGNE, *Cart. de Saint-Robert et des Écouges,* XIX, etc.)

(2) Placé sous la règle de Saint-Augustin en 1136 par l'évêque Hugues II, ce chapitre fut sécularisé en 1557 par le pape Paul IV.

habitués, dont le nombre peut aller à vingt, ils peuvent seuls posséder les chapelles fondées dans l'église, où les distributions du chœur sont d'ailleurs peu importantes, le tiers de ses revenus n'y étant pas appliqué, ainsi que le veut le concile. Ajoutons que le chapitre cathédral de Grenoble a un premier degré de juridiction, d'où l'on appelle à l'official de l'évêque, qui, après quatre mois, peut juger chanoines et habitués en cas de crime.

Il y a ensuite le chapitre de Saint-André, fondé par le dauphin Guigues-André et composé d'un prévôt et de douze chanoines, plus de douze habitués ou chapelains et de huit clercs, tous choisis par le chapitre et soumis à la juridiction de l'évêque, qui confirme l'élection du prévôt. Les revenus de ce dernier seul dignitaire sont d'environ 1,000 livres; celui des chanoines, qui varie suivant leur ancienneté, est de 300 à 350 livres pour les quatre plus anciens, de 200 à 250 pour les trois suivants, de 80 livres pour les trois qui viennent après, de 52 livres pour l'avant-dernier et de 28 livres pour le dernier. Les habitués n'ont que leurs messes et les distributions, qui sont distinctes de celles des chanoines et pour lesquelles il y a un fonds de 821 livres 5 sols, soit environ 4 sols par jour pour chacun (1).

Les autres maisons religieuses de la ville sont : 1° le séminaire tenu par les P. P. de l'Oratoire, qui y sont trois : un directeur et deux professeurs, plus un valet. Cet établissement, auquel est uni le prieuré de Saint-Martin-de-Miséré, a encore 500 livres de rente venant du clergé du diocèse, non compris les quatre places à 200 livres par an qu'a fondées le

---

(1) L'an 1225, le dauphin Guigues-André fonda à Champagnier un chapitre de douze chanoines, sous un prévôt, qu'il gratifia de la seigneurie de cette terre; puis, ayant acquis du prieur de Saint-Martin-de-Miséré, Eustache, l'église de Saint-André de Grenoble, qui lui appartenait, l'y transféra l'année suivante, du consentement de l'évêque, qui se réserva le droit de confirmer l'élection du prévôt et celui de juridiction sur le chapitre; ensuite de quoi l'église de Saint-André devint tout à la fois la chapelle et le lieu de sépulture des Dauphins et le dépôt de leurs archives. (VALB.° II, 7; — MARION, *Chartularia S⁴ Hugonis*, 304.)

cardinal Le Camus pour de pauvres clercs qui s'engagent à desservir les paroisses abandonnées (1) ; 2º les Jacobins, qui enseignent la philosophie et la théologie, et où vingt prêtres et six frères jouissent d'environ 9,000 livres de revenu (2) ; 3º les Jésuites, qui ont la confrérie des magistrats et celle des artisans et tiennent un collége où l'on enseigne les basses classes, la philosophie et la théologie positive. Ils sont dix-huit personnes et ont 8,000 livres de revenu, en y comprenant une rente de 3,000 livres que le Roi leur fait depuis quarante ans, laquelle sert à la construction de leur église et a été augmentée d'une autre de 2,000 que S. M. faisait au collége des Jésuites de Pignerol, quand cette ville appartenait à la France (3) ; 4º les

---

(1) Abbaye de l'Ordre de Saint-Augustin, fondée par saint Hugues, évêque de Grenoble, et presqu'aussitôt rabaissée au rang de prieuré. Saint-Martin-de-Miséré fut uni au séminaire de Grenoble par bulle du 13 mars 1679. Quant au séminaire, il avait été fondé en 1671.

(2) Le couvent des Dominicains de Grenoble fut fondé l'an 1288 dans l'église de Saint-Pierre-Portetraine, acquise du prieur de Saint-Martin-de-Miséré, qui la tenait lui-même des religieuses de Saint-André-le-Bas de Vienne, par Guillaume de Sassenage, évêque de cette ville. (Voyez E. MAIGNIEN, *Notice sur le couvent des Dominicains de Grenoble*, in-8º, 1866.)

(3) Dès 1606, il y avait à Grenoble un collége tenu par les Dominicains, qui, moyennant une pension annuelle de 1,100 livres faite par la ville, y enseignaient gratuitement. Plus tard, les Jésuites s'étant établis à Grenoble, dans la rue Bournolenc, appelée depuis rue des Vieux-Jésuites, ils eurent avec les Dominicains relativement au collége de longues contestations, terminées en 1651 par une transaction, aux termes de laquelle ces derniers abandonnèrent le collége et la pension de 1,100 livres aux disciples de saint Ignace, ne se réservant que les chaires de philosophie et de théologie, fondées par le président de Lacroix-Chevrières. En ces nouvelles mains le collége de Grenoble fut confirmé et reconnu de fondation royale par lettres patentes de septembre 1699, et resta jusqu'en 1763, époque à laquelle, la compagnie de Jésus ayant été supprimée, il fut confié par l'administration municipale à des prêtres séculiers, qui le 10 juillet 1766 obtinrent de nouvelles lettres patentes réorganisant complètement cet établissement, dans lequel il devait y avoir désormais : un principal, au traitement de 1,000 livres ; un sous-principal, deux professeurs de théologie, deux de philosophie et un de rhétorique,

Cordeliers de la Grande-Manche ou conventuels ont 3,000 livres de revenu et les messes du Parlement. Ils sont douze prêtres et quelques frères (1); 5º les Récollets, fondés par Henri IV pour la pénitence qui lui fut imposée par le pape, sont au nombre de vingt-deux tant dans leur couvent de la ville que dans l'ermitage de Saint-Eynard. Ils ont les messes de la Chambre des comptes (2); 6º les Capucins, au nombre de trente, dont vingt-quatre pères (3); 7º les Augustins déchaussés, dix prêtres et trois quêteurs (4); 8º les Carmes déchaussés, au nombre de onze, dont huit prêtres (5); 9º les Minimes, qui sont huit prêtres et deux frères, ayant 1,500 livres de rente, sans

---

ayant chacun 800 livres; un régent de seconde et un de troisième, avec 600 livres; un de quatrième, avec 550 livres; enfin, un de cinquième et un de sixième, ayant chacun 500 livres d'appointements; de plus attribuant audit collége une rente annuelle et perpétuelle de 3,000 livres sur le collége de Vienne, qui, réorganisé le même jour, était doté de bénéfices considérables. Les prêtres séculiers furent remplacés en août 1786 par des Josephistes, qui ont conservé le collége de Grenoble jusqu'à sa suppression en 1792. (*Recueil des édits*, XXV, N.ºˢ 11 et 12; — *Stat. de l'Isère*, III, 326-27.)

(1) Fondés en 1240 et établis en 1591 dans le prieuré de la Madeleine, Lesdiguières ayant alors pris leur couvent pour en faire l'arsenal.

(2) Le couvent qui était à Grenoble, rue Très-Cloîtres, fut fondé en 1608. Quant à celui de Saint-Eynard, commune de Meylan, c'était un ancien prieuré de Bénédictins, dépendance de Saint-Michel-de-Conexe, qui, depuis longtemps inhabité, fut acquis en 1615 par Thomas Boffin, qui y établit des Récollets.

(3) Fondé en 1611.

(4) Fondé en 1623 par Charles de Créqui, duc de Lesdiguières, gouverneur du Dauphiné, et confirmé par arrêt du Conseil du Roi en date du 19 avril 1674.

(5) Fondé en 1643 par Marie Liesse de Luxembourg, princesse de Tingry, femme d'Henri de Lévis, duc de Ventadour, prince de Maubuisson, laquelle, s'étant séparée de son mari, entra chez les Carmélites de Chambéry, où elle mourut le 18 janvier 1660, tandis que, de son côté, celui-là, renonçant à tous ses titres, entrait dans les Ordres et devenait chanoine de l'église de Paris.

compter leurs messes (1); 10° les Religieuses de Sainte-Claire, au nombre de quarante, ayant pour aumôniers quatre Cordeliers de l'Observance, et dont la supérieure, fille d'un grand mérite, est une Basset de St-Nazaire. Elles reçoivent de chaque religieuse 1,500 livres; mais, comme il leur est défendu d'acquérir, elles consomment cet argent au fur et à mesure, aussi bien que les fondations de messes, et vivent de quêtes (2); 11° et 12° deux monastères de la Visitation : l'un composé de quarante religieuses et cinq tourières, ayant 8,000 livres de rente; l'autre de trente religieuses, deux tourières et quelques valets, avec 2,000 (3); 13° les Bernardines, qui sont trente-deux religieuses et six tourières, sous la direction de l'évêque et ont 3,000 livres de revenu (4); 14° les Ursulines, qui ont beaucoup de pensionnaires et trente-trois religieuses et six tourières, ayant un revenu de 4,000 livres (5); 15° les Religieuses du Verbe Incarné, au nombre de douze, dont les revenus s'élèvent

---

(1) Fondé en 1613 par Marguerite de Sassenage, femme d'Horace du Rivail, seigneur de Blanieu.

(2) Ce monastère, dont l'église renfermait avec les tombeaux du connétable de Lesdiguières et de sa fille aînée celui du dauphin Charles Orland, fils aîné du roi Charles VIII, mort le 6 décembre 1495, fut fondé en 1469 par Jean d'Aidie, bâtard d'Armagnac, gouverneur de la province; mais il y en avait eu antérieurement deux autres du même Ordre dans la ville de Grenoble : l'un fondé en 1342 à Iseron, sous le vocable de Saint-Louis d'Anjou, par le dauphin Humbert II, qui le transféra peu après à Moirans et de là à Grenoble; l'autre dont la fondation, émanant encore du même prince, fut faite en 1345 pour cinquante religieuses et six religieux. (VALBONNAIS, I, 327; II, 451.)

(3) Le premier de ces monastères, qui existe encore et est connu sous le nom de Sainte-Marie-d'en-Haut, fut établi en 1619 par la fondatrice même de l'Ordre, sainte Chantal; saint François de Sales et Christine de France, fille d'Henri IV et duchesse de Savoie, en posèrent la première pierre. Quant au second, appelé Sainte-Marie-d'en-Bas, c'était une succursale du premier établie en 1648.

(4) Ce couvent, sous le vocable de Sainte-Cécile, fut fondé en 1624 par l'abbaye des Ayes.

(5) Colonie du couvent de Lyon établie à Grenoble en 1606.

à 1,000 livres (1) ; 16° les Carmélites, qui ont 1,800 livres de rente et sont dix-huit religieuses et deux tourières (2) ; 17° les Religieuses de Saint-Joseph, pour élever les jeunes filles, lesquelles, n'ayant pas encore de lettres patentes, sont employées à l'hôpital de la Providence; 18° les Repenties de la Madeleine, où l'on reçoit les femmes débauchées que la justice ou les maris y font enfermer et dont le seul revenu consiste dans une quête faite chaque année par les dames de la ville, laquelle ne dépasse pas 1,000 livres, dans une pension de 20 écus que payent les femmes en ayant les moyens, et dans le produit de la couture. Les religieuses, qui sont des Célestes bleues, établies par Mgr. Le Camus, y sont au nombre de cinq ; 19° enfin, la maison de la Propagation de la Foi, où un prêtre fondé par M. le président de Chevrières enseigne les nouveaux convertis, tandis que dans un autre appartement deux maîtresses s'occupent des converties. Cette maison possède aux portes de la ville 500 livres de rente en fonds et 15 livres annuellement données par le Roi (3).

En outre de ce, il y a dans la ville de Grenoble plusieurs hôpitaux unis en corps et dont les principaux sont : l'hôpital général, où sont 1,300 vieillards ou enfants incapables de gagner leur vie; celui de la Charité, contenant quarante lits

---

(1) Fondé en 1646, ce couvent fut supprimé en 1717 et ses biens donnés au séminaire fondé en 1606 par le cardinal Le Camus pour servir d'asile aux prêtres vieux et infirmes.

(2) Fondé en 1649 par Julienne Sorel, veuve de Jacques Bolosson.

(3) La maison de la Madeleine et celle de la Propagation de la Foi, qui étaient unies à la fin du dernier siècle, avaient été fondées la première en 1632, la seconde en 1647 par quelques dames distinguées, en tête desquelles était Jeanne de Lacroix-Chevrières, femme de Félicien Boffin, baron d'Uriage et avocat général au Parlement. La maison de la Propagation de la Foi, confirmée par lettres patentes du 30 mai 1650, fut l'objet des libéralités de Françoise de Basemont, veuve de Jean Audeyer, président au Parlement, qui, par testament en date du 23 février 1662, lui donna le domaine de la Teraillière dans la banlieue de Grenoble. (*Stat. de l'Isère*, III, 505, 506, etc.)

pour des hommes malades et soigné par des religieux de la Charité, qui reçoivent 800 livres pour leurs gages, 250 livres pour les remèdes et 6 sous par jour pour chaque malade et 33 sous pour chaque enterrement; enfin celui de N. D. de la Charité, ayant vingt-six lits pour des femmes malades et tenu par douze religieuses recevant de l'hôpital général 150 livres pour gages, 4 sous par jour pour chaque malade et 33 sous pour chaque enterrement. Les revenus de ce corps d'hôpitaux sont de 30,000 livres, lesquels étant insuffisants, le Roi y a joint le tiers des revenus des consistoires de Dauphiné, montant en somme à 45 ou 50,000 livres (1). Le conseil d'administration se compose de l'évêque de Grenoble, directeur, de commissaires du Parlement, de la Chambre des comptes et du Bureau des finances, du maire, des consuls et des notables de la ville; mais toute la conduite intérieure est aux mains de M. Canel, chanoine théologal de Saint-André et conseiller-clerc au Parlement, qui s'emploie à toutes sortes de bonnes œuvres et y sollicite les autres avec tant de zèle que le succès répond presque toujours à ses efforts, étant, on peut l'avancer sans

---

(1) Le premier hôpital établi dans Grenoble à notre connaissance est celui de la Madeleine, fondé par saint Hugues, converti plus tard en un prieuré, qui devint par la suite un chapitre de chanoines réguliers. Dès la fin du XIIIe siècle, les Antonins y en desservaient un second. Jacques de Dye, *aliàs* Lappo, personnage considérable de la Cour delphinale, en fonda un troisième pour les mendiants en 1329, de concert avec Catherine Montanée, sa femme. Un quatrième fut élevé en 1424 par l'évêque Aymon de Chissé, qui l'unit à celui de Saint-Hugues ou de la Madeleine, définitivement séparé du bénéfice ecclésiastique de ce nom. Graton d'Archelles, écuyer du roi, en fit construire un autre pour les pestiférés à la suite de la peste de 1485, et ce n'est que vers le milieu du XVIIe siècle que toutes ces fondations furent réunies sous le nom d'hôpital général et qu'on bâtit successivement l'hôpital de Saint-Étienne de la Charité, confié aux Pères de Saint-Jean de Dieu en 1660, pour les hommes, et celui de N. D., où furent appelées en 1666 des religieuses de l'Ordre de Saint-Augustin, pour les femmes; ce qui fut confirmé par lettres patentes de février 1662. En 1789, ces hôpitaux entretenaient plus de huit cents pauvres et tenaient en nourrice pareil nombre d'enfants. (Chorier, *Hist. gén.*, II, 420, 490; *Stat. de l'Isère*, III, 501 et suiv., etc.)

aucune crainte, de tous les ecclésiastiques du royaume un de ceux qui méritent le plus d'être évêque (1). A part l'hôpital général, il y a encore l'hôpital de la Providence, établi depuis vingt ans, mais qui n'a pas de revenus, ne pouvant rien acquérir, et où quinze dames de qualité, aidées par trois sœurs de Saint-Joseph et un aumônier, servent une soixantaine de malades. De plus, la maison des Orphelines, où deux maîtresses élèvent un certain nombre de pauvres filles, entretenues par les dames de cette confrérie (2).

A trois lieues environ de Grenoble il y a la Grande-Chartreuse, résidence du général de l'Ordre, dont les revenus en terres, dîmes, bois, forges, ais et charbon sont d'au moins 50,000 livres, et où les pauvres et les pèlerins sont reçus gratis, ce qui est une charge considérable, leur nombre allant en moyenne à 4,000 par an (3).

Les autres maisons religieuses du diocèse sont :

A la Mure, un couvent de quatre Capucins (4); à Villars-Benoît, des Augustins déchaussés, ayant 800 livres de rente; à l'Osier, où il y a un pèlerinage, encore des Augustins déchaussés, ayant un revenu de 1,000 livres; à Vinay et Voiron,

---

(1) Claude Canel, conseiller clerc au Parlement de Grenoble, chanoine de Saint-André, abbé de Valcroissant, prieur de Vizille, etc. Il a laissé son nom aux moulins que possède encore l'hôpital de Grenoble et qu'il fit construire.

(2) Cette maison, qui était sous le vocable de la *Purification*, fut confirmée par lettres patentes de décembre 1645.

(3) Nous ne saurions dire dans une note, quelque étendue qu'elle soit, ce qu'il y a à dire sur cette célèbre maison, fondée en 1084 dans les déserts de Saint-Pierre de Chartreuse par saint Bruno. Bornons-nous à rappeler qu'aujourd'hui encore elle renferme plus de quarante religieux et que ses revenus sont assez considérables pour lui permettre sans discontinuer des libéralités princières, non-seulement en faveur des localités voisines, qui en vivent à peu près, mais encore en faveur de toutes les bonnes œuvres qui réclament son aide.

(4) Fondé en 1642 par Louis de Combourcier, seigneur du Terrail.

des religieux du même Ordre, ayant chaque maison 300 livres environ (1);

Au Bourg-d'Oisans, un couvent de cinq Récollets, vivant de quêtes (2);

A Moirans, un de Cordeliers de la Grande-Manche, ayant 2,000 livres de rente en fonds outre leurs messes; plus un d'Ursulines, avec dix-huit religieuses et un revenu de 1,000 livres (3);

A Tullins, un de quatre Minimes, ayant 1,800 livres de rente; puis les religieuses cisterciennes de Saint-Bernard de Chabons, au nombre de dix-huit, avec 8,000 livres de rente, et un couvent de vingt-sept Ursulines, avec 3,000 livres (4);

---

(1) Le couvent de Villars-Benoît, commune de Pontcharra, est le premier de cet Ordre qu'il y ait eu en France. Il fut fondé en 1596 par Guillaume de Saint-Marcel d'Avançon, archevêque d'Embrun, revenant du concile de Trente, avec des religieux amenés de Rome, qu'il établit avec l'autorisation du pape Clément VIII dans un petit prieuré dépendant de celui de Saint-Martin-de-Miséré, qui lui appartenait.

Le couvent de Vinay fut fondé en 1638 par Antoine de Murat de Lestang et Marguerite de Montagny, dame de Vinay, son épouse.

Celui de l'Osier, simple succursale de ce dernier, datait de 1659 et avait les mêmes fondateurs.

Celui de Voiron, fondé par les habitants en 1642, fut confirmé par arrêt du Conseil du Roi le 19 avril 1674. (G. BASSET, *Plaidoyez*, II, 28; — G. ALLARD, *Dict.*, I, 86, etc.)

(2) Ce couvent, sous le vocable de Saint-Bonaventure, avait pour fondateur Charles de Créqui, duc de Lesdiguières, gouverneur de la province (1657). Il fut confirmé par lettres patentes en mars 1660.

(3) Les Cordeliers de Moirans, objet des libéralités de la plupart des Dauphins, furent établis vers le commencement du XIIIe siècle par Berlion, seigneur de Moirans, suivant M. Pilot, qui leur a consacré une petite notice.

Les Ursulines, établies en 1638, avaient pour fondateur Gaspard de Simiane, coseigneur de Moirans, lieutenant général de l'artillerie dauphinoise. (PITHON-CURT, III, 326.)

(4) A Tullins, les Minimes avaient été fondés le 14 décembre 1611 par Louis de Bajoue. Virginie But, dame du lieu, femme de Gaspard de Fléard, seigneur de Pressins, leur fit en 1623 de grandes libéralités.

À Beauvoir, un couvent de quatre Carmes, fondé par les Dauphins et ayant un revenu de 2,000 livres (1);

À Pont-en-Royans, un prieuré d'Antonins, dont les revenus sont encore de 2,000 livres (2);

À Saint-Robert de Cornillon, un de Bénédictins de Saint-Maur, ayant 3,000 livres (3);

À Vizille, l'hôpital de la Charité, fondé pour six malades et desservi par trois religieux, ayant 1,600 livres de revenu (4);

À Montfleury, à demi-lieue de Grenoble, est un couvent de filles de Saint-Dominique, dirigé par les Jacobins, dont les revenus s'élèvent à 15,000 livres et où il y a quarante-sept religieuses et vingt-quatre servantes, lesquelles ne sont pas cloîtrées et reçoivent beaucoup de pensionnaires, ce qui n'empêche pas qu'il n'y a point de scandale (5);

Les Ursulines établies à Cruzille, banlieue de ce bourg, remontaient à 1632 et furent confirmées par lettres patentes de juin 1721.

Quant au prieuré de N. D. de Grâces, Ordre de Cîteaux, fondé le 15 décembre 1624 par François de Gallien, seigneur de Chabons, il fut uni au grand prieuré du chapitre de chanoinesses nobles établi à Saint-Antoine par l'ordre de Malte en 1780. (*Archives de la Drôme et de l'Isère non classées.*)

(1) Fondé en 1344 pour soixante religieux par le dauphin Humbert II, dans l'enceinte même de son château de Beauvoir.

(2) Le prieuré de Saint-Pierre du Pont-en-Royans, connu dès le XIIe siècle, était une dépendance de la commanderie de Sainte-Croix-en-Quint.

(3) Prieuré de l'Ordre de Saint-Benoît, dépendance de Saint-Chaffre, fondé l'an 1070 environ par Guigues le Vieux, comte de Graisivaudan, et son fils, Guigues le Gras, qui y fut enterré dix ans après; aujourd'hui établissement d'aliénés sur la commune de Saint-Égrève.

(4) Fondé en 1664 par Charles de Créqui, duc de Lesdiguières, gouverneur de Dauphiné.

(5) Le dernier dauphin Humbert II, excommunié par le pape pour s'être injustement emparé de la ville de Romans, ayant obtenu l'absolution sous condition d'accomplir un certain nombre d'œuvres pies, fonda le 23 décembre 1342, dans le château delphinal de Montfleury, voisin de Grenoble, un couvent de religieuses dominicaines, qui acquit promptement une très-grande réputation et devint par la suite un chapitre de chanoinesses nobles, jouissant entr'autres biens de la seigneurie temporelle de Saint-Ferjus, aujourd'hui la Tronche.

L'abbaye des Ayes, Ordre de Cîteaux, a trente religieuses et 9,000 livres de rente (1);

A Prémol, distant de trois lieues de Grenoble, il y a une Chartreuse de filles, maison d'une piété exemplaire fondée par une Dauphine et dont les revenus ne dépassent pas 1,000 livres (2);

A Vif, un couvent de vingt-sept Ursulines, plus trois tourières, a 2,000 livres de rente (3);

A Voiron, enfin, est un couvent de Bernardines du Saint-Sacrement réformées, ayant quatorze religieuses et deux tourières, avec 2,000 livres de revenu (4).

Les autres prieurés, au nombre d'environ quarante, valent de 300 à 1,200 livres.

Diocèse de Valence.

Ce diocèse, qui est encore suffragant de Vienne, comprend cent cinq paroisses, dont septante en Dauphiné et le reste en Vivarais (5). Celui de Die lui fut uni en 1275 par le pape Grégoire IX, mais il en a été séparé depuis. L'évêque, qui est M.

---

(1) N. D. des Ayes ou des Haies, paroisse de Crolles, fut fondée vers 1145 par la dauphine Marguerite de Bourgogne, femme de Guigues IV, et confirmée par bulle du pape Adrien IV en 1155. (Voy. la notice publiée par M. G. Maignien.)

(2) La Chartreuse de Prémol remontait à 1234, époque à laquelle la dauphine Béatrix de Montferrat, femme de Guigues VI, fonda sur la paroisse de Vaunaveys (Isère) un couvent de femmes, passé vers la fin du XIII° siècle dans la dépendance de la Grande-Chartreuse.

(3) Fondé en 1651 avec des religieuses du couvent de Moirans.

(4) Fondé en 1600, confirmé par lettres patentes en janvier 1671.

(5) Le diocèse de Valence comprenait en Dauphiné les cantons actuels de Valence, Bourg-de-Péage, Loriol; ceux de Chabeuil, moins le Chaffal, et de Marsanne, moins Charols; la partie orientale des deux cantons de Crest; celle du canton de Saint-Jean-en-Royans qui est sur la rive gauche de la Lionne; plus les communes de Montélimar, Ancone, Montboucher et la Roche-de-Glun. Son évêque était le premier suffragant de l'archevêché de Vienne, dont il avait l'administration, le siége vacant.

Bochart de Champigny, prélat de bonnes mœurs, appartenant à une famille dont il y a eu un surintendant des finances, a 14,000 livres de rente (1). Le chapitre cathédral de Saint-Apollinaire est composé d'un doyen, ayant 2,000 livres, d'un prévôt, en ayant 450, de l'abbé de Saint-Félix, qui en a 350, d'un archidiacre, sans revenu, de dix chanoines, dont les prébendes, optées par rang d'ancienneté, valent de 300 à 1,150 livres, enfin de huit chapelains et de huit enfants de chœur (2).

Les autres chapitres sont : celui de Saint-Pierre du Bourg, composé de huit chanoines sous un prieur (3), et celui de Montélimar, composé d'un doyen, ayant 400 livres, et de neuf chanoines, avec 250 livres chaque (4).

Les abbayes sont au nombre de cinq, dont deux de filles : 1º Saint-Ruf, chef d'Ordre d'une congrégation, suivant la règle de saint Augustin, laquelle a été fondée en 1131 et a

---

(1) Guillaume Bochart de Champigny, docteur en théologie de la faculté de Paris, archidiacre de Rouen, puis évêque de Valence, mort le 4 juillet 1705, était fils de Jean Bochart, intendant en Normandie, et arrière-petit-fils d'autre Jean, qui fut successivement maître des requêtes sous Henri III et Henri IV, président aux enquêtes, conseiller d'État, ambassadeur à Venise, intendant en Poitou, contrôleur général, puis surintendant des finances, enfin premier président au Parlement de Paris.

(2) Le doyen et le prévôt étaient élus par le chapitre; l'archidiacre et l'abbé de Saint-Félix, par l'évêque. Antérieurement au XIVe siècle, le premier dignitaire était le prévôt; mais, à partir de cette époque, sans raisons connues et malgré des revendications opiniâtres, il dut céder le pas au doyen.

(3) Abbaye de fondation carolingienne, sécularisée dès le IXe siècle et dont la dignité abbatiale était unie à celle du prévôt du chapitre cathédral, auquel il fut uni lui-même en 1727 pour le spirituel et l'office seulement; le chapitre de Saint-Pierre du Bourg était à la veille d'être entièrement confondu avec ce dernier, lorsqu'il fut supprimé par la Révolution.

(4) Érigé le 10 juin 1449, à la prière du dauphin Louis XI, par le pape Nicolas V, qui lui unit un certain nombre de bénéfices, entr'autres le prieuré de N. D. d'Aigu avec sa sacristie et la moitié de celui d'Allan, ce chapitre, sous le vocable de Sainte-Croix, jouissait en 1729 de 3,073 livres de revenu, compris les 2/3 de la dîme de Montélimar.

5,000 livres de rente (1); cette maison est en règle et a quantité de prieurés dans sa dépendance; 2° Léoncel, Ordre de Citeaux, fondée en 1137, ayant 3,000 livres de revenu et possédée par M. Servient (2); 3° Saou, Ordre de Saint-Augustin, qui ne vaut que 500 livres à son abbé (3); 4° Soyons, abbaye de filles de l'Ordre de Saint-Benoît, dont les revenus sont d'environ 2,800 livres (4); 5° Vernaison, Ordre de Citeaux, ayant 2,500 livres de revenu, mais fort endettée et dans tel état qu'on ne peut guère espérer son rétablissement (5).

---

(1) Fondée auprès d'Avignon l'an 1039, transférée dans l'île Esparvière en 1151, puis dans l'intérieur de Valence en 1600, l'abbaye de Saint-Ruf, dont les bâtiments servent aujourd'hui de préfecture et de temple protestant, fut sécularisée le 12 août 1774.

(2) L'abbaye de Léoncel, dont l'église, joli spécimen de l'architecture romane, fut consacrée le 11 mai 1188 par Robert, archevêque de Vienne, était de la filiation de Bonnevaux. L'abbé dont il est ici question était Hugues-Humbert de Servient, abbé de Cruas et de Léoncel, prieur de Croissy et camérier du pape, fils d'Ennemond, président de la Chambre des comptes de Grenoble et ambassadeur en Savoie, et neveu d'Abel Servient, marquis de Sablé, baron de Meudon, etc., mort le 17 février 1659, ayant été ministre d'État, surintendant des finances, chancelier des ordres du roi et membre de l'Académie française.

(3) L'abbaye de Saint-Thiers de Saou, dont la fondation est attribuée à Boson, roi de Provence (879-887), et qui était chef d'Ordre d'une petite congrégation de chanoines réguliers de Saint-Augustin, fut supprimée en 1738, et ses biens partagés entre l'évêché de Grenoble et le séminaire de Valence.

(4) Établie dès le XII° siècle à Soyons (Ardèche), ruinée pendant les guerres de religion et transférée à Valence en 1632, cette abbaye, dont les bâtiments ont été convertis en arsenal, était sous le vocable de Saint-Jean l'Évangéliste.

(5) Dépendance de Léoncel, fondée vers le milieu du XII° siècle à Châteauneuf-d'Isère par Raymond, seigneur du lieu, transférée peu après à Commier ou Commerci, plus tard appelé Vernaison, même paroisse, et de là à Valence en 1617. La détresse dont parle notre intendant était le résultat de cette dernière translation, les religieuses ayant voulu faire construire des bâtiments considérables, qu'elles abandonnèrent en 1698 à leurs créanciers et qui servent aujourd'hui de caserne de gendarmerie.

Il y a trente-un prieurés, dont les principaux sont : celui de Saint-Félix, Ordre de Saint-Ruf, de collation royale, valant 14,000 livres environ (1); celui d'Allex, Ordre de Cluny et régulier, valant 1,500 livres; celui de Macheville, uni aux Jésuites du Puy et dont les revenus s'élèvent à 1,200 livres (2); celui de Rochepaule, uni aux Minimes de Roussillon, qui en retirent 1,800 livres. Quant aux autres, ils vont de 100 à 700 livres.

Les couvents sont : à Valence, un de Capucins, un de Récollets, un de Dominicains, un de Cordeliers, un de Minimes, un de Visitandines, un d'Ursulines et un de filles de N. D., tous sans grands biens (3); à Montélimar, un de Capucins, un de Récollets, un de Cordeliers, un de Visitandines et un d'Ursulines (4).

---

(1) Saint-Félix était une abbaye chef de congrégation de l'Ordre de Saint-Augustin, connue dès le IXe siècle et convertie peu après en un prieuré, que le pape Urbain V unit avec toutes ses dépendances à l'Ordre de Saint-Ruf, le 29 septembre 1363. Vers le milieu du dernier siècle, la collation de ce bénéfice donna lieu à un procès entre Antoine d'Aurelle, prieur nommé par le roi, et l'abbé de Saint-Ruf, qui se prétendait collateur.

(2) Fondé l'an 961 par Geilin, comte de Valence, qui donna le lieu de Macheville à l'abbaye de Saint-Chaffre.

(3) Le couvent des Capucins de Valence fut fondé en 1611; celui des Récollets en 1620, autorisé par bref pontifical en décembre 1627 et transféré dans l'ancien palais du Dauphin par le roi Louis XIII l'année suivante; celui des Dominicains datait de 1234; celui des Cordeliers, de 1248, et celui des Minimes, supprimé en 1782, de 1619.

Les dames de la Visitation furent établies dans cette ville par la B. Marie Teyssonier en 1621, grâce aux libéralités de demoiselle Claude-Cécile Meyssonier, son amie. Les Ursulines avaient été fondées par la ville en 1640. Quant aux religieuses de N. D., lesquelles appartenaient à la congrégation bénédictine fondée en 1607 à Bordeaux par Jeanne de Lestonac, marquise de Montferrand, nièce de Michel de Montaigne, l'auteur des *Essais*, elles existaient à Valence dès le milieu du XVIIe siècle et acquirent en octobre 1682 le couvent des Minimes.

(4) Les Capucins établis à Montélimar dans les premières années du XVIIe siècle ne furent reconnus par la ville qu'en 1746. Les Récollets avaient été fondés en 1613 par Adrien de Bazemont, président en la

A Chabeuil, un d'Ursulines (1).
Le séminaire est très-petit et mal bâti (2).

Diocèse de Die.

Le diocèse de Die, autre suffragant de Vienne, comprend deux cents paroisses, dont trois ou quatre dans le Comtat, autant en Provence et le reste en Dauphiné (3). L'évêque, qui est actuellement M. Séraphin de Pajot, allié de M. de Boucherat, chancelier de France, et prélat se donnant toute l'activité convenable dans un diocèse aussi rempli de nouveaux convertis, est seigneur suzerain de tout le Diois et a 13,000

Chambre des comptes de Grenoble et neveu de l'abbé d'Aiguebelle du même nom. Les Cordeliers, dont la fondation datait de 1212, ruinés et massacrés au nombre de cinquante-six en 1567, avaient été rétablis au commencement du siècle.

Le couvent des Visitandines était une succursale de la maison de Valence, établie en 1643. Celui des Ursulines en était une de la maison de Lyon, fixée à Montélimar le 20 juillet 1624 et approuvée par lettres patentes d'avril 1634.

(1) Fondé vers le milieu du XVII⁰ siècle.

(2) Cet établissement, fondé le 16 janvier 1639, était le premier établi en France. Il était dirigé par les Missionnaires du Saint-Sacrement et possédait entr'autres biens la cure de Saint-Jean de Valence et la mense conventuelle de Saou.

(3) Le diocèse de Die comprenait : dans la Drôme, tout l'arrondissement actuel de ce nom, moins la partie orientale des deux cantons de Crest; la plus grande partie des cantons de Dieulefit, de Grignan et de Saint-Jean-en-Royans, plus les communes du Chaffal, de Charols et de Remuzat; dans l'Isère, les cantons de Clelles et de Mens, celui du Monestier, moins Château-Bernard et Miribel-l'Enchâtre, plus la commune de Chatelus dans le canton du Pont-en-Royans.

livres de revenu (1). Le chapitre, qui se compose d'un doyen, ayant 1,200 livres, d'un sacristain, en ayant 700, de dix chanoines, dont les prébendes vont à 600, et de deux honoraires, sans revenus ni voix délibérative, est seigneur temporel de Menglon, Romeyer et Marignac. Le bas chœur comprend quatre ecclésiastiques, parmi lesquels le curé et le vicaire.

La ville de Die renferme en outre un couvent de Jacobins et un de Cordeliers, ruinés l'un et l'autre pendant les guerres de religion, et n'ayant à présent le premier que deux prêtres et un frère, et le second que trois prêtres et deux frères; un couvent de dix-sept Ursulines, ayant 3,000 livres de revenu, et une maison de Jésuites, qui retire 240 livres de la ville, 300 du chapitre et autant de l'évêque, qui veut encore l'accroître et en faire son séminaire; de plus, un hôpital, dirigé par M. de Chanqueyras, prêtre d'une piété exemplaire (2).

---

(1) De même que les autres prélats dauphinois, les évêques de Die s'étaient rendus indépendants dans leur diocèse à la mort de Rodolphe-le-Fainéant, et, trop éloignés pour l'empêcher, les empereurs germaniques, héritiers de ce prince, avaient légitimé cette usurpation par des bulles. Mais cette espèce de souveraineté, longtemps disputée par les comtes de Diois, qui s'y étaient soumis tout d'abord, devint par la suite toute nominale; tandis que le domaine proprement dit de l'église de Die s'est conservé plus ou moins étendu jusqu'à la Révolution. A cette époque la seigneurie temporelle de l'évêque comprenait, avec la ville de Die, Aouste, Saillans, Mirabel, Aurel, Châtillon, Chamaloc, Montmaur, Poyols, Jonchères, toute la vallée de Bourdeaux, la moitié de Vassieu et partie des vallées de Valdrôme et du Vercors. Le domaine du chapitre comprenait la montagne de Justin et les terres de Marignac, Romeyer et Menglon. (Voy. *Tituli ecclesiæ B. M. Diensis......* par M. l'abbé CHEVALIER.)

(2) Le couvent des Dominicains de Die avait été fondé en 1272; celui des Cordeliers en 1278; les Ursulines en 1630, par l'évêque Charles-Jacques de Gelas de Leberon; quant à l'hôpital dit de Sainte-Croix, il fut fondé le 18 août 1478 par Jarenton de Blagnac, doyen de la cathédrale, qui en confia l'administration aux syndics ou consuls de la ville. (CHEVALIER, *Cart. de la ville de Die*, ch. XIV, etc.)

A Crest, ville du diocèse, il y a un chapitre, composé d'un prévôt, d'un chantre et de six chanoines, ayant le premier 650 livres, le second 450 et les autres 300 livres chaque (1); de plus, un couvent de Cordeliers et un de Capucins, ceux-ci au nombre de douze et les autres au nombre de six; enfin, un couvent de trente Ursulines, ayant 3,000 livres de rente, et un de trente Visitandines, avec 2,500 livres (2).

A Sainte-Croix, près Die, les Antonins ont une maison, où ils tiennent trois religieux. M. de Montmorin, lorsqu'il était évêque de Die, y avait établi son séminaire, que M. de Pajot a depuis confié aux Jésuites. Le revenu de cette maison est d'environ 1,500 livres (3).

---

(1) Lors de la réunion des deux évêchés de Valence et de Die sur la tête d'Amédée de Roussillon (1277), celui-ci, qui résidait souvent à Crest, y réunit en un chapitre les colléges des chanoines de Valence et de Die, mais cette union fut de courte durée, car en 1298 il y avait à Crest un troisième chapitre, qui, ruiné ou tombé en décadence dans la suite, fut restauré en 1467 par l'évêque Louis de Poitiers. Ce chapitre était sous le vocable de Saint-Sauveur.

(2) Fondé vers 1220 par Aimar II de Poitiers, comte de Valentinois, puis enrichi par les libéralités de Polie de Bourgogne, femme d'Aimar IV, le couvent des Cordeliers de Crest, sépulture des comtes de Valentinois, était premièrement sur la rive gauche de la Drôme; mais, ruiné en 1562, il fut transféré neuf ans après dans l'intérieur de la ville.

Le couvent des Capucins, qui existe encore, fut fondé en 1609 par la ville, dans les bâtiments du prieuré de Saint-Jean, acquis du chapitre.

Les Visitandines avaient été établies en 1628, et les Ursulines, dont la maison fut supprimée avant la Révolution, remontaient à la même date.

(3) Sainte-Croix était une ancienne abbaye dépendant de l'évêché de Die, à qui la possession en fut confirmée le 28 mars 1165 par le pape Alexandre III, et que l'évêque Amédée de Roussillon donna le 28 octobre 1289 à l'Ordre des Antonins. Ceux-ci firent de Sainte-Croix une commanderie générale, ayant dans sa dépendance de nombreux prieurés; puis, l'Ordre étant tombé en décadence, firent, le 16 septembre 1689, avec l'évêque de Die un traité, aux termes duquel ils mettaient cette maison à

Encore près de la ville de Die est l'abbaye de Valcroissant, Ordre de Cîteaux et de nomination royale, laquelle n'a pas de religieux, est unie à celle de Bonlieu et vaut 1,000 livres de rente à son abbé commendataire, qui est M. Canel (1).

A Taulignan il y a un couvent d'Augustins déchaussés, qui y sont au nombre de dix (2).

Quant aux prieurés, ils sont fort nombreux, dépendant les uns de Saint-Ruf, les autres de l'abbaye d'Aurillac en Auvergne ou de Cluny; mais il n'y en a pas qui aient de grands revenus. Les meilleures cures sont celles de la Chapelle-en-Vercors, qui rapporte plus de 1,100 livres, et celle de Jonchères, qui en vaut 900.

Diocèse de Saint-Paul-trois-Châteaux.

Ce diocèse comprend 34 paroisses, dont 8, les plus considérables, dans le Comtat. L'évêque, qui est suffragant d'Arles et a 6,500 livres de revenu, y compris 1,000 livres tirées du Comtat, est M. d'Aube de Roquemartine, prélat d'une bonne famille d'épée, mais dont la conduite laisse quelque chose à désirer sous le rapport de la régularité. Le chapitre, qui a 4,000 livres de revenu net, se compose de dix chanoines, y compris

---

la disposition du prélat pour y établir son séminaire, moyennant une pension annuelle de 500 livres et l'abandon de quelques droits, traité qui du reste fut résilié le 20 août 1703 par l'évêque, moyennant une indemnité de 3,200 livres au profit des Antonins.

(1) Dépendance de Bonnevaux, fondée vers 1188, ruinée pendant les guerres de religion et achetée en 1606 du fameux Gouvernet, qui s'en était emparé, par un prêtre de Crest, Jean Fabre, lequel obtint alors des bulles d'abbé commendataire.

(2) Fondé en 1628 par Louise de Gadagne de Bothéon, femme de Charles de Monteynard, seigneur de Chalançon, Taulignan, etc.

les dignitaires, et de trois hebdomadiers, ayant à eux trois deux portions canoniales (1).

Diocèse d'Embrun.

Le diocèse d'Embrun comprend 80 paroisses en Provence ou en Dauphiné, plus 18 dans la vallée de Barcelonnette, appartenant au duc de Savoie (2). L'archevêque, qui n'a pas de suffragants en Dauphiné et dont le revenu total est d'environ 18,000 livres, est M. de Genlis, homme de vertu et de capacité, qui, trop absorbé par l'étude de certaines sciences, n'est pas aussi connu qu'il devrait l'être dans son diocèse (3).

Le chapitre métropolitain, dont les revenus totaux peuvent également aller à 18,000 livres, est composé d'un prévôt, ayant en somme 1,900 livres, d'un sacristain, dont le bénéfice, affecté au plus ancien chanoine, n'a pas de revenu particulier, d'un chantre, ayant 100 livres, d'un archidiacre, en ayant 240, et de quatorze canonicats, dont le premier, appelé *protocanonicat*, appartient au roi, le second à l'archevêque et les douze

---

(1) Le diocèse de Saint-Paul-trois-Châteaux comprenait le canton de Pierrelatte en entier, celui de Saint-Paul, moins Rochegude, qui était du diocèse d'Orange, et Tulette, du diocèse de Vaison; celui de Montélimar, moins cette ville, Montboucher et Ancone; enfin, celui de Grignan, moins son chef-lieu, Montbrison, Rousset, Taulignan et le Pègue.

(2) Le diocèse d'Embrun comprenait l'arrondissement de ce nom, moins le canton d'Orcières; l'arrondissement de Briançon, moins le canton de la Grave, plus les communes d'Avançon, Saint-Étienne-d'Avançon et Montgardin (Hautes-Alpes). Quant à la vallée de Barcelonnette, cédée à la France par le traité d'Utrecht, elle forme aujourd'hui un arrondissement des Basses-Alpes.

(3) Charles Brulart, fils de Florimond, marquis de Genlis, abbé de Joyenval, nommé archevêque d'Embrun en 1668, mort le 6 mai 1714, instituant l'église et les pauvres ses héritiers, après avoir fondé le séminaire (1705) et la mission de N. D. du Lans.

autres à des chanoines, dont les revenus vont de 230 livres à 800. Il y a de plus dans le bas chœur un capiscol, ayant 230 livres, un diacre, un sous-diacre, un cloîtrier, un maître de musique organiste, quatre enfants de chœur aux gages du chapitre et quelques bénéficiers.

Cette ville renferme encore : un couvent de Jésuites, ayant 3,000 livres de revenu, un de Capucins, un de Cordeliers, qui a 500 livres de rente, et un de Visitandines, dont les revenus atteignent 1,500 livres (1).

A Briançon, qui fait partie du diocèse d'Embrun, il y a un couvent de Jacobins, avec 500 livres de rente, un de Cordeliers, qui en a 300, et un d'Ursulines, 800 (2). La seule abbaye qu'il y ait dans ce diocèse est celle de Boscaudon, de nomination royale et en commende, laquelle vaut 4,000 livres (3).

---

(1) Les Capucins étaient depuis longtemps établis à Embrun, lorsqu'ils furent autorisés, le 22 août 1633, par le roi Louis XIII, qui leur donna l'emplacement de la citadelle pour y bâtir leur couvent.

Les Cordeliers, fondés, suivant une tradition, par saint François d'Assises même hors les murs de la ville, furent établis dans l'enceinte par le dauphin Humbert II vers 1335. Le couvent de la Visitation était une colonie de la maison d'Annecy, établie en 1623 par l'archevêque Guillaume d'Hugues.

(2) Le couvent des Dominicains de Briançon ne datait que de 1624, ayant été fondé par un bourgeois du lieu, Guillaume Grand. Celui des Cordeliers avait été fondé en 1391 par Jacques de Montmaur et Antoine Tholozan.

(3) Fondée l'an 1132 sur la paroisse des Crottes par Guillaume de Benevent, archevêque d'Embrun, Lantelme, son frère, Pons Albert, Guillaume et Pierre de Montmorin, l'abbaye de N. D. de Boscaudon, premièrement sous la règle de saint Augustin, puis sous celle de saint Benoît, fut supprimée en 1769 et ses biens unis à l'archevêché et au chapitre d'Embrun.

Diocèse de Gap.

Ce diocèse renferme 229 paroisses, dont 50 en Provence (1). L'évêque, suffragant d'Aix, est M. Bénigne Hervé, fils de l'ancien doyen du Parlement de Paris, prélat dont la conduite est relâchée. L'église cathédrale a été brûlée par les ennemis, aussi bien que les titres du chapitre. Celui-ci, dont le revenu total est de 6,000 livres, se compose d'un doyen, qui est M. de Pina, de trois personnats, de treize chanoines et de douze bénéficiers. Les maisons religieuses de Gap sont le séminaire, tenu par trois pères de la Doctrine, à qui le clergé du diocèse fait annuellement 600 livres; un couvent de Dominicains, ayant cinq religieux et 500 livres de rente; un de trois Cordeliers, avec un revenu de 316 livres; un de douze Capucins et un d'Ursulines, dont les religieuses, au nombre de 22, sont presque réduites à la mendicité, n'ayant que 1,500 livres de revenu (2).

---

(1) L'ancien diocèse de Gap comprenait : 1° l'arrondissement de ce nom, moins Avançon, Saint-Étienne-d'Avançon et Montgardin, plus le canton d'Orcières (Hautes-Alpes); 2° le canton de Corps (Isère); 3° le canton de Séderon, moins Ferrassières et Montfroc, celui de Remuzat, moins son chef-lieu, Sahune, Saint-May, Poët-Sigillat et Montréal, plus les communes d'Eygaliers, Plaisians, Poët-en-Percip, Roche-sur-Buis, la Rochette-sur-Saint-Auban, Saint-Auban et Sainte-Euphémie (Drôme); 4° les cantons de la Motte-du-Caire et Sisteron, moins cette dernière ville, plus Auribeau, Barras, le Castellard, Melan, la Perusce, Thoard, Malijay, Mirabeau, Baudument, Lescale, Salignac et Volonne (Basses-Alpes); 5° enfin, Brantes et Savoillans (Vaucluse).

(2) Le séminaire fut fondé en 1675 par une dame de Villette et le clergé du diocèse; les Cordeliers l'avaient été, suivant une tradition, par saint François d'Assises lui-même; les Capucins, le 20 février 1614 par l'évêque Salomon du Serre et Louis de Vachon, seigneur de la Roche, conseiller au Parlement de Grenoble. Quant aux Ursulines, elles avaient pris possession d'une ancienne commanderie d'Antonins en 1629.

A la Baume il y a un couvent de Dominicains, ayant trois religieux et 515 livres de revenu net; à Veynes, une maison d'Antonins, où trois pères jouissent de 380 livres de rente (1). La chartreuse de Durbon, à six lieues de Gap, renferme treize religieux de chœur et six frères convers. Ses revenus s'élèvent à 6,000 livres (2). L'abbaye de Clausonne, récemment donnée par le roi à l'abbé de Saint-Amand, ne vaut que 300 livres, charges payées. Quant aux prieurés, dont il y a trente-quatre, ils sont pour la plupart de mince revenu, à en excepter cependant ceux de la Grand, de Romette, de Sigoyer et de Tallard, qui ont de 1,000 à 2,000 livres de rente (3).

Diocèse de Lyon.

Il y a deux archiprêtrés du diocèse de Lyon en Dauphiné : celui de Meyzieu et celui de Morestel (4). Le premier renferme

---

(1) Ce couvent, qui était une ancienne commanderie, jouissait des dîmes de la paroisse de Veynes.

(2) Fondée l'an 1116, sur la paroisse de Saint-Jullien-en-Beauchêne, par Mainfroi et Lagier de Beldinar, ruinée en 1573 et rétablie en 1599, la chartreuse de Durbon avait en 1760 15,802 livres 4 sols de revenu.

(3) N. D. de la Grand, prieuré de l'Ordre de Saint-Benoît fondé au IXe siècle, dépendait immédiatement de Cluny. Saint-Pierre de Romette, à qui le comte Guigues donna quelques terres en 940, était de la même dépendance. Saint-Grégoire de Tallart, connu dès 1312, relevait de l'abbaye de Saint-Michel de la Cluse près Turin.

(4) L'archiprêtré de Meyzieu comprenait le canton de ce nom, moins Chavanoz et Charvieux, plus les communes de Heyrieux, Grenay, Mure, Saint-Laurent, Saint-Bonnet, Toussieux, Saint-Symphorien-d'Ozon, Feyzin, Mions, Salaise, Saint-Priest et Colombier. L'archiprêtré de Morestel comprenait le canton de ce nom, moins les Avenières, le Bouchage, Brangues, Curtin, Saint-Sorlin et Tuellin; plus la Balme, Optevoz, Parmilieu, Sicieu, Poleymieu, Saint-Baudille, Trept, Vertrieu et Dolomieu.

28 paroisses, un couvent de 50 pères du Tiers-Ordre de Saint-François, qui est à la Guillotière, et plusieurs prieurés, dont les principaux sont ceux de Saint-Symphorien-d'Ozon, de Poullieu, d'Heyrieux et de Chandieu, ayant les uns et les autres de 400 à 500 livres de revenu (1).

L'archiprêtré de Morestel comprend vingt-quatre paroisses, dont aucune ne dépasse la portion congrue. Il n'y a qu'un seul prieuré, appartenant aux religieuses de Saint-Pierre de Lyon et valant 1,500 livres, plus deux monastères : la chartreuse de Salettes, dont les revenus sont de 15,000 livres et où il y a trente-six religieuses de chœur, plus quatre chartreux pour l'aumônerie; et le couvent des Augustins de Morestel, dont les rentes sont d'environ 1,500 livres (2).

Diocèse de Turin.

Les vallées de Césanne, Oulx, Bardonnenche et Valcluson ou Pragelas, qui sont au delà des Alpes et renferment 29 paroisses, dépendent de l'archevêché de Turin; mais le prévôt d'Oulx y exerce la juridiction immédiate, pourvoit aux bénéfices et remplit en un mot toutes les fonctions qui ne sont pas attachées au caractère épiscopal.

Ces vallées ne renferment que deux maisons religieuses : la prévôté d'Oulx et la mission de Jésuites établie à Fenestrelles en 1658, puis augmentée par M. le prince de Conty, de telle

---

(1) Les prieurés de Saint-Martin, de Saint-Symphorien-d'Ozon, de Poullieu (commune de Saint-Laurent-de-Mure) et de Saint-Pierre-de-Chandieu dépendaient de l'abbaye d'Ainay, de Lyon; celui d'Heyrieux était une dépendance d'Ambronay.

(2) Le prieuré dont il s'agit était celui de Dolomieu, connu dès le XIIe siècle et dont la titulaire nommait à plusieurs cures de cet archiprêtré.

Le monastère de Salettes (commune de la Balme) avait été fondé en octobre 1299 pour trente religieuses par le dauphin Humbert Ier, sa femme Anne et leur fils Jean, comte de Gap. Humbert II ajouta les fonds nécessaires pour l'entretien de cinquante-quatre religieuses et seize religieux.

sorte qu'il y a présentement quatre pères. Quant à la prévôté, bénéfice en commende et de nomination royale, dont le revenu est de 4,000 livres pour le prévôt, elle comprend un chapitre de quinze chanoines réguliers de Saint-Augustin, dont un prieur claustral, ayant 90 livres de revenu, un sacristain, un pénitencier un cellérier et un courrier, avec 60 livres chacun, lesquels vivent en commun et ont en outre 120 livres chacun pour vesture. Un hospice pour les pèlerins et voyageurs est annexé à ce monastère (1).

La vallée de Château-Dauphin, comprenant quatre paroisses, dépend également de l'archevêque de Turin, qui y exerce immédiatement sa juridiction.

Diocèse de Belley.

Dans la partie de ce diocèse qui est en Dauphiné il y a 2 prieurés, 19 paroisses et 3 annexes (2).

A Pont-de-Beauvoisin, bourg partie en Dauphiné, partie en Savoie, on trouve un prieuré de l'Ordre de Saint-Benoît, lequel est annexé à la mense de Saint-André-le-Bas de Vienne, plus un couvent de 22 religieuses de la congrégation de Notre-Dame, Ordre de Saint-Augustin, où sont élevées de jeunes

---

(1) Ruiné une première fois en 580 par les Lombards, puis en 916 par les Sarrasins, le monastère d'Oulx fut rétabli vers 1036, avec des religieux de l'Ordre de Saint-Augustin, par Gerald ou Geraud Caprerius, plus tard évêque de Sisteron, qui le plaça sous le vocable de Saint-Laurent et en fut le premier prévôt. Nantelme, son successeur, obtint de Cunibert, évêque de Turin, prélat diocésain, de nombreux priviléges, entr'autres ceux de juridiction sur une étendue de territoire appelée Plébanie-d'Oulx et comprenant un certain nombre de paroisses attribuées au diocèse de Pignerol lors de l'érection de ce siége (1748), dont Jean-Baptiste d'Orlié de Saint-Innocent, prévôt d'Oulx, fut le premier évêque.

(2) Ces vingt-deux paroisses ou annexes formaient deux archiprêtrés, ayant pour chefs-lieux Aoste et le Pont-de-Beauvoisin et comprenant le canton de ce dernier nom, moins les Abrets, plus les Avenières, le Bouchage, Thuellin, Veyrins et Buvin.

filles et qui est assez pauvre (1) ; à Corbelin, village de la terre de Faverges, un prieuré de l'Ordre de Saint-Ruf, lequel est en commende et vaut 2,200 livres (2).

Diocèse de Vaison.

Ce diocèse a 16 paroisses en Dauphiné. Les prieurés ou autres maisons religieuses y sont : à Nyons, le prieuré de Bénédictines de Saint-Césaire, dont les revenus s'élèvent à 900 livres, et un couvent de Récollets, au nombre de douze, vivant de quêtes; au Buis, un couvent de 14 Dominicains, avec 2,000 livres de revenu, et un de 17 Ursulines (3); le prieuré de Vinsobres, uni à la prévôté de la cathédrale de Vaison, qui en retire annuellement 600 livres; celui de Venterol, valant 620

---

(1) Le prieuré de Saint-Laurent du Pont-de-Beauvoisin, fondé vers le milieu du XI⁰ siècle, était une dépendance de l'abbaye de Saint-André-le-Bas, à laquelle il fut uni dans la suite; quant au couvent de chanoinesses de Saint-Augustin, il remontait seulement à 1648.

(2) Le prieuré de N. D. de Corbelin, qui avait été fondé l'an 1129 par Ponce, évêque de Belley, était une dépendance du prieuré d'Ordenas, qui lui-même dépendait de Saint-Ruf de Valence. Supprimé en même temps que les autres bénéfices de cette congrégation, en 1773, ses biens furent alors unis au séminaire diocésain.

(3) La partie dauphinoise du diocèse de Vaison comprenait les communes actuelles de Beauvoisin, Bénivay, le Buis, Mérindol, Mirabel, Mollans, Ollon, Nyons, la Penne, Pierrelongue, Propiac, Saint-Maurice, Vinsobres et Venterol.

Le prieuré de Nyons, fondé au V⁰ siècle par sainte Césarée, sœur de l'archevêque d'Arles saint Césaire, était une dépendance de la grande abbaye arlésienne de ce nom.

Le couvent des Dominicains du Buis, un des plus considérables de l'Ordre, avait été fondé l'an 1294 par Raymond, baron de Mévouillon ou Meuillon, dont l'oncle, du même nom, évêque de Gap, puis archevêque d'Embrun, y fut inhumé l'année même de sa fondation. Ses bâtiments servent aujourd'hui de maison d'école, de collège et de presbytère. Quant au couvent des religieuses de Sainte-Ursule, il avait été fondé en 1643 par Joseph-Marie de Suarez de Villabeille, évêque de Vaison.

livres; celui de Saint-Maurice, 600; enfin celui de Tulette, uni au prieuré de Pont-Saint-Esprit, diocèse d'Uzès, qui a 5,600 livres de rente.

XIX. ÉTAT MILITAIRE.

L'état militaire du Dauphiné comprend : le gouverneur de la province, qui est M. le duc de La Feuillade (1); le lieutenant

---

(1) Louis, vicomte d'Aubusson, duc de la Feuillade et de Roannez, pair de France et lieutenant général des armées, puis ambassadeur à Rome (1716), qui, ayant hérité de son père, le maréchal de la Feuillade (1691), le gouvernement de Dauphiné, le vendit en 1719 au duc d'Orléans, régent de France, pour son fils, le duc de Chartres, moyennant 850,000 livres, plus la garantie pendant dix ans du traitement d'ambassadeur à Rome, où il n'alla jamais.

Nous avons dit ailleurs que les sentences, ordonnances et arrêts du Parlement de Grenoble étaient autrefois rendus au nom du gouverneur de Dauphiné; ajoutons que celui-ci jouissait en outre du droit de grâce et pardon pour tous crimes et délits, sauf celui de lèse-majesté, pourvoyait à toutes les charges civiles et militaires de la province, celles du Parlement exceptées; encore trouve-t-on bon nombre de magistrats de cette cour nommés par lui; assemblait les États, levait des armées et convoquait l'arrière-ban pour la défense du pays; en un mot avait le gouvernement absolu, sauf la direction des finances et la disposition du domaine royal. Mais, en août 1641, le roi Louis XIII révoqua tous ces priviléges exorbitants, ne laissant subsister que celui d'assister aux séances du Parlement. Disons aussi que jusque vers le milieu du XVIe siècle cette charge fut effectivement remplie par les titulaires, qui résidaient à la Côte-Saint-André; mais qu'à cette époque elle devint, comme tant d'autres, une opulente sinécure, le gouvernement étant exercé par un second officier, appelé lieutenant de roi, puis lieutenant général, qui lui-même finit par se faire remplacer quant aux devoirs de sa charge, dont il gardait, bien entendu, les émoluments, par un commandant de la province. Au dernier siècle, la charge de gouverneur de Dauphiné était estimée rapporter 60,000 livres par an. La liste de ceux qui ont rempli cette charge se trouve dans Salvaing de Boissieu, dans le tome Ier de la Bibliothèque du Dauphiné, publiée par M. H. Gariel, et dans le troisième volume de la Statistique de l'Isère, etc. (SAINT-SIMON, XXXIII, 100; — SALVAING DE BOISSIEU, *Us. des fiefs*, I, 250 et suiv.; — GUY ALLARD, *Dict.*, I, 557.)

général, qui est M. le comte de Tallard; quatre lieutenants de roi, nouvellement créés et qui sont MM. de Montmartin, de Ventavon, de Chabrillan et de Virieu (1); enfin, les gouverneurs particuliers des villes et places fortes (2). Ces derniers

---

(1) A diverses époques, notamment pendant les guerres de religion, on voit le gouverneur de la province ou son lieutenant général confier à des lieutenants le gouvernement militaire de certaines contrées. Un édit royal de février 1692 établit d'une manière permanente, sous le nom de lieutenants de roi, des officiers de cette nature. Il devait y en avoir quatre en Dauphiné : un pour le Graisivaudan et le Briançonnais, un pour le Viennois, un pour le Valentinois, le Diois et les Baronnies et le quatrième pour le Gapençais et l'Embrunais.

(2) Sous les premiers Dauphins et même longtemps après l'union du Dauphiné à la France, le gouvernement des villes et autres lieux fortifiés dépendant immédiatement du fief delphinal était confié à des gentilshommes, qui, sous le nom de châtelain, auquel s'ajoutait quelquefois celui de capitaine, y pratiquaient le commandement militaire et la perception des revenus du souverain, dont ils émanaient. Plus tard, les perfectionnements apportés dans l'art de la guerre ayant accru l'importance des places fortes en en diminuant le nombre, ces officiers, dont les attributions devinrent alors exclusivement militaires, furent appelés gouverneurs, tandis que la dénomination de châtelain fut appliquée aux magistrats inférieurs préposés dans chaque terre à la garde des droits seigneuriaux. Quant au nombre des places fortes, il a grandement varié suivant les circonstances.

Dans le principe, la fréquence des conflits armés avait fait de tout château une place forte; plus tard, les guerres civiles du XVIe siècle affirmèrent encore l'importance des lieux susceptibles de défense, et l'on vit alors de simples bourgs, comme Morestel et Crémieu, des villages, tels que Grane, Puy-Saint-Martin et Pontaix, commandés par un gouverneur. Mais la plupart des fortifications ayant été démolies à la paix, on ne conserva ou plutôt on n'institua des gouvernements militaires que dans les places frontières et les villes qui, bien que dépourvues de fortifications, avaient cependant une importance stratégique comme centres de population. Chacun de ces gouvernements de place comprenait, outre le gouverneur, dont la charge n'était le plus souvent qu'une sinécure donnée comme récompense à un officier supérieur ou par faveur à un fils de grande famille, un lieutenant de roi, appelé plus tard commandant, et un major. (Voy. VALBONNAIS, I, 47, 53, 104, 129; II, 414; — SALVAING DE BOISSIEU, *De l'usage des fiefs*, I, 41; — G. ALLARD, *Dict.*, I, 264, 563; — CHORIER, *Hist. gén.*, I, 859-60, etc.

sont : à Grenoble, le marquis de Marcieu (1); à Briançon, M.

---

(1) A Grenoble, comme dans les autres villes et bourgs du Dauphiné, le gouvernement militaire était exercé à l'origine par un châtelain, en dehors de qui nous trouvons au XVI⁰ siècle un capitaine élu par les habitants, dans certains moments difficiles, pour pourvoir à leur sûreté. A ces capitaines succèdèrent des gouverneurs catholiques ou huguenots, établis par les partis victorieux, et à ces derniers un gouverneur de nomination royale, dont la charge fut à diverses reprises unie à celle de gouverneur de la province.

Châtelains, capitaines et gouverneurs de Grenoble.

1279. Guillaume Grinde, châtelain (VALBONNAIS, I, 207).
1300. Simon de Rivoire, id. (*Id.*, 1, 43)
1335. Pierre de Loyes, bailli de Graisivaudan, id. (*Id.*, 1, 103).
1335-1348. Amblard de Briord, bailli de Graisivaudan, id. *(Idem).*
1378. Domengin de Loupy, id. (CHORIER, *Hist. abrég.*, II, 18).
1446. Jean Grinde, id. (GARIEL, *Bibl. du Dauph.*, I, 315).
1557. N., seigneur de Beaumont et de Montfort, capitaine élu par les habitants (*Stat. de l'Isère*, III, 595).
1560. François du Fau, id. *(Idem).*
3 mai 1562. Ennemond Coct, id. *(Idem).*
10 mai. Jean des Vieux, seigneur de Brion, gouverneur nommé par des Adrets (CHORIER, *Hist. gén.*, II, 559).
14 juin. Laurent de Bérenger, baron de Sassenage, établi par Maugiron (*Id.*, 564).
26 juin. André de Ponnat, conseiller au Parlement, établi gouverneur par des Adrets. (*Id.*, 566).
Octobre. Pierre de Theys, dit le capitaine La Coche, id. (*Biogr. du Dauph.*, II, 455).
Mars 1563. Pierre de Briançon, seigneur de Saint-Ange, id. (CHORIER, *Hist. gén.*, II, 591).
Novembre 1567-1568. Pierre de Chissé, sieur de la Marcousse (*Id.*, II, 616).
1573. Jean de Dorgeoise, sieur de la Tivollière (*Id.*, II, 653).
1573-1576. Gabriel de Morges, seigneur de la Motte-Verdeyer *(Idem).*
1576. Étienne de Manti ou de Mantin (*Id.*, II, 671).
1577-1582. Jacques de Gruel, seigneur de Laborel (*Id.*, II, 679, 705, 709).
1588. N. Floite, commandeur de la Roche (*Id.*, II, 725).
Juin 1588. Ennemond Rabot d'Illins, premier président du Parlement *(Idem).*

de Saint-Silvestre, lieutenant général (1); à Exilles, M. de Cau-

---

Claude Armuet, seigneur de Bourepos, choisi par les habitants (CHORIER, *Hist. gén.*, II, 727).

Jacques de Gruel, seigneur de Laborel *(Idem)*.

1589-1590. Charles de Simiane, seigneur d'Albigny (VIDEL, I, 198).

Décembre 1590. Aymar de Simiane, seigneur de la Roche-Giron, frère de Gordes *(Id.*, II, 743).

Janvier 1591-1597. Abel de Bérenger, seigneur de Morges *(Id.*, II, 744).

1622-1642. Charles de Créqui, gendre de Lesdiguières, maréchal de France, lieutenant général au gouvernement de Dauphiné.

1665. Barthélemy d'Auby, sieur de Mondellet, écuyer du roi *(Arch. de l'Isère*, B. 1119).

1677. Charles de Bonne de Créqui Blanchefort, duc de Lesdiguières, gouverneur général de Dauphiné *(État de la France)*.

1682-1712. Guy-Balthazar Émé, seigneur, puis marquis de Marcieu (LACHESNAYE, II, 50).

1712-1742. Laurent-Joseph Émé, marquis de Marcieu *(Idem)*.

1742-1753. Guy-Balthazar Émé, marquis de Marcieu *(Statist. de l'Isère*, III, 598).

1753-1790. Pierre-Louis Émé de Marcieu, lieutenant général *(Id. et Ét. milit.)*.

(1) Louis du Faure, seigneur de Saint-Silvestre, marquis de Satillieu, lieutenant général des armées (mars 1693) et commandeur de Saint-Louis, avec brevet de 4,000 livres de pension, est l'illustration d'une famille dauphinoise connue dès l'an 1445 et dont les diverses branches ont pris les surnoms de Vercors, Claret et la Rivière. Les autres commandants militaires de la place de Briançon dont le nom est arrivé jusqu'à nous, sont :

1053. Adda, châtelain, témoin d'une donation au monastère d'Oulx *(Cart. Ulc.)*.

1259. Hugues de Mailles (GUY ALLARD, I, 266).

1343. Guillaume Tardin *(Idem)*.

1399-1413. Jean de Jouffrey, chambellan du roi (LACHESNAYE, *Dict.*).

1563-1570. Georges de Ferrus, capitaine de 500 hommes de pied (CHORIER, *Est. pol.*, IV, 157; — *Rev. du Dauph.*, II, 80).

1571. Aymar de Clermont-Chatte-Gessans, chevalier de l'ordre (ANSELME, VII, 938).

1580. Humbert de Bourellon, seigneur de Mures, gouverneur d'Embrun *(Arm. du Dauph.)*.

1591. Annibal d'Astres (CHORIER, *Hist. gén.*, II, 748).

1586-1592. Pierre d'Hostun-Claveyson, gouverneur de Coucy (VIDEL, *Hist. de Lesd.*, I, 150).

mont (1); à Château-Dauphin, M. de Saint-Paul, ci-devant

1598. Balthazar de Jouffrey (*Arch. de l'Isère*, B. 222).
— 1636. François d'Eurre, baron d'Aiguebonne (PITHON-CURT, III, 574).
1684. Henri de Marnais, seigneur de Saint-André, gouverneur de Vienne (GUY ALLARD, *Dict.*, II, 98).
1699-1710. Louis du Faure, seigneur de Saint-Silvestre.
1758-1790. Claude Andrault, marquis de Langeron, maréchal de camp (*État milit. de France*).

(1) Sentinelle avancée du Dauphiné au delà des Alpes, la place d'Exilles eut toujours une grande importance stratégique; aussi l'histoire nous la montre-t-elle continuellement disputée aux Dauphins, puis à la France par la maison de Savoie, à qui elle est définitivement échue par le traité d'Utrecht (1713). Mais, de toutes les entreprises dont Exilles rappelle le souvenir, la plus fameuse est sans contredit celle de François de Bardonnenche, qui, pour se venger du dauphin Guigues VIII, séducteur de sa fille, s'empara de cette place et la livra au comte de Savoie, alors en guerre avec le Dauphin (1328). Absorbé par cette guerre, celui-ci ne put sévir contre son vassal révolté; mais Humbert II, son frère et son successeur, ordonna dès son avénement des poursuites contre Bardonnenche, qui, pris et enfermé dans ce même château d'Exilles, d'où il s'évada, puis dans le château de Pisançon, d'où il s'enfuit encore, fut arrêté une troisième fois, et, après une procédure sommaire suivie de la torture, condamné à être jeté dans l'Isère pieds et poings liés (1345).

Châtelains et gouverneurs d'Exilles.

1326. Guillaume Bigot, chevalier, châtelain (*Armorial du Dauph.*).
1330. Didier de Sassenage, *id.* (VALBONNAIS, II, 243).
1334. Mathieu Pelerin, *id.* (*Id.*, II, 259).
1336. Jean de Bellegarde, *id.* (*Idem*).
1343. Lantelme Gaucon, *idem*.
1413. Jean de Jouffrey, seigneur de Vibrai, capitaine-châtelain (GUY ALLARD, *Dict.*, I, 564).
1419. Claude du Mottet, gouverneur (*Idem*).
1464. Guillaume Grinde, bailli du Briançonnais (VALBON., II, 464).
1467. Georges du Mottet (G. ALLARD, II, 202).
1516. Jean de Galles (CHORIER, *Hist. abrégée*, II, 83).
1560. Bertrand de Brunicard, châtelain d'Oulx et de Valcluson (*Arch. de l'Isère*, B. 2031).
1565-1569. Jean de Gaye ou de Gaïe (CHORIER, *Hist. gén.*, II, 605, 629).

major des Gardes françaises (1) ; à Mont-Dauphin, le marquis

1569-1586. Georges de Ferrus, sieur de la Casette (CHORIER, *Hist. gén.*, II, 630, 715).

1590. Jean Borel, seigneur de Ponsonas (ROCHAS, *Biogr. du Dauph.*, I, 163).

1592. Claude Brunel, sieur de Saint-Maurice (CHORIER, *Hist. abrégée*, II, 203).

1593. Pierre d'Armand de Forêts, seigneur de Blacons (LONG, *Guerres de religion en Dauphiné*, 213).

1594-1601. Jean-Antoine d'Yse d'Ancelle, seigneur de Rosans (*Arch. de la Drôme*, E. 1538).

1648. Charles de Beaumont, seigneur d'Autichamp (LACHESNAYE, *Dict. gén.*, II, 180).

1660. Claude de Beaumont (*Idem*).

1677. Charles de Bonne de Créqui-Blanchefort, duc de Lesdiguières, gouverneur de la province (*État de la France*).

1681-1688. N. de Saint-Mars, geôlier du Masque de fer (*Tous les hist.*).

1692-1698. N. de Caumont (*État milit.*).

1702. Paul de Montesquiou d'Artagnan (*Idem*).

(1) Château-Dauphin n'était dans le principe qu'un fortin sans importance, bâti en 1228 près le village de Saint-Eusèbe, sur les confins du marquisat de Saluces, par ordre du dauphin Guigues-André, d'où il fut appelé *Castrum Delphini*. Mais un siècle plus tard, la trahison de François de Bardonnenche ayant démontré la nécessité de couvrir la frontière de ce côté autrement qu'avec le château d'Exilles, qui en était alors la seule défense, Humbert II chargea Hugues d'Hières, bailli du Briançonnais, et Nicolas d'Avellino, maître rational, de faire agrandir, fortifier et armer le château de Saint-Eusèbe ; ce qui eut lieu sous la surveillance et par les soins du châtelain Raymond Chabert. Voici une liste des châtelains et gouverneurs de cette place, qui, de même que celle d'Exilles, fut acquise à la Savoie par le traité d'Utrecht (1713) :

1336. Raymond Chabert, châtelain (VALBONNAIS, I, 303).

1362. Jacques de Gumin (GUY ALLARD, *Dict.*, I, 564).

1413. Jean de Jouffrey ou de Geoffre (*Id.*, et LACHESNAYE).

1417. Jean, seigneur de Séchilienne (CHORIER, *Hist. gén.*, II, 412).

Environ 1450. Humbert de Bérenger-Morges (*Id.*, *Hist. de Sassenage*, 83).

1544. Antoine Escalin des Aimars, dit le capitaine Paulin (PITHON-CURT, IV, 76).

1560. Pierre d'Anselme, seigneur de Joannas, gouverneur du Pont-Saint-Esprit (*Id.*, I, 499).

1574. Le capitaine Nély (VIDEL, I, 75).

de Larray, lieutenant général (1); à Queyras, M. d'Armessan (2); à Embrun, M. de Savines (3); à Gap, M. de Gruel du

---

1586. André des Massues, dit le capitaine Mas (CHORIER, *Hist. gén.*, II, 716).
1594. Pierre de Colligny de La Fare (GUY ALLARD, *Dict.*, I, 568).
1640-1649. Jacques Amat, seigneur du Poët (*Arch. des H.^{es}-Alpes*, E. 57).
Jacques de Girard de Saint-Paul (GUY ALLARD, *Dict.*, I, 571).
1671-1698. Jean-Baptiste de Girard de Saint-Paul.

(1) Petit village fortifié par Vauban au lendemain de l'invasion savoisienne de 1693, Mont-Dauphin était au dernier siècle l'une de nos principales places frontières; aussi ses gouverneurs étaient-ils tous des personnages considérables. En voici la liste, d'après les États militaires de la France :

1694-1699. N. Lesnet, marquis de Larray, qui s'était distingué dans la défense d'Embrun contre le duc de Savoie.
1700-1706. Denis, comte de Polastron, lieutenant général.
1734-1739. Gaspard de Clermont-Tonnerre, marquis de Vauvillars, maréchal de camp, puis lieutenant général, ensuite maréchal de France.
1739-1746. Claude Testu, marquis de Balincour, maréchal de France.
1746-1773. Louis-Michel Chamillart, comte de la Suze, grand maréchal des logis de la maison du Roi et lieutenant général.
1773-1790. N., marquis d'Héricourt, lieutenant général.

(2) *Gouverneurs de Château-Queyras.*

1343. Hugues de Bérenger, seigneur du Gua, châtelain (GUY ALLARD, *Dict.*, I, 266).
1585. N. La Mirande (VIDEL, I, 150).
1587. N. de Luny, bâtard de Maugiron (*Biogr. du Dauph.*, II, 67).
1590. Claude Perdeyer (*Archives de la Drôme*, E. 1414).
1592. Claude Melat (CHORIER, *Hist. gén.*, II, 716).
1610. Esprit Humbert (*Arch. de l'Isère*, B. 405).
1628. François Calisieux (*Arch. des Hautes-Alpes*).
1648. Charles de Beaumont, seigneur d'Autichamp (LACHESNAYE, II, 180).
1660. Claude de Beaumont, seigneur d'Autichamp (*Idem*).
1698-1702. N. d'Armessan (*État de la France*).
1738. N., marquis de Conches (*Idem*).
1765. N. de Quelen (*Idem*).
1789. N. Allemand de Châtellard (*Idem*).

(3) *Châtelains et gouverneurs d'Embrun.*

1343. Henri de Villars, archevêque de Lyon, gouverneur de l'Embrunais et du palais d'Embrun (VALBONNAIS, II, 463).

Saix (1); à Die, M. de Saint-Ferréol (2); au Buis, M. de Sois-

1346. Jean d'Auteville (GUY ALLARD, Dict., 1, 564).
1415. Jean de Torchefelon (Arm. du Dauphiné).
1475. Talabard de Vesc, seigneur d'Espeluche (PITHON-CURT, III, 467).
1480. Pierre Claret (Arm. du Dauphiné).
1541. Bertrand Émé, sieur de Saint-Crépin (GUY ALLARD, Dict., 1, 566).
1543. Gaspard de Bonne, seigneur de Prabaud (CHAIX, Revue stat., 504).
1545. Aynard de Clermont-Chatte, seigneur de Gessans (Idem).
1570. Louis Armuet, seigneur de Bonrepos (Id., II, 567).
1579. Antoine de Rame, seigneur des Crottes (Estat polit., III, 489).
1581. Humbert de Bourelon de Mures (CHORIER, Hist. abrég., II, 178).
1585. Aymar de Clermont-Chatte, seigneur de Gessans (Id., Hist. gén., II, 715).
1585-1591. Gaspard de Bonne, seigneur de Prabaud (Idem).
1591. François de Phillibert, seigneur de Montauquier (Biogr. du Dauph., II, 265).
1615. Annibal-Alexandre de Burcio (Id., 152).
1659. Charles-Martin de Champoléon, seigneur de Montorsier.
1670. François de Bonne (Est. pol., III, 527).
1671. Pierre-Martin de Champoléon (Biogr. du Dauph., II, 125).
1684. Jean-Baptiste de La Font, seigneur de Savines (Id., 296).
1687-1743. Ant. de La Font, marquis de Savines, lieutenant général (Idem).
1743-1789. Antoine-Victor de La Font de Savines, neveu du précédent.

(1) Gouverneurs de Gap.

1343. Gilet de La Balme, damoiseau (VALBONNAIS, II, 463).
1561. Anselme de La Tour, seigneur de Vinay (GUY ALLARD, I, 567).
1563. Claude de Gruel, seigneur de Laborel (Revue du Dauphiné, II, 180).
1564. Antoine Du Serre (GUY ALLARD, Dict., II, 624).
1568. Humbert de Rosset, coseigneur du lieu (Revue du Dauphiné, III, 81).
1574. Claude de Gruel, seigneur de Laborel (CHORIER, Hist. gén., II, 727).
1574-1576. Balthazar de Combourcier, seigneur du Monestier (Revue du Dauphiné, III, 139).
1576. Jacques de Rambaud (CHORIER, Estat pol., III, 488).
1577. Aubert-Martin de Champoléon, beau-frère de Lesdiguières (ROCHAS, Biogr. du Dauph., II, 125).
1581. Gaspard de Montauban, seigneur de Jarjayes et du Villard (Id. et Arch. de l'Isère, B. 2269).
1583-1586. Gabriel de La Poippe, seigneur de Saint-Jullin (CHORIER, Hist. gén., II, 716).
1586. N. Tajan (Id., 718).

1587. Phillibert de Claveyson (*Id.*, 721).

1589. Charles Alleman, vicomte de Pasquiers (*Id.*, II, 735).

1591. Jacques de Poligny, lieutenant de la compagnie de Lesdiguières (*Estat pol.*, III, 449).

1603-1618. Gaspard de Montauban-Jarjayes, bailli des Montagnes (*Biogr. du Dauph.*, II, 156).

1619. Joseph de Montauban (*Idem*).

1649-1670. Charles de Gruel, baron du Saix (*Inventaire de la Chambre des comptes et Arch. de l'Isère*, B. 1120).

1676-1684. Étienne de Gruel, comte du Saix, seigneur de Villebois (*Arch. de l'Isère*, B. 1240).

1698-1702. Jacques de Gruel, baron du Saix, conseiller au Parlement de Grenoble (PILOT, *Inv. de l'Isère*, p. 49).

1738. N. Boffin d'Argenson.

1760-1774. N. Boffin, marquis de Pusignieu (*État militaire de la France*).

(2) *Gouverneurs de Die.*

1325. Pierre de Vesc, seigneur d'Espeluche (PITHON-CURT, III, 457).

1566. Claude de L'Hère, seigneur de Glandage (LONG, *Guerres de religion*, 78).

1569. N. de Morges, seigneur de Gargas (*Id.*, 94).

1569. Claude de L'Hère, seigneur de Glandage (*Id.*, 103).

1574. Gaspard d'Arces, capitaine de cent hommes d'armes (*Id.*, 115).

1576. Aimé de Glane de Cugie (*Id.*, 160).

1577. César de Vaulserre (*Idem*).

1577-1581. Aimé de Glane de Cugie (*Id.*, 162, et CHORIER, *Hist.*, II, 706).

1581-1585. Claude de L'Hère, seigneur de Glandage (CHORIER, *Id.*).

Guillaume Vulson, seigneur de la Colombière (*Biogr. du Dauph.*, II, 486).

1586. Antoine de Solignac, sieur de Veaunes (*Id.*, 713).

1591-1619. René de La Tour, seigneur de Gouvernet (ROBERT DE BRIANÇON, III, 150).

1619. Charles de La Tour, baron d'Aix.

1626. Hercule de Sibeut, seigneur de Saint-Ferréol (*Arch. de Die*).

1656-1704. Antoine de Sibeut, seigneur de Saint-Ferréol et Divajeu (*Idem*).

1704-1710. Hercule de Sibeut Saint-Ferréol, seigneur de Divajeu et Lambres (*Arch. de Divajeu, Arch. de la Drôme*, B. 1145).

1720-1738. N. de Marnais, seigneur de Saint-André, maréchal de camp (LACHESNAYE, *Dict.*, V, 516).

1748. Antoine de Guerin de Tencin (*Cat. de la nob.*).

1762. Jomaron de Montchavrel (*État milit. de la France*).

1771-1789. N. de Vaulx (*Idem*).

san (1); à Nyons, M. de Sainte-Colombe (2); à Crest, le mar-

---

(1) *Châtelains et gouverneurs du Buis.*

1331. Guigues de Morges, châtelain *(Inventaire de la Chambre des comptes).*
1335. Henri de Dreins *(Idem).*
1337. Hugues d'Hières, bailli des Baronnies *(Idem).*
1343. Ponce Claret, chanoine d'Embrun et bailli des Baronnies (VALB., II, 463).
1344. Lambert de Monteil *(Invent. de la Chambre des comptes).*
1350. Pierre de Carmignan *(Idem).*
1355. Hugues de Rivière, seigneur de la Charce, damoiseau *(Id.).*
1369. Andrevon Richard *(Id.).*
1373. Guillaume Merles *(Id.).*
1375. Georges de Prunières *(Id.).*
1381. Pierre Chomart *(Id.).*
1402. Noble Jean Garcin *(Id.).*
1406. Noble Pierre Brunel *(Id.).*
1409. Jean de Marais, échanson du roi *(Id.).*
1421. Noble et puissant homme Guillaume de Noyers *(Id.).*
1443. Noble Michel Fougasse *(Id.).*
1451. Noble Antoine d'Alanson *(Id.).*
1456. Noble François du Croissant *(Id.).*
1458. Reymond Reggio *(Id.).*
1484. Noble Guélis de Menze, maître d'hôtel du Dauphin *(Id.).*
1485. Raymond Achard *(Id.).*
1495. Guy de Plaine *(Id.).*
1522. Reymond Martin *(Id.).*
1526. Jacques Peyrollier *(Id.).*
1539. Natal Robain *(Id.).*
1581. Robert de Bruyère, gouverneur de Nyons et de Mévouillon (LACHESNAYE, VI, 481).
1590. René de La Tour, seigneur de Gouvernet, le fameux capitaine protestant *(Biogr. du Dauphiné).*
1661. Horace de Raffelis, seigneur de Rus, Villard et Saint-Sauveur, gouverneur de Saint-Paul-trois-Châteaux (PITHON-CURT, IV, 537).
1198. Pierre-Dominique de Raffelis de Soissan, chevalier des Saints Maurice et Lazare de Sardaigne *(Id.).*
1723. Jean Corréard Dupuy La Marne, seigneur de Miscon (LACHESNAYE, VI, 487).

quis de Vachères (1) ; à Montélimar, le comte de Viriville (2) ;

---

(2) *Châtelains et gouverneurs de Nyons.*

1318. Guillaume de Remuzat, châtelain *(Inventaire de la Chambre des comptes).*
1321. Albert de Brayda ou de Breyde *(Id.).*
1336. Jean de Combes *(Id.).*
1337. Laurent de Tignan *(Id.).*
1351. Rondet-le-Vineur *(Id.).*
1364. Hugues de Rivière, seigneur de la Charce *(Id.).*
1374. François d'Arces *(Id.).*
1378. Jacques Chazal, dit de Savoie (*Cart. de Montélimar*, ch. 192).
1396. Pierre, bâtard de La Faye *(Inv. de la Chambre des comptes).*
1403. Vincent de Faure ou du Faure.
1407. Aymar d'Hauteville.
1459. Georges de Collaville.
1463. Louis de L'Espine.
1465. Jean de Gratuel.
1493. Jacques de Béziers.
1511. Pierre de Serre, gouverneur (CHORIER, *Hist. gén.*, II, 516).
1563. Robert de Bruyère, gouverneur du Buis et de Mévouillon (LA-CHESNAYE, VI, 486).
1580. Mathieu de Rastel, coseigneur de Rocheblave (PITHON-CURT, III).
1587. René de La Tour, seigneur de Gouvernet (ROBERT DE BRIANÇON, III, 147).
Jean de La Tour-Mirabel, seigneur de Montmorin et de Sigottier (*Bulletin de l'Académie delphinale*, 1865, p. 8).
1625-1645. César de La Tour, marquis de la Charce (ROBERT DE BRIANÇON, III, 147).
1663. René de La Tour-du-Pin, marquis de Montauban (*Biogr. du Dauphiné*, II, 38).
1670. Alexandre Poisson du Mesnil, gouverneur de Crest (LACHESNAYE, VI, 483).
1698. Jacques-Marie Achard Ferrus, seigneur de Sainte-Colombe.
1715. Jacques-Philippe-Auguste de La Tour, marquis de la Charce (*Arch. de l'Isère*, B. 1529).

(1) *Châtelains et gouverneurs de Crest.*

1217. Arnaud d'Aidie, capitaine (*Hist. de Languedoc*, 272).
1285. Ponce Bérenger, châtelain pour l'évêque de Valence (*Cart. de Léoncel*, ch. 258).

1284-1299. Guillaume Bayle, châtelain pour le comte de Valentinois (*Id.*, ch. 253, 256).

1313. Guillaume, chevalier, seigneur de Mornans *(Cart. de Beaumont).*

1375. Pierre Chabert, capitaine-châtelain *(Arch. comm.).*

1421. Aynard Chabert, écuyer, châtelain (DUCHESNE, *Preuves de l'hist. des comtes de Valentinois*, 69).

1427-1446. Antoine d'Hostun, seigneur de la Baume et de la Laupie, sénéchal de Valentinois (ANSELME, V, 252, et *Arch. départ.*).

1447. Aymar de Poisieux, dit Capdorat, bailli des Montagnes *(Inventaire de la Chambre des comptes).*

1447-1460. Jacques de Taix *(Idem).*

1461. Robert de Grammont, seigneur de Montclar (*Id.*, et CHORIER, *Estat pol.*, III, 292).

1462. Guillaume de Viennois, bailli des Montagnes *(Arch. de la Drôme).*

1485-1496. Pierre de Vesc, seigneur de Béconne, grand maître des eaux et forêts de Dauphiné (PITHON-CURT, III, 462).

1530. Giraud d'Urre ou d'Eurre, seigneur d'Ourches, gouverneur (*Id.*, III, 576).

1569. Gaspard d'Arces, seigneur de la Roche-de-Glun (LONG, *Guerres de religion* 89).

1572-1574. Louis d'Eurre, seigneur de Puy-Saint-Martin (CHORIER, *Hist. gén.*, II, 658).

1579. Jean du Four, seigneur de la Répara (GUY ALLARD, *Dict.*, I, 567).

1585. Claude de Clermont, seigneur de Montoison (VIDEL, I, 188).

1586. Louis d'Eurre, seigneur de Puy-Saint-Martin (CHORIER, *Hist. gén.*, II, 715).

1627. Antoine-Jean d'Ornano, dit le capitaine Corso *(Arch. mun.).*

1628-1644. Alphonse d'Ornano, colonel des Corses *(Id.).*

1648. Alexandre Poisson, sieur du Mesnil *(Id.).*

1653. Antoine de La Baume-Pluvinel, écuyer de la grande écurie (PITHON-CURT, IV, 225).

1672. Joseph de La Baume, marquis de Pluvinel *(Id.).*

1690. Louis de La Tour-Montauban (TH. AUZIAS, art. dans *le Dauphiné*. 1865).

1698-1703. Philippe de Grammont, marquis de Vachères (*État milit. de France*).

1703-1754. Paul-François de Grammont, marquis de Vachères *(Id.).*

1762-1790. Philippe-Marie de Grammont-Vachères, duc de Caderousse *(Idem).*

à Valence, M. de Plaimpoint (1); à Romans, le marquis de

---

(2) *Capitaines, châtelains et gouverneurs de Montélimar.*

1360. Étienne, capitaine, qui donna 50 florins pour la réparation des murailles de la ville (Pithon-Curt, III, 280).
1395. Jacques de Comte, clavaire pour le Pape (*Cart. de Montélimar*, 218).
1395-1402. Berthet Signoret, clavaire pour le comte de Valentinois (*Id.*, 236).
1396. Barthélemy de Jonge, clavaire pour le Dauphin (*Id.*, 235).
1492. Antoine de Ville, seigneur de Dompjullien, capitaine (Chorier, *Hist. gén.*, I, 40).
1563. Gaspard Pape, seigneur de Saint-Auban (Long, *Guerres de religion*, 70).
Avril 1568. N. de Bazemont (Arnaud, *Mss. Vallentin*).
Septembre —. Pierre de Vesc, seigneur de Béconne (Chorier, *Hist. gén.*, II, 626).
1569-1570. Jean de Dorgeoise, seigneur de la Tivolière, chevalier de l'ordre du roi (*Id.*, 638, 326).
1577. Alain de Pracontal (*Mss. Vallentin*).
1583. Noble Nicolas Lancelin de La Roulière, commandant pour le roi (*Idem*).
1585-1597. Louis de Blaïn de Marcel, baron du Poët-Célard, seigneur de Saoû, Mornans, etc. (*Id.*).
1598. René de La Tour, seigneur de Gouvernet (Robert de Briançon, III, 147).
1619-1626. Hector de La Tour, baron de la Chau, seigneur de Montauban (*Biogr. du Dauph.*, II, 38).
1627. François de Grolée, comte de Viriville (*Mss. Vallentin*).
1677-1702. Charles de Grolée, comte de Viriville (Anselme, V, 252).
1752. Charles-Frédéric de La Tour, marquis de Senevières, sénéchal de Valentinois (*Arch. de l'Isère*, B. 1713).
1775-1790. Armand-François de La Tour-du-Pin-Montauban, marquis de Soyans.

(1) *Gouverneurs de Valence.*

1560. Gaspard de Saillans, gouverneur choisi par les habitants (Chorier, *Hist. gén.*, II, 542).
1563. Jacques Frey de Changy, gouverneur du Valentinois nommé par des Adrets (Long, 69).

Lyonne (1); à Vienne, M. de Saint-André-Marnais (2); à

1568. Philippe-Phillibert, seigneur de Cervières et de Saint-André, nommé par Gordes (CHORIER, *Hist. gén.*, II, 624).

1574. Laurent de Galles, sieur du Mestral (*Id.*, 661).

1575. Gaspard d'Arces, seigneur de la Roche-de-Glun (*Id.*, 671).

1576. Antoine de Sassenage, seigneur de Montélier (*Arch. de la Drôme*, B. 2269).

1586-1589. Aimar de Clermont-Chaste, seigneur de Gessans (CHORIER, *Hist. gén.*, II, 715).

1590. Timoléon de Maugiron (LONG, 209).

1588-1590. Aimar de Poisieux, seigneur du Passage (*Arch. de la Drôme*, E. 251; — CHORIER, *Hist. gén.*, II, 726).

1593. Scipion de Poisieux, fils du précédent (GUY ALLARD, *Dict.*, I, 568).

1637. Jacques de Simiane, seigneur d'Évènes, sénéchal du présidial de Valence (PITHON-CURT, III, 311).

1672. Edme-Claude de Simiane-Montcha, aussi sénéchal (*Id.*).

François-Louis-Claude-Edme de Simiane, comte de Montcha (*Id.*).

1698-1710. Pierre de Gombaut, seigneur de Plainpoint (*Arch. de Divajeu*).

1721-1745. Pierre-Émé, comte de Marcieu, lieutenant général en Dauphiné (*Biogr. du Dauph.*, II, 121).

1745-1753. Pierre-Louis-Émé de Marcieu, neveu du précédent, qui le remplaça à son tour (*Id.*).

1753-1760. Pierre-Émé, comte de Marcieu (*Id.*).

1760-1789. N., chevalier de Vaulx (*État milit.*).

(1) *Gouverneurs de Romans.*

On ne doit pas oublier qu'antérieurement au traité de 1344 le Pape élevait des prétentions sur Romans, et c'est pour y donner plus de poids qu'il y établit peu de temps auparavant :

1342-1344. Gérald de Margueritte, gouverneur pour le Pape (GIRAUD, *Essai sur Romans*, II, 178).

1344. Le bâtard de Lucinge (*Id.*, II, 183).

1375. Aymon d'Ameysin, gouverneur pour le Dauphin (GIRAUD, II, 304).

1389. Jean de Faucherand, bailli de Viennois (*Id.*, 307).

1454. Jean de Villaine, écuyer, bailli du Haut-Dauphiné (*Id.*).

1467. Berton de Bocsozel (*Id.*).

1562. Claude Odde de Triors, nommé par les habitants (CHEVALIER, *La seigneurie de Triors*).

1566. Aymar de Clermont-Chaste, seigneur de Gessans (DOCHIER, 189).

— 1568. Jacques de Saluces-Miolans, seigneur de Cardé (*Id.*, 190).

1568. Pierre de Chissé, seigneur de la Marcousse, chevalier de l'ordre du roi (*Id.*, 191).

1569-1580. Philippe-Phillibert, seigneur de Cervières-Saint-André (BRIZARD, I, 151).

1584. Antoine de Solignac, sieur de Veaunes (PIÉMONT, 192).

1587-1597. Balthazar Flotte, comte de la Roche, condamné à mort pour avoir tenté de livrer la place au duc de Savoie (Tous les historiens dauphinois).

1597-1617. Hercule de Sibeut, seigneur de Saint-Ferréol, qui déjoua les projets du précédent (*Id.*).

1617. Alexandre de Sibeut (*Arch. municip. de Die*).

1630-1632. Charles d'Hostun-Claveyson (CHEVALIER, *Notice sur Sainte-Claire*).

1666-1675. Sébastien de Lionne, ancien conseiller au Parlement (PILOT DE THOREY, *Inv. de l'Isère*, 33).

1680-1707. Louis de Lionne, marquis de Berny, interdit par sentence du Châtelet de Paris (1719) (*Arch. de la Drôme*, B. 1757).

1707-1748. Charles-Hugues comte de Lionne, colonel d'infanterie, nommé à la place de son père (*Id.*).

1757-1789. Flodoard-Éléonor de Bally, chevalier de Malte (LACHESNAYE, I, 156).

(2) *Gouverneurs de la ville de Vienne.*

1337. Guigues de Roussillon (GUY ALLARD, *Dict.*, I, 563).

1338. Siboud de Clermont, chanoine de Saint-Maurice (ANSELME, VIII, 908).

1353. Louis de Loras, gouverneur pour le Dauphiné (CHORIER, *Estat politique*, III, 334).

1390. Jean de Faucherand, bailli du Viennois-Valentinois (CHORIER, *Hist. gén.*, II, 391).

1480. Guillaume de Corbeau (*Inv. de la Chambre des comptes*).

1483. Phillibert de Grolée, seigneur d'Illins, nommé par le Parlement (*Id.*, 482).

1562. François du Terrail, seigneur de Bernin, nommé par des Adrets (COLLOMBET, III, 125).

1562. Anselme de La Tour, seigneur de Vinay, nommé le 6 octobre par le duc de Nemours (*Id.*, 139).

1563. Pierre de Saint-Marc, commandant des gendarmes de Maugiron (*Id.*, 158).

1568. Jean de Leyssins, seigneur de la maison forte d'Aouste (LACHESNAYE, VI, 316).

Saint-Marcellin, M. du Perron (1), et au fort Barraux, M. de

1576. Antoine de Sassenage, seigneur de Montelier (COLLOMBET, III, 164).
1589. Timoléon de Maugiron (ROCHAS, *Biogr. du Dauph.*, II, 133).
1590-1615. César-Martin de Disimieu, conseiller d'État, chevalier du Saint-Esprit (*Id.*, I, 318).
1615-1636. Jérôme-Martin de Disimieu, bailli de Viennois, grand maître des eaux et forêts de Dauphiné (*Id.*).
1639. Jean de Ferron (CHORIER, *Est. pol.*, II, 133).
1667. Gaston de Maugiron, comte de Montléans, baron de Montballet (*Arch. de l'Isère*, B. 1147).
1671-1702. Henri de Marnais, seigneur de Saint-André, lieutenant-colonel, chevalier de Saint-Louis (CHORIER, *Est. pol.*, III, 353).
1730-1738. Joseph de Prunier, chevalier de Malte, maréchal de camp (LACHESNAYE, III, 85).
1738-1753. René-Ismidon de Prunier, comte de Saint-André, lieutenant général (*Id.*).
1765-1789. De Bathéon de Vertrieu.

(1) L'importance de Saint-Marcellin, au point de vue militaire, n'a certainement jamais été considérable, étant par le fait de sa position dans la dépendance immédiate de la maison forte du Molard, résidence des Maugiron au XVI° siècle; cependant, il faut reconnaître que ses châtelains au moins ne pouvaient manquer d'être des officiers d'un rang élevé, ce bourg, qui fut pendant quelque temps le siége du Conseil delphinal, ayant en outre été le chef-lieu du bailliage de Viennois jusque vers le milieu du XIV° siècle.

Châtelains et gouverneurs de Saint-Marcellin.

1345. François de Cagny, châtelain, ensuite juge mage de Graisivaudan (*Invent. de la Chambre des comptes*).
1350. Pierre Odebert d'Allevard (*Id.*).
1359. Jean de Vallin, ensuite conseiller au Conseil delphinal (*Id.*).
1362. Pierre d'Allevard, dit Pinabel (*Id.*).
1363. Jean de Vallin (*Id.*).
1377. Aymar de Bellecombe, chevalier (*Id.*).
1380. Gilet du Puy (*Id.*).
1384. Pierre de Prébois (*Id.*).
1388. Jean de Gumin (*Id.*).
1401. Pierre de Cassian (*Id.*).
1428-1460. Guillaume de Gontefrey (*Id.*).

Bachevilliers, lieutenant général (1).

XX. ÉTAT DE LA NOBLESSE.

Le Dauphiné renferme 1,059 familles nobles, ainsi réparties : 235 dans le Graisivaudan et la ville de Grenoble, 224 dans le

---

1461. Jean de Vallin (*Id.*).
1475. Joffrey Mulet (*Id.*).
1480. Étienne Veysin (*Id.*).
1484. Justel Galbert (*Id.*).
1487. Antoine Bertal (*Id.*).
1510. Soffrey du Vache (*Id.*).
1554. François du Vache (*Id.*).
1589. Louis de Bressieux, seigneur de Beaucroissant (Piémont, I, 135).
    Pierre de Gilbert de Colonges (*Inv. de la Chambre des comptes*).
1681. Henri de Garagnol, vibailli et gouverneur (*Arch. de l'Isère*, B. 1294).
1698. N. du Perron.
1765. De La Morlière du Tillet (*État milit.*).

(1) Village frontière, Barraux avait par lui-même une certaine importance stratégique, et c'est pour cela qu'en 1597 le duc de Savoie, alors en guerre avec la France, entreprit audacieusement d'y construire une forteresse; ce qu'apprenant Lesdiguières, il se borna à répondre « qu'un fort estoit si nécessaire en cet endroit-là, que quand le duc ne l'y bastiroit point, il faudroit que S. M. l'y fit faire, et que quand il seroit achevé, il le prendroit. » Ce qu'il fit en effet par escalade dans la nuit du 17 mars 1598).

Gouverneurs du fort Barraux.

1590. Jean d'Arces, sieur de la Bayette (Chorier, *Hist. gén.*, II, 748).
1591. Abel de Bérenger-Morges, gouverneur de Grenoble (Id., *Hist. de Sassenage*, 83).
1672. Charles de Créqui, duc de Lesdiguières (*État de la France*).
1692-1696. René Brulart, marquis de Genlis (*État de la France*, et Moréri).
1698-1702. N., marquis de Bachevilliers, lieutenant général (*État de la France*).
1762-1780. N. de Ricouart, comte d'Hérouville (*Id.*).
1785-1790. Joseph Corentin, le sénéchal de Kercado, marquis de Molac lieutenant général (*Id.*).

Viennois, 133 dans le bailliage de Saint-Marcellin, 55 dans la sénéchaussée de Valence, 109 dans celle de Montélimar et autant dans celle de Crest, 64 dans le bailliage du Buis, 15 dans le Briançonnais, 23 dans l'Embrunais et 92 dans le Gapençais (1). Dans ce nombre il en faut distinguer quelques-unes :

Clermont, qui a dans ses armes les clefs de Saint-Pierre et la tiare pour cimier, et dont le chef, premier baron et connétable héréditaire du Dauphiné (2), est actuellement M. le comte de Tonnerre, ancien premier gentilhomme de la chambre,

---

(1) Ces chiffres se rapprochent de ceux de Chorier, qui porte à 1,200 le nombre des familles nobles dauphinoises, tandis que, chose surprenante, Guy Allard, beaucoup plus contemporain de Bouchu, parle de 500 souches, formant 1,600 branches et comptant 5,000 hommes, chiffres approximativement les mêmes que ceux résultant d'une révision faite en 1529, et suivant laquelle il y avait alors 1,583 familles nobles en Dauphiné, savoir : dans le Viennois et terre de la Tour 500, dans le Viennois-Valentinois 250, dans le Graisivaudan 416, dans le Valentinois, le Diois et le diocèse de Saint-Paul 190, dans les Baronnies 100, dans le Gapençais 87, dans l'Embrunais 25 et 15 dans le Briançonnais.

(2) Suivant une tradition, appuyée sur une bulle dont l'authenticité est douteuse, les armes de la maison de Clermont étaient originairement parlantes : un soleil sur une montagne *(clarus mons)*. Mais en 1120 Aynard de Clermont, ayant aidé de ses armes le pape Callixte II contre l'antipape Bourdin, reçut en récompense l'autorisation de mettre sur son écu les clefs de saint Pierre et la tiare, avec la devise : *Etiamsi omnes, ego non*, si fièrement rappelée en 1828 par le cardinal-archevêque de Toulouse dans une lettre au ministre des cultes. Quant aux titres de connétable ou capitaine général des armées du Dauphin, premier conseiller, sénéchal et grand maître de sa maison, ainsi que de celle de la Dauphine, ils furent donnés le 20 juin 1340, avec la terre de Clermont en Trièves, érigée en vicomté, par Humbert II à Aynard III de Clermont, en échange de la soumission au fief delphinal des terres de la Bâtie-Divisin, Recoin, Montferrat, etc. Ajoutons qu'au titre de grand maître de la maison delphinale était attaché le droit assez singulier de prendre, lors des festins et repas solennels, deux plats et quatre assiettes d'argent du poids de 16 marcs sur la table du prince, et le second jour, s'il y avait lieu, un plat de 4 à 5 marcs VALBONNAIS, I, 320-21; — CHORIER, *Hist. gén.*, II, 37, etc.).

frère de M. l'évêque de Langres et neveu de celui de Noyon (1).
MM. de Montoison, et de Chatte, père de l'évêque de Laon, sont
les chefs de branches cadettes.

M. le comte de Viriville, capitaine-lieutenant d'une compagnie de gendarmerie, est le chef de la famille de Grolée, qui, de même que la première, a donné des lieutenants généraux au gouvernement de Dauphiné et des chevaliers des ordres, et à laquelle appartient également M. le comte de Peyre, lieutenant général au gouvernement de Languedoc et seigneur de Montbreton en Dauphiné (2).

MM. de Montmartin et de Champier sont de la famille Alleman, qui a donné des grands maîtres de la maison des Dau-

---

(1) François de Clermont, évêque et comte de Noyon, commandeur des ordres du roi et membre de l'académie française, mort le 15 février 1701, prélat fort connu par son esprit et sa vanité. Il eut un procès avec son chapitre, parce que celui-ci se refusait à faire porter la queue de sa soutane par un chanoine dans les cérémonies; et l'on prétend même qu'il ne voulut jamais se conformer à une vieille coutume de l'église de Noyon, suivant laquelle l'évêque faisait à chaque fête de Noël le panégyrique de la Sainte Vierge, parce que, disait-il, « la femme d'un charpentier n'était pas d'assez bonne famille pour que son éloge fût fait par un Clermont-Tonnerre. »

(2) Cette famille, originaire de Bresse, a formé onze branches, dont les principales sont celles de Viriville, de Meuillon et de Mépieu. Les auteurs sérieux la font remonter à Jacques de Grolée, sénéchal de Lyon en 1108; les autres la font descendre des Gracques.
François de Grolée-Viriville, qui succéda à Jean-Baptiste d'Eurre de Brottin, de Paris, marquis de Montanègue, son parent, dans la charge de lieutenant général au gouvernement de Languedoc, résidence de Montpellier, était comte de Peyre, l'une des baronnies de tour du Gévaudan, du chef de sa mère, Marguerite de Solages. Quant à la terre de Montbreton, commune de Chanas (Isère), dont on le trouve qualifié marquis en divers actes, elle venait de son aïeule, Marie d'Eurre de Cornilhon, fille de Charles et de Charlotte de Chalant, celle-ci petite-fille de Boniface de Chalant et de Françoise de Roussillon, qui l'an 1510 héritèrent Montbreton d'Humbert, seigneur de Tullins, dernier mâle d'une branche de la grande famille de Roussillon.

phins, des lieutenants généraux, des cardinaux, des archevêques et des évêques. Le premier est lieutenant de roi dans le Viennois, bien qu'il n'ait jamais servi, et le second a été longtemps capitaine dans le régiment de Sault (1).

Le marquis de Sassenage, jeune homme de quatorze à quinze ans, est le chef de la maison de Bérenger. Il possède le marquisat de Sassenage, qui est la seconde baronnie du Dauphiné, et celui de Pont-en-Royans, et a pour oncles le comte de Sassenage, gentilhomme de la chambre de Monsieur et seigneur du comté de Montelier en Valentinois, et le chevalier de Sassenage, exempt des Gardes du corps. M. le comte du Gua, colonel d'infanterie, brigadier des armées et seigneur du comté de Charmes et des terres de la Ferrière et de Vif, est aussi de cette maison de Bérenger, qui prétend descendre des anciens rois d'Arles; comme aussi M. de Ventavon, lieutenant de roi dans le Gapençais, l'Embrunais et les Baronnies (2).

---

(1) Pierre Alleman, comte de Montmartin, et Claude Alleman, seigneur de Champier. La famille Alleman, une des plus considérables et surtout des plus anciennes du Dauphiné, dont il n'y a plus, je crois, de représentant, n'a pas formé moins de vingt branches, dont les principales étaient celles de Valbonnais, d'Uriage, de Séchilienne, de Champ et de Rochechinard.

(2) Gabriel-Alphonse, marquis de Sassenage, qui épousa le 18 mai 1704 Catherine-Ferdinande d'Hostun, fille du maréchal de Tallard, et mourut en 1606, ne laissant qu'une fille, Marie-Françoise-Camille, mariée le 9 juin 1718 avec Charles-François de Sassenage, son cousin, qui n'eut lui-même que des filles.

Ismidon-René, comte de Sassenage, premier gentilhomme de la chambre du duc d'Orléans.

Jacques de Bérenger, seigneur du Gua, comte de Charmes, du chef de sa mère, Françoise Coste, sœur et héritière de Jacques, président au Parlement de Grenoble, mort en mars 1727 maréchal des camps et armées du roi.

François de Morges, seigneur de Ventavon et de l'Espine.

Bien que formant trois familles parfaitement distinctes tant par leurs armoiries que par leur nom, les Sassenage, les Bérenger et les Morges descendaient également, suivant Chorier, d'un Artaud, comte de Forez,

M. le duc de Lesdiguières, colonel du régiment de Sault, est de la maison de Créqui-Blanchefort, étrangère à cette province, mais qui y possède les biens de celle de Bonne, c'est-à-dire le duché de Lesdiguières et les terres de Saint-Jean-de-Bournay, Heyrieux, la Verpillière, Falavier, Saint-Laurent-de-Mure, Moirans, Montbonnod, Mens, Oisans et la Mure (1).

M. de Viennois, que l'état de ses facultés a obligé d'abandonner une place de capitaine d'infanterie, descend d'un fils naturel d'Humbert II, dernier dauphin, dont il porte les armes; lequel ne lui a pas laissé de terres, mais des droits seigneuriaux considérables dans l'Oisans (2).

MM. de Béconne, de Comps et de Lalo sont de la maison de Vesc, une des anciennes de cette province, que quelques au-

---

vivant à la fin du X° siècle. Hector, l'un de ses fils, fut seigneur de Sassenage et auteur d'une première famille de ce nom, éteinte en 1339 dans la personne d'Albert II. Un autre, appelé Ismidon, fut seigneur du Royans et auteur de la famille de Bérenger, qui hérita des biens des Sassenage à la mort d'Albert. Quant aux Morges, dont les Bérenger du Gua étaient une branche cadette, ils avaient pour auteur Guigues Bérenger, fils puîné de Raymond Ier, seigneur ou prince du Royans (Voyez CHORIER, *Hist. gén. de la Maison de Sassenage*, Lyon, 1672, in-fol.).

(1) Jean-François-Paul de Créqui-Blanchefort, duc de Lesdiguières, pair de France, fils de François et petit-fils de Charles, sire de Créqui, maréchal de France, qui, ayant successivement épousé les deux filles du connétable de Lesdiguières, hérita de ses titres et de son immense fortune. Né le 22 octobre 1678 et marié le 17 janvier 1696 avec Louise-Bernarde de Duras, fille du maréchal de ce nom, et, suivant Saint-Simon, le plus riche parti de France. Il mourut à Modène, le 6 octobre 1703, laissant le duché de Lesdiguières à Alphonse de Créqui, comte de Canaples, son oncle à la mode de Bretagne, qui lui-même mourut sans enfants le 5 août 1712.

(2) Jacques de Viennois, descendant au douzième degré d'Amé ou Amédée, bâtard de Viennois, à qui le dauphin Humbert II, son père, donna entr'autres biens une rente annuelle de 150 livres à prendre sur la châtellenie d'Oisans, rente pour laquelle Jacques de Viennois rendit hommage en la Chambre des comptes le 16 mars 1696, puis le 10 décembre 1725.

teurs disent descendre d'Étienne de Vesc, sénéchal de Beaucaire sous Charles VIII (1).

M. le maréchal de Tallard est le chef de celle de la Baume-d'Hostun. Il possède le vicomté de Tallard, le marquisat de la Baume, les terres de Saint-Nazaire et de Saint-Jean-en-Royans et la baronnie d'Arlay (2).

---

(1) Claude-Augustin de Vesc, seigneur de Béconne et Baume-la-Lance, qui avait épousé en 1675 Marie d'Eurre de Brette.

Charles-René de Vesc, seigneur de Comps, fils de Marius et de Lucrèce du Puy-Montbrun, page de la grande écurie en 1676.

Alexandre de Vesc, seigneur de Lalo, conseiller au Parlement de Grenoble le 16 août 1667, en remplacement et sur la résignation d'autre Alexandre, seigneur d'Espeluche, son père.

Toutes les branches de la famille de Vesc, dont le chef se qualifiait premier baron du Diois, descendaient d'Hugues ou Hugonin, chevalier, seigneur de Vesc, Béconne et Montjoux, qui l'an 1170 épousa Douceline Alleman, dame de la Bâtie-de-Blacons. Celle de Béconne avait pour auteur Pierre de Vesc, maître d'hôtel du roi Charles VIII, gouverneur de Dun-le-Roi, puis de Crest le 10 avril 1485, grand maître des eaux et forêts de Dauphiné et capitaine de 500 hommes de pied. Celle de Comps, plus ancienne, remontait à Dalmas de Vesc, seigneur de Comps, Blacons et Dieulefit, fils puîné d'Hugonin et d'Aigline de Laire, dame de Bourdeaux, vivant en 1370. Quant à la branche d'Espeluche ou de Lalo, son auteur était Guillaume de Vesc, fils puîné d'Alméric III, seigneur de Montjoux, qui, ayant eu pour sa part la terre d'Espeluche, en rendit hommage à Giraud Adhémar, seigneur de Monteil, l'an 1352.

Étienne de Vesc ou plutôt de Væsc, homme de fort petite lignée, suivant Commines, que le roi Charles VIII fit sénéchal de Beaucaire en 1493, puis premier président à la Chambre des comptes, duc de Nole et d'Avelline, comte d'Ascoli et de Tripoli au royaume de Naples, enfin baron de Grimaut, n'avait aucun lien de parenté avec les Vesc de Montjoux et de Béconne, auxquels il chercha à se rattacher pour se créer des ancêtres, lorsqu'il fut arrivé à la fortune. Au temps de notre intendant, la descendance d'Étienne de Vesc n'était du reste plus représentée que par le duc de Lesdiguières, arrière-petit-fils de Jeanne de Vesc, fille et unique héritière de Jean, baron de Grimaut, laquelle avait épousé en 1554 François de Montauban-d'Agoult, comte de Sault (PITHON-CURT, III, 456 et suiv.; — Arch. de l'Isère; — Mémoires de PH. DE COMMINES, etc.).

(2) Camille d'Hostun, comte de Tallard, baron d'Arlan, du Poët et d'Arzelliers, fils de Roger, marquis de la Baume, et de Catherine de Bonne

La famille de La Poippe, dont est M. l'évêque de Poitiers, a trois branches, ayant pour chefs M. le président de Saint-Jullin, M. de Serrières et M. de Vertrieu. Ce dernier est mal dans ses affaires (1).

Celle de Simiane en a un grand nombre : d'abord celle de Pianezze, établie en Piémont et dont le chef est premier ministre de Savoie; puis la branche de Simiane-Treschenu, qui possède les terres de Chalancon et d'Arnayon; celle de Gordes, qui possède la terre de Saint-Étienne-de-Laval et a donné un évêque de Langres et un cordon bleu; celle de Montcha, qui n'a en Dauphiné que la terre de Jonage; celle de Montbivos, actuellement représentée par un seul membre, dont le père, président en la Chambre des comptes, n'a pas laissé de biens; celle de La Coste enfin, qui possède les terres de Lumbin, la Terrasse, Saint-Bernard, Bayard et Avallon. Le père du sieur de La Coste était président à mortier au Parlement d'Aix, et sa veuve a épousé M. de Langallerie, lieutenant général (2).

---

d'Auriac, né le 14 février 1652 et mort le 30 mars 1728, maréchal de France, ministre d'État, chevalier des Ordres, etc., obtint en mars 1712 l'érection des terres d'Hostun, la Baume-d'Hostun, Saint-Just, Saint-Nazaire, Saint-Jean-en-Royans, Saint-Martin-le-Colonel, Oriol, Eymeu et la Motte-Fanjas en duché, sous le nom d'Hostun, puis deux ans après l'élévation de celui-ci au rang de duché-pairie.

(1) Cette famille, dont Guichenon donne la généalogie dans son histoire de Bresse, formait de toute ancienneté, et sans qu'on ait pu découvrir le point de jonction, deux branches dites de Serrières et de Saint-Jullin. La première, dont les La Poype-Vertrieu étaient une branche cadette, remontait à Girardet de La Poype, croisé en 1190.

(2) Charles-Emmanuel-Phillibert de Simiane, marquis de Pianezze, petit-fils de Charles de Simiane, seigneur d'Albigny (fils puîné de Gordes), et de Melthilde, marquise de Pianezze, fille légitimée d'Emmanuel-Phillibert, duc de Savoie.

François de Simiane, seigneur de Treschenu, Nonières et Glandage, baron de Chalancon, Arnayon, Gumiane et la Baume-de-Transit, marquis d'Esparron, né en 1674, mort en 1734, chevalier des ordres du roi et

M. le marquis de Montbrun, seigneur de la terre de ce nom en Dauphiné et de celle de la Nocle en Bourbonnais, et M. de Villefranche, seigneur de Beauregard, Jaillans, Meymans et Jonchères, sont de la maison du Puy, à laquelle appartient le premier grand-maître de l'Ordre de Saint-Jean-de-Jérusalem (1).

Le seigneur de La Pierre et du Champ et le marquis de Montfrin en Languedoc sont de la maison de Monteynard, dont le nom était premièrement Aynard (2).

---

brigadier de ses armées, représentant d'une branche ayant pour auteur Louis de Simiane, fils puîné de Melchior, qui l'an 1500 épousa Louise Odoard de Barcelonne.

Jacques de Simiane, marquis de Gordes, dernier de cette branche, qui était l'aînée.

François-Louis-Claude-Edme de Simiane, comte de Montcha en Forez, gouverneur de Valence et sénéchal de Valentinois, dont la fille, dernière de sa branche, épousa le 26 mai 1720 Emmanuel-Théodose de La Tour, duc de Bouillon.

Louis de Simiane, seigneur de la maison forte de Montbivos, capitaine au régiment de Sault, puis président en la Chambre des comptes (1671), petit-fils de Jean-Baptiste, conseiller au Parlement de Grenoble, et arrière-petit-fils de François, seigneur de la Coste.

Joseph de Simiane de La Cépède, fils de Jean, second président au Parlement d'Aix, pour qui la terre de Collongue près Aix fut érigée en marquisat sous le nom de Simiane, par lettres de mars 1684.

Cette maison, dont on trouve la généalogie dans Anselme, et qui, suivant quelques auteurs, a une origine commune avec celles d'Agoult et de Pontevez, remonte sérieusement au XII° siècle.

(1) Jacques du Puy, marquis de Montbrun, fils de Charles-René, lequel était arrière-petit-fils de Charles, seigneur de Montbrun, le capitaine huguenot.

Fils de René, seigneur de Villefranche, et arrière-petit-fils du fameux Montbrun, Charles du Puy avait acquis la seigneurie de la Jonchère par son mariage avec Isabeau de Forêts, fille et héritière de Gabriel, seigneur de cette terre.

(2) Jean de Monteynard, seigneur de la Pierre, de Champ, de Prabois et du Chastellard, petit-fils de Mary ou Marius de Montainard et de Joachine Coct, dame du Chastellard.

François de Monteynard, marquis de Montfrin, sénéchal de Beaucaire

Celle de Maugiron a pour chef le bailli de Viennois de ce nom, seigneur d'Ampuis en Lyonnais, de Montléans et de Beauvoir en Dauphiné (1).

M. le marquis de Bressieux, neveu de M. l'archevêque d'Auch et du comte de Suze, résidant à Avignon, qui lui a fait l'abandon de tous ses biens, moyennant une pension de 16,000 livres, est le chef de la maison de La Baume-Suze, qui a donné des gouverneurs de Provence et des amiraux des mers du Levant (2).

M. de Montauban-Jarjayes, exempt des Gardes du corps,

---

et de Nîmes, fils d'Hector, maréchal des camps et armées du roi, qui l'an 1652 obtint l'érection de la baronnie de Montfrin et des seigneuries de Maine, Thesiers et Bassargues en marquisat.

La famille de Monteynard, l'une des plus considérables, non-seulement du Dauphiné, mais encore du Languedoc, a le très-rare avantage de pouvoir établir par actes sa filiation jusqu'au X⁰ siècle, ainsi que le prouve le cartulaire du prieuré de Domène, publié par les soins de M. le comte de Monteynard.

(1) Louis de Maugiron, bailli de Viennois et grand maître des eaux et forêts de Dauphiné, oncle et héritier de Jean-Baptiste-Gaston, comte de Montléans et gouverneur de Vienne, était le neveu du mignon d'Henri III Ludovic de Maugiron, et le petit-fils de Laurent, lieutenant général au gouvernement de Dauphiné et l'un des grands hommes de guerre de cette province.

(2) Louis-François de La Baume, comte de Suze et marquis de Bressieux, neveu 1° d'autre Louis-François, comte de Suze et de Rochefort, lieutenant général, gouverneur d'Avignon, etc., aîné de la famille, qui, faute de postérité, renonça à ses droits au profit de son frère puîné; 2° d'Armand-Anne-Tristan de La Baume, évêque de Tarbes (1675), puis de Saint-Omer (1677), enfin archevêque d'Auch (1684), mort en 1705; avait pour trisaïeul François de La Baume, comte de Suze et de Rochefort, baron de Lers, seigneur de Rochegude et de Plaisians, chevalier des ordres, capitaine de cinquante hommes d'armes, gouverneur de Provence et du Comtat, amiral des mers du Levant, etc., qui, blessé grièvement au siége de Montélimar (1587), s'en retourna à Suze, disant mélancoliquement à sa monture : « Allons, la Rousse, allons mourir à Suze. » D'où serait venue l'appellation de Suze-la-Rousse.

seigneur de la terre de Jarjayes en Gapençais, prétend être de l'ancienne maison des Artauds, issue des comtes de Forcalquier, comme aussi des marquis de Montauban et de Soyans, neveux du marquis de Montauban, lieutenant général des armées et au gouvernement de Franche-Comté (1).

La famille d'Agoult, dont étaient chefs les anciens comtes de Sault, finis avec Christine d'Agoult, mère de M. le maréchal de Créqui, gendre du connétable de Lesdiguières, a pour représentants : M. le baron de Montmaur, seigneur de Bonneval, de Piégon et de Rochebrune, et M. de Chanousse, seigneur de Montjay (2).

M. d'Autichamp est de la maison de Beaumont, dont étaient Amblard de Beaumont, chancelier du dauphin Humbert II, et le baron des Adrets.

M. de Chabrillan, seigneur du lieu de ce nom, de Chau-

---

(1) François de Montauban-Jarjayes, dit le marquis de Montauban, exempt des Gardes du corps, compagnie de Duras, était d'une famille du même nom, issue d'un Guillaume Artaud, seigneur d'Aix et de Bellegarde, qui, l'an 1310, hérita des biens de Reymond de Montauban, son oncle maternel, à la charge de relever son nom et ses armes. Quant à Louis de La Tour-Montauban, marquis de la Charce, frère de la fameuse Philis de La Tour; Antoine de La Tour, marquis de Soyans, et René de La Tour, marquis de la Tour-du-Pin-Montauban, lieutenant général des armées et au gouvernement de Franche-Comté, mort en 1687, ils descendaient d'autre René de La Tour, baron de Gouvernet, le fameux capitaine huguenot, et d'Isabeau de Montauban, dame de la Charce.

(2) La maison d'Agoult, que l'on croit issue, comme celle de Simiane, d'un Rambaud d'Agoult, seigneur d'Apt, vivant dans les premières années du XIIe siècle, possédait la vallée de Sault dès 1178, époque à laquelle l'empereur Frédéric Ier en donna l'investiture à Raymond d'Agoult, mari d'Isoarde, fille d'Isoard, comte de Die.

Charles d'Agoult, baron de Montmaur, seigneur de Piégon et de Bonneval.

François d'Agoult, seigneur de Chanousse et de Montjay, conseiller au Parlement de Grenoble, qui l'an 1653 avait épousé Marguerite de Virieu-Pupetières.

miane, d'Ourches et de Saint-Gervais, est de l'ancienne famille de Moreton (1).

M. le comte de Saint-Vallier, ci-devant colonel d'infanterie et capitaine de la Porte, est de celle de La Croix, dont il y a eu plusieurs avocats généraux au Parlement de Grenoble, des maîtres des requêtes et des évêques de Grenoble (2).

M. le marquis de Saint-André, colonel du régiment de la Couronne, fils de M. de Beauchêne et petit-fils de M. de Saint-André, tous les deux présidents au Parlement de Grenoble, est le chef de la famille Prunier. Son oncle, dont il est héritier, était premier président du Parlement de Grenoble, comme aussi son bisaïeul précédemment premier président de celui de Provence. Il possède le marquisat de Virieu et les terres de Saint-André-en-Beauchêne et de la Buissière (3).

---

(1) Joseph Moreton, seigneur, puis marquis de Chabrillan, fils d'Antoine et frère de Bertrand, général des galères et grand-croix de l'ordre de Malte.

(2) Pierre-Félix de La Croix-Chevrières, fils de Jean IV de La Croix, marquis d'Ornacieux, président au Parlement de Dijon, puis à celui de Grenoble et ambassadeur à Rome; petit-fils de Félix, sieur de Chevrières, conseiller au Parlement, puis avocat au Grand Conseil, et arrière-petit-fils de Jean III de La Croix, qui, d'abord conseiller au Parlement (1578), puis avocat général (1585), maître des requêtes et intendant des finances de l'armée du duc de Mayenne (1588), surintendant des finances en Dauphiné (1595), garde des sceaux au Parlement de Savoie (1600), président au Parlement de Grenoble (1605) et ambassadeur près le duc de Savoie (1605), entra dans les ordres à la mort de sa femme, Barbe d'Arzag, et fut nommé le 11 juillet 1607 évêque de Grenoble.

(3) Nicolas Prunier de Saint-André, marquis de Virieu, colonel du régiment de la Couronne en 1693 et marié en 1701 à Christine de Sassenage, était fils de Gabriel Prunier, président au Parlement de Grenoble, neveu de Nicolas Prunier, baron de Saint-André, ambassadeur à Venise, puis premier président du même Parlement, mort le 22 juillet 1692; petit-fils de Laurent Prunier, autre président à mortier, et arrière-petit-fils d'Artus, seigneur de Saint-André-de-Rosans, premier président au Parlement de Grenoble, puis de celui d'Aix, mort le 4 mai 1616, laissant, dit Chorier, la réputation de l'un des plus grands hommes que cette province ait produits.

M. de Pracomtal, maréchal de camp, gouverneur de Menin, est d'une ancienne famille d'épée (1).

XXI. DUCHÉS ET AUTRES TERRES TITRÉES.

L'ancien duché de Champsaur, appartenant aux anciens Dauphins, qui le cédèrent avec le Dauphiné aux rois de France en 1343, est le même que celui qui a été depuis érigé sous le nom de Lesdiguières en faveur du connétable. Il comprend Saint-Bonnet, les Cottes, la Motte, les Infornas, le Glezier, Noyer, Saint-Eusèbe, Champoléon, Molines, Faudon, Agnielles, Montorsier, Chabottes, Saint-Jean, Saint-Nicolas, Aubessaignes et Orcières (2).

Le duché de Valentinois et Diois fut d'abord érigé en faveur de César de Borgia, fils naturel d'Alexandre VI, par lettres renouvelées au profit de Diane de Poitiers le 8 octobre 1548, puis en mars 1642 pour Honoré de Grimaldi, prince de Monaco. De ce duché dépendent les villes de Romans, Crest, le Buis, Montélimar, Chabeuil et quelques autres terres et seigneuries (3).

---

(1) Armand de Pracomtal, seigneur d'Ancone et de Château-Sablier, mort en 1703 lieutenant général et gouverneur de Menin.

(2) Ce duché est resté dans la famille de Créqui-Lesdiguières jusqu'en 1719, qu'il fut acquis par le maréchal de Tallard. Celui-ci obtint en novembre 1720 du roi Louis XV des lettres patentes portant maintenue et confirmation pour lui et ses successeurs des mêmes droits, priviléges et prééminences et de faire exercer la justice dans l'étendue même du duché, sous le ressort immédiat du Parlement.

(3) Honoré II de Grimaldi, prince de Monaco, ayant chassé les Espagnols de sa principauté en 1641, ceux-ci confisquèrent tous les biens qu'il avait au royaume de Naples, et c'est pour l'indemniser de cette perte que le roi Louis XIII lui donna, avec le comté de Carladés et la baronnie de Calvinet en Auvergne, le Valentinois, érigé en duché-pairie, que ses descendants ont possédé jusqu'à la Révolution, et dont l'héritier présomptif de Monaco porte encore le titre. Ajoutons que l'arrière-petit-fils d'Honoré II,

Après les duchés il convient de parler des quatre anciennes baronnies de Dauphiné, parce que du temps des Dauphins c'étaient les premières dignités de cet état (1).

La première est Clermont, au bailliage de Vienne, depuis érigée en comté l'an 1547, et appartenant à M. le comte de Clermont-Tonnerre, connétable héréditaire du Dauphiné. Il est composé de Clermont, Chirens, Charavines, Oyeu, la Chapelle-de-Merlas, la Chapelle-de-Peyrin, Saint-Ferréol-de-Merlas, Saint-Sixte, Saint-Christophe, Burcin, Bilieu, Saint-Pierre-de-Paladru, Aprieu, Recoin, Massieu, Paladru, Saint-Geoire et Saint-Baudille.

La seconde est Sassenage, appartenant au fils mineur du marquis de ce nom, mort très-jeune capitaine de cavalerie, en 1693. Elle comprend : Sassenage, Engins, Lans, le Villard, Autrans, Meaudres, Fontaines et le fief de Coranson.

La troisième est Maubec, au bailliage de Vienne, aujourd'hui marquisat. Cette baronnie, appartenant à M. le prince d'Harcourt, alterne avec celle de Bressieux au bailliage de Saint-Marcellin, laquelle est également marquisat, érigé en 1612 au profit de Louis de Grolée-Meuillon, et appartient à M. de La Baume-Suze, neveu de l'archevêque d'Auch. La baronnie de Maubec comprend : Maubec, Saint-Alban, les Éparres, Badi-

---

Antoine Grimaldi, ayant, faute d'enfant mâle, marié sa fille aînée, Louise-Hippolyte, héritière de la principauté de Monaco, avec Jacques-François-Éléonor de Matignon, comte de Thorigny, à charge par ce dernier de prendre le titre de duc de Valentinois et le nom et les armes de Grimaldi, Louis XV lui accorda de nouvelles lettres d'érection en duché-pairie au mois de décembre 1715.

(1) On ne connaît pas exactement l'origine de la distinction accordée à ces barons, que les registres de la Chambre des comptes appellent : hauts barons, grands barons, *sublimes personas et laicos principes*, et qui semblent en faire des espèces de pairs du Dauphiné. En tout cas, leur principal et presque unique privilège était de siéger dans les États provinciaux à la tête de la noblesse, assis dans des fauteuils (Voyez SALVAING DE BOISSIEU, *Usage des fiefs*, I, 320 et suiv.).

nière, Ruffieu, Domarin, Chèzeneuve, Four, Crachier, Paleysin, Meyrié, Tramolée, Saint-Agnin, Vermeile, Vaux et Culin. Celle de Bressieux se compose de : N. D. de Bressieux, Chatenay, Marnans, Saint-Michel, Saint-Siméon et Saint-Georges-de-Bressieux.

Montmaur, au bailliage de Gap, est la quatrième et dernière desdites baronnies. Elle appartient à M. d'Agoult de Bonneval et n'a pas de terre dans sa dépendance.

Les marquisats sont : 1° Pont-en-Royans, au bailliage de Saint-Marcellin, érigé en faveur de Gaspard de Sassenage en 1617, et comprenant le Pont, Sainte-Eulalie, Saint-Hilaire, Choranche, Chatelus, Échevis et Rencurel.

2° Montbrun, au bailliage du Buis, érigé en 1620, lequel comprend Montbrun, Ferrassières et quelques autres terres.

3° Viriville, au bailliage de Saint-Marcellin, érigé en avril 1620 au profit de François de Grolée, dont les héritiers le possèdent encore. Il comprend Viriville et Chatenay.

4° Lestang, même bailliage, érigé en juillet 1643 pour Antoine de Murat de Lestang, et composé des terres de Vinay, Lentiol, Saint-Marcellin et de la maison forte de Lens, au mandement de Moras.

5° Ornacieux, au bailliage de Vienne. Ce marquisat, érigé en juillet 1643 pour Jean de La Croix-Chevrières et possédé par les héritiers du sieur de La Croix de Sayve, président au Parlement de Grenoble, se compose d'Ornacieux, Comelle, Semons, Arzay et Faramans.

6° Virieu, même bailliage, érigé en avril 1655 pour Nicolas Prunier de Saint-André, possédé par le marquis de Virieu, colonel du régiment de la Couronne, et composé de Virieu, Blandin, Panissage, Chelieu, Valencogne et Chassignieu.

7° La Garde, en la sénéchaussée de Montélimar, érigé en faveur de Louis Escalin des Aimars au mois de septembre 1656 et composé du seul mandement de la Garde, dont est mouvante la terre de la Bâtie-Rolland.

8° Claveyson, au bailliage de Saint-Marcellin, marquisat

érigé en décembre 1658 pour Sébastien de Lionne, possédé par le marquis de Berny et composé de Claveyson, Saint-Andéol et Saint-Véran-de-Ruies ou de Claveyson.

9° Chabrillan, dans la sénéchaussée de Crest, érigé en octobre 1674 en faveur de Joseph de Moreton et composé de Chabrillan, Chaumiane et autres terres.

10° Boutières, au bailliage de Graisivaudan, érigé en novembre 1679 pour Guy-Balthazar-Émé de Marcieu, gouverneur de Grenoble, qui le possède actuellement. Ce marquisat comprend le Touvet, Saint-Vincent-de-Mercuse.

11° Chevrières, au bailliage de Saint-Marcellin, érigé en 1682 pour Jean-Félix de La Croix, comte de Saint-Vallier, qui le possède. Il comprend Chevrières, Saint-Pierre-de-Villars et quelques autres fiefs, plus les maisons fortes de Quincivet et de la Rivière.

12° Valbonnais, au bailliage de Graisivaudan, érigé depuis peu en faveur du premier président de la Chambre des comptes de Grenoble et composé de Valbonnais, Entraigues, Valjoufrey, le Perier et Chantelouve.

13° Septèmes, au bailliage de Vienne, récemment érigé pour M. Pecoil, conseiller au Parlement de Paris et à présent maître des requêtes.

14° Dolomieu, aussi d'érection nouvelle pour M. de Grattet, président en la Chambre des comptes.

15° Chaulnes, au bailliage de Graisivaudan, érigé en 1684 en faveur de Joseph de Chaulnes et composé de Veurey, Noyarey, Saint-Quentin et la maison forte de la Marcousse.

16° Bourg-lès-Valence, en la sénéchaussée de Valence, érigé en 1697 pour le sieur de Veynes du Prayet.

17° La Baume-d'Hostun, terre de M. le comte de Tallard, appelée marquisat, mais dont l'érection ne se trouve pas (1).

---

(1) Cette liste des terres dauphinoises érigées en marquisats n'est pas complète, car il faut y ajouter :

1° Vaulx en Velin, érigé en juin 1574 par Charles IX, pour Stéphane Mutro, maître des requêtes de son hôtel.

Les comtés sont : 1° **Roussillon**, au bailliage de Vienne, érigé en 1463 en faveur du bâtard de Bourbon et composé de Roussillon, Salaise, le Péage, Saint-Maurice-de-l'Exil, Saint-Barthélemy-de-Givray et Colombier-le-Vieux.

2° **Suze-la-Rousse**, en la sénéchaussée de Montélimar, érigé en 1697 au profit de Louis-François de La Baume.

2° La Charce, comprenant la terre de ce nom et celle de Cornillon (Drôme), érigé en mai 1619, pour René de La Tour, seigneur de Gouvernet.

3° Pusignan, érigé en novembre 1679, pour N. Chauderon de Pusignan, lieutenant général de la fauconnerie.

4° Vachères (commune de Montclar, Drôme), érigé en juin 1688, pour Guillaume-Philippe de Grammont, gouverneur de Crest.

5° Pluvinel, c'est-à-dire la terre de la Rochette (canton de Crest-Nord), érigée en marquisat sous le nom de Pluvinel par lettres de juin 1693, au profit de Joseph de La Baume-Pluvinel, conseiller au Parlement.

6° Montmiral, érigé en novembre 1710, pour Joachim Mistral, conseiller au Parlement.

7° Soyans, érigé en juillet 1717, pour Antoine de La Tour, seigneur de Montauban.

8° L'Arthaudière, marquisat comprenant les seigneuries de Saint-Lattier, Saint-Hilaire-du-Rosier, Saint-Bonnet-de-Chavannes et Saint-Étienne-de-Montagne, érigé en 1729, pour Claude-Mathias de La Porte, conseiller au Parlement.

9° La Bâtie-d'Arvillars, érigé le 14 août 1739, en faveur de Joseph de Barral, président au Parlement.

10° Montferrat, érigé en avril 1750, pour Charles-Gabriel-Justin de Barral de Rochechinard, conseiller au Parlement.

11° Belmont, comprenant la terre de ce nom, Saint-Didier et Bizonnes, érigé en 1767, pour François de Briançon de Vachon, maréchal de camp.

12° Montanègue ou Montanègre, marquisat composé des terres de Saint-Nazaire-le-Désert, Petit-Paris, Gumiane et Guisans, possédé avec ce titre par la famille d'Eurre dès 1675, mais dont j'ignore la date d'érection.

13° Esparron, c'est-à-dire Nonnières, Glandage et Menée, possédés vers la fin du XVII° siècle, sous le nom de marquisat d'Esparron, par la famille de Simiane.

14° Vizille, possédé sous le même titre par les Créqui-Lesdiguières.

15° Saint-Didier, marquisat composé de la terre de ce nom en Devoluy, plus de Pellafol, la Postelle et la Croix-de-la-Pigne, appartenant aux Pina.

3° La Roche, au bailliage de Gap, érigé en 1592 pour Balthazar de Flotte, composé des terres de la Roche et des Baux et toujours possédé par la même famille, qui est une des plus anciennes et des plus pauvres de la province.

4° Disimieu, au bailliage de Vienne, érigé en faveur de César-Martin de Disimieu au mois de juin 1613. Ce comté comprend Disimieu et Grassas.

5° Anjou, même bailliage, érigé en baronnie au mois d'avril 1620 pour François Mitte de Miolans de Chevrières, comte de Saint-Chamond, puis en comté en avril 1679 au profit d'Alexandre de Falcoz de La Blache, dont les enfants le possèdent. Il comprend Anjou, Agnin, Bougé, Sonay, Chambalud et quelques autres.

6° Charmes, bailliage de Saint-Marcellin, érigé en novembre 1652 en faveur de Jacques Coste, président au Parlement de Grenoble, possédé par M. le comte du Gua, colonel et brigadier d'infanterie, de l'ancienne famille de Bérenger, et composé de Charmes, Margès, etc.

7° Montelier, en la sénéchaussée de Valence, érigé en faveur du marquis de Sassenage et possédé par le comte du même nom, capitaine d'une compagnie de gendarmerie et l'un des premiers gentilshommes de la chambre de Monsieur frère du roi.

8° Le Bouchage, au bailliage de Vienne, dont Imbert de Baternay, chambellan de Louis XI, prit le titre de comte, que ses successeurs ont gardé, bien qu'on n'en trouve pas l'érection, mais seulement en baronnie, comme il sera dit ci-après.

9° Saint-Vallier, au bailliage de Saint-Marcellin, terre considérable qui appartenait autrefois aux comtes de Valentinois de la maison de Poitiers et dont Diane de Poitiers prit la première le titre de comtesse, mais dont on ne trouve point l'érection. Elle est aujourd'hui possédée par M. le comte de Saint-Vallier (1)

---

(1) Ajouter : 1° Montléans, érigé en comté par lettres de septembre 1569, au profit de Laurent de Maugiron, lieutenant général au gouvernement de Dauphiné.

Il y a quatre vicomtés : 1° Tallard, au bailliage de Gap, érigé en 1326 en faveur d'Arnaud de Trians, et composé des terres de Tallard, Pelleautier, Neffes, Lardier, Valença, la Saulce et Fouillouse.

2° Clermont en Trièves, au bailliage de Graisivaudan, érigé en 1340 pour Aynard de Clermont, possédé par M. de Bardonnenche, conseiller au Parlement de Grenoble, et composé des paroisses de Monestier-de-Clermont, Saint-Paul, Roissard et Saint-Michel-les-Portes.

3° Saint-Priest, au bailliage de Vienne, érigé en 1646 en faveur de Jacques Guignard.

4° Les Avenières, récemment érigé en faveur de M. de Revol, conseiller au Parlement de Metz, qui n'a pas encore fait enregistrer ses lettres d'érection.

Les baronnies sont : 1° Clérieu, en la sénéchaussée de Valence, qualifiée baronnie du temps qu'elle était possédée par les comtes de Valentinois de la maison de Poitiers, et dont on ne trouve pas l'érection. Cette baronnie comprend Clérieu, Chavannes, Chanos et Curson, et de plus a dans sa mouvance les terres de Claveyson, Montchenu, Baternay, Margès et Larnage.

2° Anthon, au bailliage de Vienne, érigée en baronnie le 26 avril 1434 en faveur de Louis marquis de Saluces, possédée

---

2° Ribiers, érigé en janvier 1711, pour Côme-Alphonse de Valbelle.

3° Aoste, comté comprenant Aoste, Chimillin et Leyssins, érigé en 1725, pour Sébastien Guillet, conseiller au Parlement.

4° La Ric, ou, pour mieux dire, Chabestan (Hautes-Alpes), érigé en comté sous le nom de la Ric par lettres de septembre 1729, en faveur d'Alexandre Roux de Gaubert, conseiller au Parlement d'Aix.

5° Morges, érigé en mai 1731, pour Claude-Étienne-Roux Deagent de Ponthérieu, chevalier d'honneur au Parlement de Grenoble.

6° Allevard, autrement Allevard, Saint-Pierre-d'Allevard, la Ferrière, Pinsot, la Chapelle-de-Bard et Pont-de-Beins, érigés en comté sous le nom d'Allevard, changé deux ans après en celui de Barral, par lettres du 11 juillet 1731, en faveur de François-Jean-Baptiste de Barral de Montferrat, président au Parlement.

actuellement par M. de Vidaud La Tour, procureur général au Parlement de Grenoble, et composée d'Anthon, la Villette-d'Anthon, Asnières et Bonce, et des arrière-fiefs de Venerieu, Merle, Casera et Malatrait.

3° Le Bouchage, même bailliage, érigée en juillet 1478 pour Imbert de Baternay, comme il a été dit, et qui se compose des paroisses du Bouchage, Saint-Julien, Vezeronce et Buvin, avec le fief de Chèzeneuve dans sa mouvance.

4° Uriage, au bailliage de Graisivaudan, érigée en février 1476 au profit de Soffrey Alleman, et qui se compose d'Uriage, Pinet, Saint-Nizier et Saint-Jean-de-Villeneuve.

5° Gresse, terre du même bailliage appartenant à M. de Ponat, conseiller au Parlement de Grenoble, est qualifiée baronnie, mais il n'y a pas de lettres d'érection.

6° Arzeliers, au bailliage de Gap, terre du sieur de Perrinet, sorti du royaume pour fait de religion et qui s'en qualifiait marquis, est aussi appelée baronnie, mais sans meilleures preuves que la précédente.

7° Châteauneuf-de-l'Albenc, au bailliage de Saint-Marcellin, est une ancienne baronnie du nombre de celles dont les seigneurs avaient le droit de porter le corps de saint Antoine à la procession solennelle qui se fait chaque année dans le bourg abbatial de ce nom. Cette terre appartient à M. le commandeur de La Pierre, lieutenant général des armées de S. A. R. de Savoie et chevalier de l'Annonciade. Elle comprend Châteauneuf et Poliénas.

8° Les Adrets, au bailliage de Graisivaudan, fut qualifiée baronnie pour François de Beaumont, seigneur dudit lieu, et les successeurs de celui-ci ont conservé ce titre, bien qu'il n'y ait jamais eu d'érection. Le possesseur actuel est le sieur des Adrets, capitaine de vaisseau.

9° Jons, au bailliage de Vienne, est également appelée baronnie sans preuves (1).

---

(1) Un assez grand nombre d'autres terres ont porté le titre de baronnie; mais la seule dont nous connaissions les lettres d'érection est

celle d'Étapes ou la Roche-Commier, érigée en mars 1755, pour Jean-Baptiste-François de Barral, président au Parlement. Oze en Gapençais, terre de la famille de Bonne, est qualifiée fort anciennement baronnie; mais nous ne savons s'il y a jamais eu érection, et il en est de même de celles de Crépol, appartenant aux Clermont, Aix en Diois, aux La Tour-Gouvernet, Lus, aux Armand, Avançon, la Rochebaudin, etc.

TABLE ALPHABÉTIQUE DES NOTES.

Abbayes, 147, 148, 151, 152, 153, 154, 155, 157, 158, 159, 163, 164, 172, 174, 181, 183.
Agoult, famille, 212.
Aides (Cour des), 110.
Albon, 12, 29, 146.
Alleman, fam., 206.
Allevard, 38, 42, 85.
Ambel, 37.
Annonciades, 152.
Anthon, 25, 48, 101.
Antonins, 150, 171, 178.
Appellations (Juges des), 112.
Augustins, 151, 157, 160, 165, 170, 179, 184.
Ayes (N.-D. des), 172.
Bailliages et baillis, 114-128.
Barraux, 203.
Baronnies (les), 13, 31, 39, 64, 126.
Baronnies, 221.
Barons du Dauphiné, 215.
Baume-Suze (la), fam., 211.
Bénédictins, 171, 175, 183.
Bernardines, 152, 160, 170, 171, 172.
Bonnevaux, 159.
Bourgoin, 49, 59, 68.
Bourne, 35.
Boscaudon, 181.
Brangues, 48.
Briançon et Briançonnais, 27, 45, 58, 68, 70, 85, 123, 124, 140, 181, 190.
Buis (le), 64, 126, 186, 196.
Capucins, 150, 154, 165, 169, 175, 178, 181, 182.
Carmes, 150, 156, 160, 165, 171.
Carmélites, 167.
Chabeuil, 62, 90.
Champsaur, 27, 214.
Chapitres ecclés., 146, 147, 148, 153, 154, 162, 163, 173, 177, 178, 185.
Chartreuses, 159, 169, 172, 184.
Château-Dauphin, 26, 192.
Chemins, 68, 100.
Chorges, 65, 71.
Clarisses, 166.
Clermont, fam. et bar., 13, 204, 205.
Collèges, 151, 164.
Comtés, 219.
Commerce, 87, 88, 98.
Comptes (Chambre des), 134.
Conciles, 145, 146.
Dauphiné et *Dauphins*, 12, 17, 21, 25,
32, 38, 39, 43, 52, 54, 58-62, 64, 65, 84, 86, 92, 102, 104, 115, 130, 134, 143, 146, 171.
Diois, 20, 21, 23.
Die, 37, 57, 71, 86, 139, 140, 177, 195.
Die, évêques, 37, 56, 57, 65, 176.
Dominicains, 37, 64, 150, 164, 171, 175, 177, 181, 186.
Draperies, 88, 90.
Drôme, 35, 36, 75.
Durbon, 22, 183.
Eaux minérales, 62 et suiv.
Eaux et forêts, 138.
Embrun, 13, 29, 58, 71, 77, 85, 124, 180, 193.
Embrun, archev., 29, 59, 84, 180.
Embrunais, 29, 46, 124.
Etoile, 63.
Exilles, 26, 191.
Foires, 83 et suiv.
Forges, 39, 43.
Gabelles, 94, 95.
Ganterie, 90.
Gap, 13, 23, 28, 57, 72, 82, 84, 125, 140, 182, 194.
Gap, év., 57, 182.
Gapençais, 28, 46, 125.
Gouverneurs généraux, 87, 88, 187.
Gouverneurs particuliers, 188-203.
Graisivaudan, 12, 29, 49, 119, 120.
Grenoble, 29, 52, 68, 70, 72, 73, 81, 84, 90, 104, 134, 139, 140, 143, 161, 169, 189.
Grenoble, év., 52, 130.
Grolée, fam., 205.
Hôpitaux, 168, 171, 177.
Hostun, fam., 102, 209.
Impôts divers, 92, 93, 96, 97, 98, 139.
Isère, 33, 72, 73, 74.
Jésuites, 151, 175, 178.
Juges seigneuriaux, 132.
La Croix, fam., 213.
Lacs, 36, 37.
Laval-Bressieux, 158.
Léoncel, 37, 155.
Lesdiguières, 207, 214.
Livron, 66, 75.
Loriol, 63.
Luc, 36, 71.
Madeleine (la), 162, 167.
Marchés, 86.

Marquisats, 217.
Maugiron, 211, 219.
Mens, 61.
Merveilles, 43-46.
Meuillon ou Mévouillon, v. Baronnies.
Mines, 38, 39, 40, 41, 42.
Minimes, 151, 165, 170.
Moirans, 61, 68, 84, 170.
Montauban, fam., 212.
Montauban, v. Baronnies.
Montélimar, 22, 55, 75, 81, 129, 173, 175.
Monteynard, fam., 210.
Montfleury, 100, 171.
Moras, 62, 86.
Mure (la), 27, 41, 61, 69.
Mûriers, 47, 89.
Nyons, 64, 186, 197.
Oisans, 27, 88.
Oratoriens, 151.
Oulx, 185.
Parlement de Grenoble, 41, 87, 95, 104, 107, 108, 110, 111.
Parlements, 106, 107.
Péages, 100 et suiv.
Pierrelatte, 29, 63.
Population, 79, 81.
Poype (la), fam., 140, 209.
Prémol, 38, 172.
Présidial, 113.
Prunier, fam., 213.
Protestants, 78, 79, 82, 107.
Queyras, 193.
Récollets, 154, 156, 158, 159, 166, 170, 175.
Roche-de-Glun (la), 66, 75.
Romanche, 34.
Romans, 54, 72, 81, 85, 86, 130, 140, 154, 200.
Roubion, 35, 75.
Roussillon, 13, 48, 67, 85.
Saillans, 65, 70.
Salettes, 101, 184.
Saou, 42, 174.
Sassenage, 13, 45, 100; fam., 206.
Savoie, comtes et ducs, 19, 25, 26, 30, 46, 59, 60, 61, 68, 77, 101, 120, 121, 122.
Sel, v. Gabelles.
Séminaires, 176, 178.
Sénéchaussée et *Sénéchaux*, 115, 118.
Simiane, fam., 209, 218.

Soie, 89.
Sône (la), 74.
Soyons, 174.
Saint-André de Grenoble, 163.
Saint-André-le-Bas, 148, 186.
Saint-André-le-Haut, 151.
Saint-Antoine, 155.
Saint-Chef, 153.
Sainte-Claire de Vienne, 152.
Saint-Geoire, 150.
St-Georges-d'Espéranche, 19, 68, 86.
Saint-Gervais, 39.
Saint-Just, 155.
Saint-Marcellin, 62, 70, 85, 104, 120, 139, 156, 202.
Saint-Martin-de-Miséré, 164.
Saint-Paul de Beaurepaire, 157.
St-Paul-trois-Châteaux, 64, 132, 180.
Saint-Pierre de Vienne, 147.
Saint-Ruf, ordre et abb., 157, 158, 174, 175.
St-Symphorien-d'Ozon, 59, 86, 101.
Saint-Vallier, 12, 67, 157.
Tailles, 53, 61, 92, 93.
Tain, 62, 67.
Tour-du-Pin (la), 13, 30, 60, 122.
Trésoriers de Dauph., 136.
Universités, 43, 143.
Ursulines, 152, 155, 157, 158, 159, 160, 166, 170, 172, 175, 176, 177, 181, 182, 186.
Valcroissant, 179.
Valence, 55, 58, 81, 85, 86, 89, 97, 132, 140, 143, 172-174, 199.
Valence, év., 55, 63, 76, 86, 143, 175, 178.
Valentinois, comtes, 19, 20, 21, 23, 24, 26, 56, 62, 63, 101, 128, 129, 214.
Vernaison, 174.
Vesc, 208.
Veynes, 65.
Vibaillis et *visénéchaux*, 120-129.
Vienne, 53, 74, 81, 96, 110, 123-140, 201.
Vienne, archev., 53, 54, 72, 74, 130, 131, 144, 152.
Viennois, 30, 116, 146; fam., 207.
Villes, 19, 51.
Vins, 47, 67.
Visitandines, 155, 157, 160, 166, 175, 177, 181.
Voies romaines, 67, 68, 70.
Voiron, 19, 61, 84, 170.

TABLE DES MATIÈRES.

Avertissement	
Préface	1
I. Histoire et géographie	11
II. Villes et bourgs	51
III. Routes et ponts	56
IV. Population	77
V. Foires et marchés	83
VI. Commerce et industrie	87
VII. Tailles et gabelles	92
VIII. Douanes et péages	96
IX. Domaine	102
X. Parlement	104
XI. Présidial de Valence	113
XII. Bailliages et sénéchaussées	114
XIII. Judicatures royales, épiscopales et seigneuriales	130
XIV. Chambre des comptes, Bureau des finances, etc	134
XV. Élections	138
XVI. Les magistrats	140
XVII. Université de Valence	142
XVIII. État ecclésiastique	143
— *Diocèse de Vienne*	144
— — *de Grenoble*	161
— — *de Valence*	172
— — *de Die*	176
— — *de Saint-Paul-trois-Châteaux*	179
— — *d'Embrun*	180
— — *de Gap*	182
— — *de Lyon*	183
— — *de Turin*	184
— — *de Belley*	185
— — *de Vaison*	186

XIX. État militaire 187
XX. État de la noblesse 203
XXI. Duchés et autres terres titrées 214
      Table alphabétique des notes 223

www.ingramcontent.com/pod-product-compliance
Lightning Source LLC
Chambersburg PA
CBHW071946160426
43198CB00011B/1560